이스라엘 디스커버리

DISCOVERY NOTES ON ISRAEL

이스라엘
디스커버리

이요엘 지음

차례

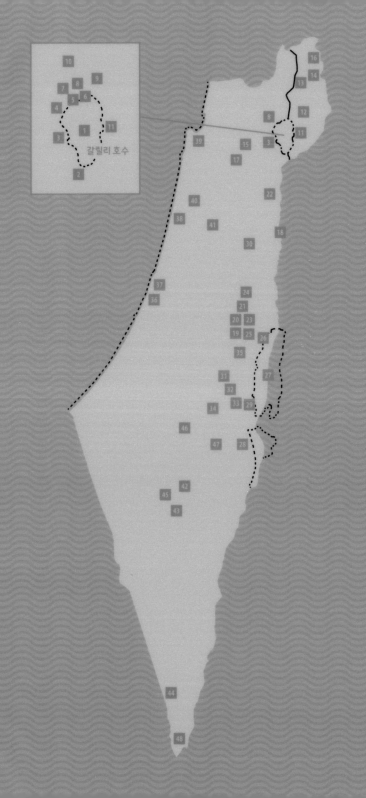

갈릴리 호수

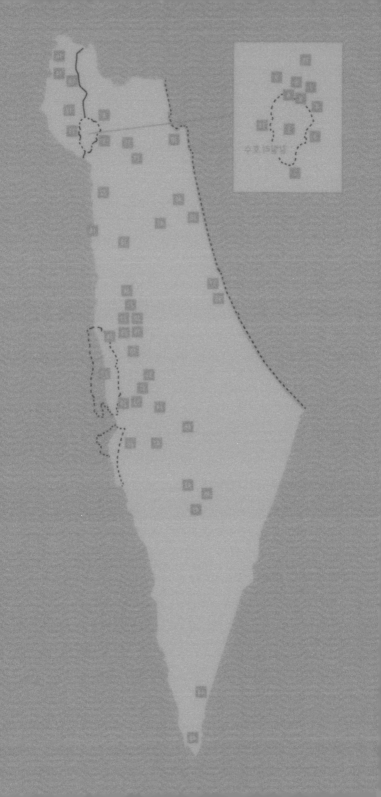

프롤로그

이스라엘에 오면 행복해진다!

온 거리는 성서 박물관의 염색체들로 넘실거리고, 국토 전체가 전시실이며, 그 땅이 내어 주는 지식은 가히 세계적이다. '우주의 입김'을 쐰 것처럼 성경을 보려면, 이스라엘에 가야 한다. 독특한 날씨, 절기, 지형, 언어 및 풍습이 성경의 시각을 매력적으로 바꿔 줄 것이다.

"햇볕만 받은 땅은 사막이 되어 버린다"라는 아랍 격언을 가슴에 새기고, 분주한 일상에서 잠시 휴식하라. 작은 땅에서 일어난 유대 정신이 온 세상을 주도하는 이유를 배우고, 성서의 본토에서 발현하는 순수 재료들을 스터디해 보라! 바란 광야, 신 광야, 아라바 광야로 내려가 불타는 햇빛에 그을려 보고, 사해와 갈릴리에서 몸을 담가 보고, 갈대숲으로 덮인 요르단 강을 건너 보라. 성서의 고장에서 반짝이는 오빌의 금을 발견하리라!

성경의 원형을 찾기 위해 이스라엘로 떠나라!

성지에 도달하는 순간, 그리스도가 걸으신 광야의 배고픔이 얼마나 참담한지 알게 되리라. 주님이 성지에서 배척당하시는 것을 보고 놀랄 것이다. 방문하는 도시마다 성경의 원료들이 그대 앞에 펼쳐질 것이다. 유대인들이 전승해 준 예수 시대의 푸짐한 수레를 발견해 보라! "밤하늘의 별들이 진실인 것처럼" 성지 탐사는 성경에 대한 지각 변동을 일으킬 것이다.

예루살렘 길거리에서 파는 팔라펠도 부드럽게 깨 먹고, 예수님이 잡수신 피타 빵을 입에 넣어 보라. 알찬 정보들도 모조리 노트에 담아 귀가하길 바란다. 유다 광야에서는 문학의 왕이 되어 보고, 갈릴리선 금을 줍는 어부가 되어 보라. 예루살렘에선 빈대를 조심하라!

이 책은 이스라엘의 전 지역을 이해하도록 세밀하게 짜 맞추었다. 이스라엘 본토의 길을 걸으며 서술했으니, 생동감 있는 지식으로 다가가기를 기대해 본다. 니체는 "따분함에는 하나님도 항복한다" 했으니, 즐거운 책, 친구 같은 책이 되도록 애를 썼다. 이 책을 끝까지 행복하게 모조리 읽으라!

이 책은 이스라엘 현장과 성경이 어떤 연관이 있는지 알려 주는 기행 에세이다. 그리스도의 동선을 따라 이스라엘 현장을 6부로 나누었다. 1부에서는 그리스도께서 태어나시고 공생애를 시작하신 갈릴리로 이동시켜 줄 것이다. 2부에서는 세례 요한과 함께 유다 광야로 들어갈 것이다. 3부에서는 그리스도께서 여행하신 중앙산악지대로 올라, '족장들의 길'을 걸으며, 베들레헴 근처에서 일어난 사건들을 다룰 것이다. 4부에서는 십자가를 지신 예루살렘에 입성하여 복음서 후반부를 세밀히 살필 것이다. 5부에서는 초대교회 선교가 시작된 지중해로 내려갈 것이다. 마지막 6부에서 네게브 사막에 외로이 숨겨진 도시들을 소개하고 이 여정을 마무리할 것이다.

이 루트는 연대기적으로 신약성경과 일치한다. 특별히 덧댄 '역사 고고학적인 이야기'에 관련 자료를 참고하여 달아 놓았다.

이스라엘 현장을 방문하는 순간, 건축물과 성경의 사건 사이에 큰 혼선이 생긴다. 한 건물 안에 여러 시대가 얽혀 있기 때문이다. 그것을 글로 풀어내자니, 다소 산만하기도 하다. 특히 예루살렘은 단순하지만 복잡하다. 그 작은 곳에 여러 나라들이 하숙생처럼 살다가 사라지면서 각기 다른 문명의 색소를 남겨 놓았기 때문이다. 이스라엘을 점령했던 아시리아, 바빌로니아, 페르시아, 그리스, 로마, 비잔틴, 초기 이슬람, 셀주크, 맘루크, 오스만튀르크, 영국 등이 자신의 문화적인 기염을 집적물마다 한바탕씩 내뿜어 놓았다. 예루살렘 동쪽 성벽만 해도, 주전 10세기의 솔로몬, 주전 6세기의 스룹바벨, 1세기의 헤롯, 16세기의 술레이만 대제가 쌓은 것이 있으니, 시대 구분이 필요하다. 역사적 지식 없이 예루살렘을 걷다 보면 혼동뿐이다.

이런 역사적 혼선에서 벗어나 쉽게 이해하도록 이 책을 구성했다. 본서에 나오는 정보가 도움이 될 것이다. 이 책을 읽고 이스라엘을 탐방한다면 성경 읽기에 큰 전환점이 될 것이다. 이제 이스라엘은 그대의 손에서 멋진 요리 칼이 되리라!

성지 이해를 위한 역사 도표

족장 시대The Patriarchal Era (B.C. 1800~B.C. 1290)

출애굽과 사사 시대Exodus and the Period of the Judges

　　　(B.C. 1446년(또는B.C. 1290)~B.C. 1050)

초기 이스라엘 왕정 시대Early Israelite Monarchy (B.C. 1050~B.C. 750)

통일 왕국 시대The United Kingdom

　　　사울 왕Saul (B.C. 1029~B.C. 1000)

　　　다윗 왕David (B.C. 1000~B.C. 961)

　　　솔로몬 왕Solomon (B.C. 961~B.C. 922)

북이스라엘의 반란과 남유다 왕국

　　　Rebellion of the North and Its Aftermath The Southern Kingdom

아시리아 통치 시대Assyrian Dominance (B.C. 750~B.C. 605)

아시리아의 발흥The Rise of Assyria

북이스라엘 왕국의 최후The Last Days of the Northern Kingdom

　　　스가랴 왕과 샬룸 왕Zechariah (B.C. 746~B.C. 745) and Shallum (B.C. 745)

　　　므나헴 왕Menahem (B.C. 745~B.C. 737)

　　　브가야 왕Pekahiah (B.C. 737~B.C. 736)

　　　베가 왕과 시리아-에브라임의 동맹Pekah (B.C. 736~B.C. 732) and the Syro-
　　　　　Ephraimitic coalition

　　　호세아 왕과 북왕조의 종말Hoshea (B.C. 732~B.C. 724) and the End of the
　　　　　Northerm Kingdom

11

헬라의 전쟁들과 마카비 시대The Greek Wars/Maccabean Period (B.C. 323~B.C. 63)

헬라의 이스라엘 통치Greeks conquer Israel (B.C. 312)

구약성서 헬라어로 번역Torah is translated into Greek (B.C. 245)

유다의 마카비 혁명Revolt of Maccabees (B.C. 167)

로마의 유다 통치The Rise of Rome (B.C. 63~A.D. 330)

헤롯 대제의 통치 시작Herod, the Great begins his rule(B.C. 37)

힐렐과 샴마이 학파 시대Time of Hillel and Shammai(B.C. 32)

제1차 유다 항쟁 발발 및 예루살렘의 함락The Great Revolt of Jews against Rome

and Jerusalem conquered by the Romans (A.D. 67~A.D. 70)

발코크바에 의한 항쟁Rebellion of Bar Kochba (A.D. 132)

하드리안이 예루살렘을 다스림Hadrianus controlled Jerusalem (A.D. 135)

비잔틴 시대의 시작Byzantine Period (A.D. 330~A.D. 1453)

이슬람이 예루살렘 정복Islamic Conquest of Jerusalem (A.D. 638)

십자군 시대Time of Crusades begins (A.D. 1096~A.D. 1250)

맘루크 시대The Mamluke Period (A.D. 1250~A.D. 1517)

오토만의 콘스탄틴노플의 함락으로 비잔틴 시대 종말Fall of Constantinople of
      the Ottomans, and end of the Byzantine Empire (A.D. 1453)

오토만 시대The Ottomans control Jerusalem (A.D. 1517~A.D. 1917)

첫 유대 이민자들이 이스라엘로 옴First aliyah to Israel (A.D. 1882)

발포어 선언으로 영국의 위임 통치 시작British Mandate begins
      in Palestine(A.D. 1917)

이스라엘의 독립State of Israel declared (A.D. 1948)

팔레스타인 해방기구가 세워짐PLO founded (A.D. 1964)

6일 전쟁으로 예루살렘 통합Six day war and reunification of Jerusalem (A.D. 1967)

시리아와의 욤키푸르 전쟁이 일어남(A.D. 1973)

팔레스타인의 독립국가 유엔 가입안 상정(A.D. 2011)

★ 이 도표는 www.cresourcei.org에 게재된 내용을 참고해서 번역했다.

전 세계 모든 항공사들은 유대인들을 위해 별도의 코셔 음식을 기내에서 제공한다.
코셔 기내식은 일반식과는 달리 크고 다채롭다.

이스라엘로의 초대

벤구리온 공항에서 예루살렘까지

이스라엘을 여행하는 두 가지 루트가 있다. 항공기로 입국하는 것과 육로로 들어오는 길이다. 이집트에서 육로로 들어올 경우, 홍해와 네게브 사막에서 시작하는 다운업down-up 루트를 밟아야 한다. 항공기로 텔 아비브에 들어올 경우엔 벤구리온 공항부터 시작해야 한다. 본서에서는 항공기 루트로 들어오는 것으로 구성했다.

이스라엘 행 비행기 안은 특이하다. 한밤중 웅성거리는 소리에 깨보면, 온 종교인들이 일어나 탈릿(기도보)을 쓰고, 몸을 흔들며 찬양하며 기도한다. 항공기 내부는 안식일 예배와 유사한 모습이다. 시간에 맞춰 비행기 안에서도 예배하는 놀라운 민족이 유대인이다.

유대인들은 특별 기내식인 '코셔'Kosher 음식을 먹는다. 탑승 전에 신청한 은색 비닐에 싸인 큼직한 배식판이 먼저 배달된다. 포장을 뜯고는 큼직한 접시를 열어 식사를 시작한다. 식사가 끝나고 식판이 거둬지면, 저마다 두툼한 《탈무드》를 편다. 불어난 복부를 쓰다듬으며 독서를 시작한다. "토라(율법) 없이 음식 없고, 음식 없이 토라가 없기에…" 시속 600마일로 날아가는 비행기도 교실이 된다.

이들에게 말을 건네 본다. 이내 들려오는 말은, "이방인에게는 하나님이 필요 없고, 구원은 오직 유대인에게만 주신 복"이라며, 우주의 주인공처럼 하나님을 독점한다. 순간 나의 입에서 나온 말이 뜯겨진 비닐 조각이 되어 버린다. 유대인은 우주에서 가장 우월한 집합기호처럼 살아가는 민족 같다. 예수를 거부한 채 말씀과 전통에 안간힘을 다하는 이들의 모습이 안타깝기만 하다.

이런 상념 속에 비행기는 텔 아비브 벤구리온 공항에 사뿐히 접지한다. 두 바퀴는 두둘거리며, 정지선을 향해 달린다. 비행기가 멈추지 않았음에도, 앞뒤 유대인들이 일제히 일어나 수화물 칸을 열어 짐을 꺼낸다. 스튜어디스가 간곡히 부탁해도 듣지 않는다. 너도나도 우르르 복도에 서서 한 발자국도 움직일 수 없다. 달려 나가는 알루미늄 덩어리가 터질 듯하다. 빨리 나가려고 한바탕 전쟁을 치루고 난 뒤 짐을 찾아 청사 밖으로 나오면, 달콤한 공기가 온몸을 감싸 준다. 성지의 꿀벌 하나가 아코디언처럼 날아오르며, '단에서 브엘세바까지' 찾아온 이를 환영한다.

신년에 비행기를 타는 유대인들은 시간에 맞춰 비행기 안에서도 나팔을 분다.

랍비 슈넬슨 - 예루살렘의 벽에 항상 붙어 있는 이 사진의 주인공은
루바비치파 종교인들이 메시아로 추앙하는 인물이다.

예루살렘으로 향하는 1번 고속도로는 유리알처럼 깨끗하다. 이 도로를 달려 나가면 성경의 야알론 골짜기가 파노라마처럼 펼쳐진다. 마치 여호수아가 된 기분이다. 동쪽으로 향하여 구불거리는 길을 오르자, 산세는 점점 높아지고, 들녘은 암석군으로 뒤바뀐다. 해발 800미터의 예루살렘으로 향하는 도로에는 '벧세메스', '기럇여아림' 등, 익숙한 지명들이 판촉물처럼 나타난다. 저곳은 다윗이 법궤를 메고 춤추며 오던 길이 아닌가! 조금 더 달려가니 '엠마오'와 세례 요한의 고향 '엔 케렘'의 표지가 나타난다. 잠시도 눈을 뗄 수가 없는 성경의 명품 지대가 이어진다. 한 시간쯤 달렸을까? 차량들이 도로를 빽빽이 메우더니 속도가 떨어진다. 목적지에 다다른 것이다. 갑자기 왼편으로 거대한 낭떠러지가 나타난다. 소렉 골짜기다. 소렉은 히브리어로 휘파람이란 뜻으로 삼손이 데이트했던 장소다.

절벽에 붙어 오르는 버스가 거친 엔진 소리를 내며, 검은 기침을 콸콸 쏟아 낸다. 도로가 차츰 분산되더니, 어느새 회색빛 도시가 눈에 들어온다. 드디어 인구 75만의 상처의 왕국, 예루살렘에 도착한 것이다. 전쟁을 하며 살아야 하기에, 예루살렘의 건물은 모두 돌로 지어졌다.

그런데 놀라운 것이 하나 있다! 예루살렘에 입성하자마자 우측에 걸린 대형 사진이다. 히브리어로 "아노네이누, 라비누, 메시아누, 멜렉키누(우리의 주가 되시며, 랍비시며, 메시아시며, 왕이신)…"라고 쓰여 있다. 갑자기 '메시아'라는 단어에 숨이 턱 막힌다. 일부 유대인들이 메시아로 믿는 랍비 슈넬슨의 사진이다. 그의 이글거리는 눈매가 수상하다. 그간 의심스러운 메시아가 여러 명 있었는데, 그중 하나가 저 노인이다. 예루살렘 한복판에서 숭배된 지 벌써 수십 년이 흘렀다. 예리한 눈에서 나오는 에너지가 종교적 재앙을 전염시킨다. 그가 메시아라면, 우리 예수님은 가짜시란 말인가…? 예루살렘은 화석 공룡 알의 부화만을 결사적으로 기다리는 영적 분쟁지처럼 느껴진다.

예루살렘에 들어오니 검정 복장의 종교인들이 둥둥 떠다닌다. 북은 보이지 않는데, 북소리가 요란하다. 마치 현대 문화의 바닷물에 기름처럼 표류하는 모습이다. 검정색 옷에서 까만 잉크가 괴어 나오고, 초라한 행색에도 눈부신 장교처럼 발걸음이 세차다. 이들은 모토母土 예루살렘의 종교인들이다. 세금도 안 내고, 군대도 안 가고, 국가 보조금으로 살아가니, 쪼들려도 낙원이다.

유대 정통파 가운데 팔레스타인을 지지하고, 이란과의 화해를 촉구하며 쿠르드 족의 독립까지 지지하는 자들이 있다.
이 정통파들은 네투레이 카르타 소속으로 아라파트와 이란 대통령까지 만나 팔레스타인을 해방시키고 땅을 돌려주고
시오니즘을 퇴출하자는 운동을 전개한다.

현대판 예루살렘은 느리고 특이하다. 글로벌 첨단 시대에 세계로부터 고립된 인상이다. 비가 오나 바람이 부나 수많은 종교 유대인이 검은 옷과 페도라를 쓰고 거리를 활보한다. 지나가는 거리마다 바람을 일으킨다. 슈렉 같은 몸체에서 유대 문화의 이미지를 풍기며, 쏘아보는 시선에서 배타적인 파장이 전해진다. 이들은 '정통파'(하레딤)라고 선별된 자들이다. 얼마나 하나님을 사랑하는지… 영적 온도가 펄펄 끓는다.

그런가 하면, 손바닥만 한 키파를 머리에 달랑 붙인 유대인도 있다. 이들은 '보수파' 유대인들이다. 키파는 유대교 신자임을 알려주는 신호다. 세속적 유대인도 전 인구의 70퍼센트에 육박한다. 이들은 유대인이지만, 회당 출입을 하지 않는 자유로운 영혼들이다. 이민자도 꽤 많다. 러시아에서 이민 온 유대인이 100만 명을 넘어섰다. 백합 같은 창백함과 금발머리의 우월함을 가졌지만, 작은 영토에서 사는 것을 힘들어한다. 그런가 하면 총기를 등에 매달고 활보하는 시민들과 군인들의 모습은 이 땅이 분쟁 지역임을 실감케 한다.

예루살렘에 도착해 느끼는 것은 한마디로 광활한 혼돈이다. 유대인만큼 정신에 깊은 흉터를 가진 민족이 또 있을까? 그래서인지 이들의 입술의 화력은 대단하다. 유대인들은 날마다 큰 소리로 싸운다. "입이 하나요 귀가 두개인 것은, 말은 적게 하고 듣는 것은 많이 하라"고 하신 랍비의 신신당부가 있었건만, 입은 두 개요, 귀는 하나인 민족 같다. "남과 싸워 이기려 말고, 너 자신과 싸워 승리하라"는 말은 잊은 듯하다. 그런데 이 유대 정통파 중에 팔레스타인을 옹호하고, 지지하는 자들이 나타났다. 이 고운 분들이 어디서 왔는지 모르겠으나, 율법을 읽다가 긍휼과 정의를 발견한 것이 아닐까! 21세기의 동방박사 같다.

이스라엘에는 언제나 하나님의 손길이 가득하다. 비록 이 땅이 그리스도를 거절하고 팔레스타인과 전쟁을 하지만 하나님의 손이 붙들고 계시다. 돌처럼 완고한 유대인들에게 예수를 전하려는 악착같은 선교사들도 있다. "이방인의 충만한 수가 차야만, 유대인들이 회심한다" 했는데, 무슬림의 99.7퍼센트가 아직도 주님을 모르니, 앞으로 얼마나 더 많은 세대가 흘러가야 할까?

텔 아비브에서 타고 온 봉고차가 마지막 손님을 올드시티의 욥바문에 내려놓고 사라진다. 이제부터 이스라엘 여행의 시작이다. 수천 년의 역사를 블렌딩하고 있는 성지로 들어가 보도록 하자.

이스라엘에 사는 유대인들의 종교생활

	항상	가끔씩	전혀 안 함
안식일 식사에 촛불을 켬	56%	22%	20%
금요일 밤 안식일에 예배 기도문 낭송	46%	21%	32%
토요일 아침 회당 예배 참석	23%	22%	56%
안식일에 공적인 일을 하지 않음	42%	19%	39%
유월절 밤 만찬 참석	78%	17%	5%
하누카 촛불 점화	71%	20%	9%
욤키푸르(대속죄일)에 금식	70%	11%	19%
초막절의 루바브 기념	26%	15%	59%
코셔(정결한 음식)를 지킴	69%	18%	14%
돼지고기와 어패류를 먹지 않음	63%	16%	21%
할례 예식	92%	*	*
성년식	83%	*	*
결혼	87%	*	*
유대식 장례	88~91%	*	*
메주자(쉐마 글을 적은 통)를 방문에 붙임	98%	*	*
기부금을 냄	74%	*	*

이스라엘에 사는 유대인들의 종교관

	확실히 믿는다	잘 모르겠다	믿지 않는다
하나님이 존재한다	63%	24%	13%
하나님은 세상을 다스리는 절대적 권능이 있다	57%	29%	14%
율법은 시내 산에서 모세에게 주어진 것이다	55%	31%	14%
선행은 보상을 받는다	52%	33%	14%
유대인은 세상에서 선택된 민족이다	50%	29%	20%
하늘에서 온 세상 사람을 내려다본다	49%	32%	19%
토라 율법과 계명은 하나님이 명하신 것이다	47%	29%	24%
기도의 능력을 믿는다	45%	35%	20%
악한 짓은 처벌을 당한다	44%	38%	18%
메시아가 올 것이다	39%	29%	32%
내세가 있을 것이다	35%	35%	30%
계명을 지키지 않는 자는 처벌받는다	27%	36%	37%
유대인을 지켜 주지 않는 자는 유대인을 위험에 빠트릴 수 있다	21%	29%	50%

Chapter 1
갈릴리

갈릴리

그리스도 사역의 플랫폼

예수님은 '이사야의 예언'을 갈릴리 땅으로 옮겨 왔다. 신음 소리로 가득한 갈릴리의 슬픔은 밀려나기 시작했고 잊혀지고 가난한 자들이 살던 동네에는 하나님의 나라가 임했다. 그는 버려진 사람을 치료하시고, 가르치시고, 함께 생활하셨다. 화려한 도시 예루살렘, 세겜, 브엘세바에서 출정하지 않으시고, 절망의 수레가 구르던 사각지대를 택하셨다. 세상이 버린 장소에 세상이 고대하던 메시아가 오신 것이다. 그는 전 사역의 90퍼센트를 갈릴리에서 행하셨다. 특히 그 사역의 절정은 갈릴리 호수 북쪽에서였다. 열두 제자 선택, 산상수훈, 이적과 기사들, 비유와 가르침, 오병이어의 초자연적인 기적들이 일어났다. 당시 갈릴리는

"흑암에 행하던
백성이 큰 빛을 보고
사망의 그늘진 땅에 거주하던 자에게
빛이 비치도다."(사 9:2)

민족주의자들과 친로마파가 격돌했고, 가난한 자들과 병자들이 차별을 당하던 곳이었다. 히브리어로 '바람에 굴러가는 물결'이라는 뜻을 지닌 갈릴리는, 세계에서 가장 낮은 담수호로, 해수면 마이너스 200미터에 위치한다. 남북 길이 23킬로미터에, 동서의 너비가 13킬로미터로 오늘날 이스라엘 전체 식수량의 30퍼센트를 공급하는 시혜의 젖줄이다. 옛 납달리 지파에 속했던 갈릴리는 오늘날까지 희망의 랜드마크로 자신의 사명을 다한다.

From Jericho to Galilee

여리고에서
갈릴리로
올라가며

이 길은 예수님 당시에도 있었다. 순례객들은 그 옛길을 따라 갈릴리로 올라간다. 길고 지루한 황톳길이 계속되나, 가끔씩 채소밭이 푸른 손짓을 한다. 예수님 당시 세 개의 도로가 예루살렘과 갈릴리를 연결하고 있었다. 해변 길과 중앙 산악지대 길, 그리고 지금 올라가는 요르단 강변 길이다. 예수님께서 마지막으로 예루살렘을 향해 오실 때, 이 길을 걸으셨다. 이 노정에서 여리고를 들러 삭개오를 구하셨다. 구약에서는 엘리야의 승천(왕하 2:12), 엘리사의 샘물 정화(왕하 2:19~22), 엘리사의 야생 호박국 정화(왕하 4:38), 나아만 장군의 일곱 번 목욕(왕하 5:14), 쇠도끼가 물에서 떠오른 사건(왕하 6:1~7) 등이 이 근처에서 발생했다.

길이 외롭게 계속된다. 분노한 바람이 나무 머리를 찢어 놓더니, 전깃줄마저 엿가락처럼 늘어트린다. 화염 공기가 요르단 강 계곡에서 분출하고, 창문으로 투과되는 햇볕이 가학적인 채찍으로 괴롭힌다. 차창 너머 나무들이 힘겨워 한다. 긴 철조망이 계속되고, 그 너머로 군사보호지대가 이어지는데, 가도 가도 길은 끝이 없다. 등고선 밭 위로 피어난 구름은 화가의 붓으로 찍은 듯 아름답다. 충적토에서 뽑은 싱싱한 당근과 제멋대로 생긴 호박들이 진열된 간이 상점이 지나가고, 무거운 수레가 버거운 당나귀가 염소들을 응시한다. 지루한 길에, 한 차례의 거대한 강풍이 차를 흔들더니, 성경의 이야기 속으로 끌어간다. 기억의 저장고를 뒤져 본다. 예수님께서 마지막으로 예루살렘을 향해 오실 때에, 왜 이 길을 선택했을까? 그는 죽음의 길에서 삭개오와 바디매오를 만나셨다. 이 적막한 평원에서 부자와 걸인을 동시에 구한 것이다. 지금 이 길을 북상하며 그리스도가 걸었던 길을 재추적한다. 그리스도의 얼굴이 햇볕에 그을렸을 것이고, 갈증에 혼곤했으리라. 요르단 강으로 밀려드는 세례의 군중이 보이고 40일을 금식했던 그리스도의 그림자가 마른 황토에 스며 있는 듯하다. 저 가까이 길갈에는 요르단 강에서 건져 올린 12개의 돌이 쌓였고, 요르단 평원으로 겉옷 하나가 낙하한 듯하더니, 승천하던 엘리야의 불말과 불병거가 여리고 하늘에 섬광처럼 떠오른다. 이곳은 또한 엘리사의 우물 정화 사건이 있었던 곳이 아닌가! 성경 속 일련의 사건이 여리고의 광야에서 펼쳐진다.

얼마쯤 달려갔을까? 길이 서서히 평지로 변하더니 '벳산'Beth San이라는 익숙한 푯말이 나타난다. 저 멀리 길보아 산이 푸른 옷을 입고 품에 안기라며 팔 벌려 마중한다. 저 산은 사울과 요나단이 비참히 죽임을 당한 곳이다!(삼상 31:8-13) 사울의 시체가 매달린 벳산 성벽에 차를 세우고 잠시 묵상에 잠긴다. 그의 시체가 매달린 성벽이 어디에 있을까? 이리저리 눈을 돌려 패전 왕의 수모를 헤아려 본다. 냉각수로 목을 축이고, 다시 한 시간 정도를 달려갔을까? 드디어 초록빛 나무들이 줄지어 나타나는 갈릴리 초입에 들어선다.

갈릴리
호수

시간이 흘렀으나 주님을 포위한 호수

그대가 여름에 왔다면, 그리스도가 겪은 열기를 고스란히 겪을 것이다. 겨울에 왔다면, 잿빛 하늘에서 쏟아지는 빗물에 씻긴 투명한 산을 볼 것이다. 그대가 봄에 왔다면 메마른 땅을 뚫고 올라오는 신비로운 야생화에 눈물겨울 것이다. 만일 가을에 왔다면 석양을 향해 끝없이 날아가는 공중 나는 철새의 이동을 볼 것이다. 갈릴리는 계절마다 새 옷을 갈아입는다. 파란 호수는 새들과 꽃과 초목과 산을 만

나 다양한 표정을 만들어 낸다. 육중한 골란 고원에 둘러싸인 갈릴리는 눈부신 아침 빛에 깨어나, 새벽안개를 걷어 내고 피곤한 물결을 다스려 활기를 되찾는다. 가끔씩 팔레스타인 동네 사람들이 투망을 던져 잡아 올리는 '베드로 고기'의 파드닥거리는 두근거림을 만져 볼 수 있다. 46미터 깊이의 담수호 갈릴리에는 약 22종의 어류가 활개 친다. 민첩한 민물게, 질긴 조개, 거대 메기, 고운 입으로 달라붙는 닥

갈릴리 호수에서 잡히는 베드로 고기St. Peter's fish. 여행객들에게 기념 음식으로 판매한다.
이 맛없는 민물고기를 먹어 보면, 성서시대 사람들의 식생활을 알 수 있게 된다.

외로운 배 한 척이 갈릴리 호수의 한가운데 떠 있다. 한밤중 주님은 이 호수 위를 걸어서
제자들이 탄 배를 향해 물 위로 걸어 오셨다(마 14:22-32; 막 6:45-52; 요 6:16-21).

터피쉬, 돈다발을 만들어 주는 '베드로 고기', 욱실거리는 뱀장어 등…. 청정지대엔 이들의 자유로운 세상이 펼쳐진다. 북 요르단 강의 가버나움은 고기들에겐 죽음의 블랙홀이다. 노련한 어부들이 모조리 낚아 올렸기 때문이다. 부정한 어류인 메기나 뱀장어가 잡히면, 갈매기들에게 던져 주었다. 유대인들은 레위기에 선별된 어류만을 먹었기 때문이다(레 11:10). 좋은 물고기와 나쁜 물고기를 나눈다는 예수의 비유는 바로 이를 두고 하신 말이다(마 13:48). 최근에는 갈릴리 호수의 고기가 점점 사라진다 하니, 배고픈 칼새가 불쌍해 보인다. 이제 갈릴리 호수 주변으로 어떤 성경 이야기들이 있는지 살펴보도록 하자. 갈릴리는 신약성서의 모태이다.

Baptismal Site Yardenit
야르데니트
세례 처소

전 세계 기독교인들의 환희의 장소

'야르데니트'라는 말은 '작은 요르단'Little Jordan이란 뜻이다. 갈릴리 호수의 남쪽 요르단 강 하류에 위치한 세례 처소다. 성경은 그리스도의 정확한 세례 장소를 언급하지 않는다. 그러나 공통적인 것은 갈릴리 호수에서 매우 가까운 곳에 있었다는 것이다. 이곳이 예수의 세례 처소로 지목된 이유는 다음과 같다. 전 세계에서 가장 큰 모자이크 바닥인 요르단의 메다바 모자이크 지도(6세기)에 보면, 예수의 세례 처소의 이름을 '벳사바라'Bethabara라고 기록한다. 이는 역사적이면서도 공식적인 기록이다. 사사기 7장 24절에 '벧 바라'라는 장소가 나오는데, 바로 그곳이 야르데니트다. 따라서 어떤 학자들은 이곳이 예수께서 요한에게 세례를 받은 장소라고 주장한다(마 3:13).

또 하나의 세례처가 요르단 지역에 있다. 그것은 다음과 같은 성구 때문이다. "이 일은 요한이 세례 베풀던 곳 요단 강 건너편other side of Jordan 베다니에서 일어난 일이니라"(요 1:28). 여기서 베다니는 감람산의 베다니가 아닌, 요르단 강 동편에 있는 세례처로, 요한의 세례가 집중된 곳이다. 그러나 결정적인 증거는 요한

야르데니트는
전통적인 세례
처소로 그 뜻은
'작은 요르단'이란
의미다.

복음 3장 22-23절에 나타난다. '유대 지역의 예수의 세례 처소', '물이 많은 애논' 등을 거론한 것을 보면, 세례 처소가 한 군데가 아닌 듯하다. 만일 메다바의 지도가 정확하다면, 야르데니트는 진정 예수의 세례 처소가 된다.

1981년에 키네렛 키부츠가 이 장소를 세례처로 공식화한 이후, 전 세계 수백만 명의 기독교인이 여기서 세례를 받았다. 나 역시 야르데니트에서 세례를 베푼 적이 있고, 나의 자녀들도 모두 이곳에서 세례를 받았다.

전 세계 기독교인이 특별한 의미가 깃든 세례를 받고 싶어 이곳을 찾는다. 이곳에 몸을 담그면 그 옛날 요르단 강에서 세례를 받으신 예수님을 기억할 수 있어 벅찬 감격에 휩싸인다. 평생 잊을 수 없는 세례식이다. 함께 온 사람들은 환호와 박수로 축하한다. 중국 노무자들이 한국 선교사에 의해 복음을 듣고, 이곳에서 세례를 받는 것을 본 일이 있다. 이곳에 '새로운 삶의 벽'the Wall of New Life이라고 이름 지어진 곳이 있는데, 그곳에 마가복음 1장 9-11절의 예수 세례 장면이 50개국의 언어로 적혀 있다. 또한 수세자들을 위해 하얀 가운과 수건을 대여해 준다. 원하는 자는 누구든지 와서 세례를 받을 수 있다. 매해 40여만 명이 이곳을 방문한다.

그리스도께서 오셔서 세례를 받으셨다. 그는 물로 들어가시며, "모든 의를 성취해야 한다"고 요한을 설득했다. 세례의 강에서 성육신의 절정을 보여 주셨다. 인간을 위해 종이 되는 결단이었다. 죄인을 건져 내기 위해 죄인과 같이 되셔야 했다. 하늘의 문이 열리고, 성령이 임하시며, 하나님의 음성이 진동했다. "이는 내 사랑하는 아들이요 내가 기뻐하는 자라"(마 3:17). 이는 바로 요르단 강가에서 일어난 사건이었다.

"예수께서 갈릴리로부터 요르단으로 나아가 요한에게 세례를 받으시더라."

(마 3:13)

Tiberias
타이베리아

타이베리아

예수의 기록이 없는 1세기 갈릴리의 수도

야르데니트 세례 처소를 지나 갈릴리로 들어서면, '타이베리아'Tiberias가 나타난다. 헤롯 대제가 죽은 후, 분봉왕이 된 헤롯 안티파스는 온천과 토질이 우수한 이곳을 찾아, 주후 18년에서 22년까지 신도시를 건설했다. 타이베리아는 갈릴리의 수도가 되어 주후 61년까지 그 명성을 떨쳤다. 로마 황제의 이름에서 온 디베랴(티베리우스)는 건설 당시 유대인들에게 격렬한 저항을 받았다. 그 이유는 이곳에 있던 공동묘지 때문이었다. 유대인들은 묘지를 부정한 것으로 보았기에, 그 위에 도시를 건설하는 것은 율법에 어긋나는 행위였다. 유대인의 거센 반발은 수포로 돌아갔고, 신도시 타이베리아는 오늘날까지 이어지게 됐다.

예수님 당시 이곳에는 화려한 로마식 건축물과 공중목욕탕이 크게 인기를 끌었다. 요세푸스는 이곳에 "마시기에 달콤하고 특별한 물이 흐른다"고 격찬했다. 자연 온천수가 넘쳤기

에 1세기의 목욕탕 사업은 큰 붐을 이루었다. 타이베리아는 당시 갈릴리에서 가장 큰 도시였으나, 예수님께서는 한 번도 방문하지 않았다. 그래서인지 이곳에는 성서 유적지가 존재하지 않는다.

다만 타이베리아에는 선착장이 있는데, 호수 한복판을 가로지르는 미니 페리를 탈 수 있다. 작은 쾌속정도 순례객을 위해 항상 대기 중이다. 배가 갈릴리 호수 한가운데 들어서면 순례객들은 환호성을 지르며, 저마다 찬양과 기도로 열광한다. 배가 항구로 돌아오면, 순례객들은 튀긴 '베드로 고기'를 사 먹고는 서둘러 떠나 버린다. 여름이면 윈드서핑도 즐길 수 있고, 호수 바닥에 숨은 민물조개도 맘껏 캐낼 수 있다. 푸른 물결로 출렁이는 긴 수평선은 중력 제로의 상태로 물 위를 걸으셨던 그리스도의 옛 비밀을 고요히 속삭여 준다(막 6:49).

"제자들이 그가 바다 위로
걸어 오심을 보고 유령인가 하여
소리 지르니 그들이 다
예수를 보고 놀람이라 이에
예수께서 곧 그들에게
말씀하여 이르시되 안심하라 내니
두려워 말라 하시고."(막6:49-50)

★ 역사 고고학적인 이야기-어떻게 타이베리아는 오늘에 이르렀는가?
주후 70년 예루살렘이 붕괴되고, 2세기에 이르러 시몬 발 요하니가 이 도시를 정화한 후에 유대인이 정착할 수 있다고 선언하자, 유대인들이 이곳으로 대거 몰려들었다. 그 후 제2차 유다항쟁이 발발하던 주후 132년에, 타이베리아는 두 파로 분열됐다. 구국의 목적을 지닌 열심당 지지자들과 친로마파가 격돌하고 말았던 것이다. 이곳에는 십자군 때에 세워진 성 베드로 교회Church of St. Peter가 남아 있어, 1641년부터 프란시스칸 교단에서 이를 관리하고 있다.

키부츠
기노사르

지옥으로부터의 탐사

갈릴리 호수에서 발굴된 1세기 배는 금세기 최고의 유물로 선정됐다. 그동안 실제적인 탐사물이 없었기 때문이다. 지금까지 베일에 싸인 1세기의 배를 본 고고학자들은 감탄했다. 면밀한 검사를 해보니, 예수님 당시 고기잡이 배임이 밝혀졌다. 예수님이 타신 '베드로의 어선'도 이와 똑같았을 것이다(눅 5:3). 발굴된 배에서는 1세기 때 사용한 동전과 유물이 나왔고, 탄소 측정 결과 1세기의 것으로 판명됐다. 배는 열네 종류의 나무로 만들어졌는데, 반 고흐가 좋아한 사이프러스 나무가 주로 사용되었다. 침엽수의 일종인 이 나무는 북갈릴리에 많이 자생한다. 배는 길이 8.8미터, 높이 2.5미터, 깊이 1.25미터의 크기인데, 이는 1950년대까지 성행했던 갈릴리의 고기잡이배와 거의 같은 구조다. 갈릴리의 어선은 지난 2천여 년간 똑같은 크기로 제작되었음이 밝혀졌다.

주후 67년의 갈릴리는 전운에 휩싸였다. 유대 열심당들이 갈릴리 '막달라'(타케리아)에 모여 로마군과 최후 항쟁을 치렀다. 그러나 티투스와 베스피안이 이끄는 로마군의 공격으로 열심당은 붕괴되고 만다. 패잔병들이 급히 갈릴리 호수로 내려와 배를 타고 퇴각했으나, 로마의 함대가 이 고깃배들을 쫓아가 전멸시켰다. 역사가 요세푸스는 이 해전으로 갈릴리 호수가 피바다로 변했다고 기록했다(The Jewish War 3:522~531 참고). 발굴된 어선은 그때 침몰한 여러 척의 배 가운데 하나로 판단된다.

어떻게 이 배가 발견된 것일까? 1985년 여름, 갈릴리는 유난히 심한 가뭄에 시달리고 있었다. 이스라엘에 식수를 제공하는 갈릴리 호수가 마른다는 것은 재앙이었다. 가뭄이 계속되자, 호수의 물이 점점 줄어들었고 마침내 바닥이 드러났다. 나도 이스라엘에 살 때 여름철의 메마른 호수 바닥을 본 적이 있다. 키부츠 기노사르에 묵던 청년들이 우연히 호숫가를 걷다가, 호수 바닥에 드러난 타원형의 나무 테두리를 발견했다. 한 청년이 직감적으로 소리를 질렀다. "이것 봐. 이것은 고대 갈릴리에서 사용한 고깃배가 분명해!" 그는 키부츠로 달려가 이

사실을 알렸다. 키부츠 사람들은 이 배를 건져 내기로 합의하고, 이스라엘 관광청의 지원금을 확보했다. 발굴한 후에 키부츠가 관리하기로 했다. 훗날 이 망가진 배가 키부츠 전체를 먹여 살리는 불멸의 수입원이 될 줄 누가 알았을까!

1986년 2월 16일부터 25일까지 약 10일간, 배를 건져 내는 탐사 작전이 이뤄졌다. 2천 년 동안 물속에 가라앉은 배를 고스란히 건져 내는 것은 '지옥으로부터의 탐사'라고 일컬어졌다. 때는 겨울철 우기였고, 갈릴리 호수의 물이 불어나기 시작했다. 키부츠 주민들은 사력을 다해 배 안의 진흙을 퍼냈고, 포클레인으로 배 주변을 파서 작은 골짜기를 만들었다. 그 후 원형이 손상되지 않도록 손으로 퍼냈다. 파낼수록 진흙과 돌멩이들이 엉겨 붙었고, 물이 계속 밀려들었다. 그러나 금속 탐지기를 댈 때마다 함성이 터져 나왔다. "와! 이것 봐. 1세기 때 사용한 동전이야." 또한 1세기 때 사용된 도기와 올리브 등잔도 배 안에서 발견됐다. 모두가 예수님 당시의 것들이었다.

작업 중 가끔씩 동쪽에서 마른 바람인 샤키아가 불어 와 호수 표면을 말려 주기도 했다. 처음 겪는 탐사인지라 리더들은 가끔 다투기도 했다. 작업이 계속되자 배의 원형이 드러나기 시작했다. 그러나 2천 년간 물에 잠긴 나무는 금방이라도 부서질 듯 허약했다. 유리 섬유를 주요 부분에 입히고, 알루미늄 포일로 싸고, PVC 파이프를 설치하여 파손을 막았다. 마지막으로 폴리우레탄을 배 전체에 도포했다. 바닥을 파내고 긴 목을 넣어 지표면에서 떨어지게 한 다음 호수 물을 연결하니 배가 그대로 물 위로 떠올랐다. 배는 안전한 곳으로 옮겨졌고, 특수화학액에 7년간 담가 불순물을 우려냈다. 원형 그대로 보존할 수 있는 방법이

총동원된 것이다. 그 후 배는 여러 개의 쇠로 고정되어 전시장으로 모셔졌다. 푸른색 유리를 덧대어 쌓은 곳에 배를 올려놓으니, 마치 갈릴리의 파도 위에 떠 있는 모습이 되었다.

키부츠 기노사르는 박물관이 되어 버렸다. 전시된 배로 인하여 달걀을 걷고, 젖 짜는 일이 키부츠에서 사라졌다. 로마와의 전쟁에서 침몰한 배 한 척이, 많은 사람의 삶을 윤택케 했다. 오늘날 수많은 이들이 이 배를 관람하기 위해 찾아온다. 초창기 유대인들은 '열심당의 돛단배', 또는 '이스라엘의 선적' 등의 이름을 붙였다가, 아무래도 기독교인들이 이 배에 감동한다는 것을 알고는, 슬며시 '예수님의 배'Jesus Boat라고 이름표를 바꿔 달았다. 이 지역 사람들은 예수님으로 인해 죽을 때까지 호황을 누리게 되었다.

1세기의 배는 주로 사이프러스 나무로 제작됐다. 무더운 날이 계속되는 여름이면 갈릴리의 물이 말라 버리곤 한다.

그리스도는 빌려 타신 배로 거라사 광인을 찾아가 구출했다. 그리스도를 태운 조각배는 그의 사역에 최대의 수훈을 세웠다. 1세기 어부들의 수입원이던 한 척의 배가 인간을 건지는 도구가 되었고, 생존을 위한 경제 공간이, 영혼을 구원하는 공간이 된 것이다. 2천 년 전에 침몰한 어선조차 건짐 받아 전시관의 영광을 입었으니, 그리스도가 세상의 구세주인 것이 확실하다.

"예수께서
한 배에 오르시니
그 배는 시몬의 배라
육지에서 조금 떼기를
청하시고 앉으사
배에서 무리를
가르치시더니."

(눅 5:3)

타브가,
오병이어의
교회

일곱 샘물의 장소에서 기적을 일으키시다

그리스도의 사역은 북갈릴리 해변 반경 1~2킬로미터 내에서 집중적으로 일어났다. 복음서에 기록된 예수님의 동선을 추적해 보면, 거라사 지역에 가신 것을 제외하고는 모두 이곳에서 이뤄졌다. 그 가운데서 타브가는 핵심 지역에 해당한다. 여기에서 오병이어의 기적이 일어났다. 요한복음 21장의 최후 식사 장소와도 가까운 이곳이 어떻게 오병이어의 장소가 되었을까? 왜 이곳은 '타브가'라 불렸을까? '타브가'란 '일곱 샘물'을 가리키는 헬라어 '헵타페곤'Heptapegon을 아랍식으로 부르면서 생긴 말이다.

북갈릴리 호수변에 위치한 타브가엔 일곱 개의 샘물이 있었고, 지금도 다섯 개는 활발하게 터져 나온다. 매일 쏟아지는 샘물이 호수로 흘러들어 가면서 물의 온도를 유지한다. 이로 인해 많은 물고기가 몰려든다. 이 지역은 요르단 강 상류에서 밀려드는 플랑크톤 섞인물이 대거 유입되는 곳이다. 이런 천혜의 조건이 물고기가 몰려드는 '핫스팟'hot spot이 되게

한 것이다. 갈릴리만을 연구한 유대인 고고학자는 1세기의 갈릴리 해변에 16개 항구 마을이 있었으며, 그중 가버나움의 어획량이 최고였다고 밝혔다. 타브가에서 잡힌 물고기들은 바로 옆에 위치한 가버나움의 어시장으로 넘겨졌을 것이다.

제자들은 바로 이 지역에서 어부의 생활을 꾸려 나갔다. 최고의 수입이 보장된 곳이었다. 그리스도는 여기서 생입 전선에 목숨을 걸던 제자들을 불러냈다. 그들은 배와 '일곱 샘물'의 기득권을 버리고 따라갔다. 그리고 그 장소에서 오병이어의 기적을 보았다. 대풍을 꿈꾸는 어부들의 핵심 경제 지역과 가난한 이들의 겨우살이 잔치인 '오병이어'가 대조된다. 하나님께서 모든 양식을 공급하신다는 것을 깨닫게 하려는 뜻이 아니었을까? 오병이어는 인간에 대한 사랑을 한없이 담고 있다. 마더 테레사는 "세상에는 작은 빵이 없어 죽는 사람들이 많지만, 작은 사랑이 없어 죽어 가는 이들은 더 많다"고 했다.

타브가의 표지판이 오병이어를 기념하여 세워진 예배당으로 인도한다. 헬라어로 '헵타페곤', 히브리어로는 '아인 쉐바'라고 쓰인 게시판이 무게감 있게 서 있다. 모두 '일곱 샘물'이란 뜻이다. 오병이어 사건을 기념하는 교회는 십자가 형태로 세워졌고, 마당에는 거대한 연자 맷돌과 올리브 압착기와 4세기 비잔틴 시대의 세례터가 있다. 연자 맷돌을 처음 보는 순간, '연자 맷돌을 목에 매달고 바다에 빠지는 것이 낫다'는 주의 말씀이 실감났다(눅 17:2). 맷돌의 크기가 무척이나 컸다.

내부에는 비잔틴 양식의 모자이크와 기하학적 문양이 깨끗하게 보존되어 있다. 카펫처럼 생긴 모자이크 틀에 새겨진 꽃문양의 연결무늬들이 이색적이다. 성지의 꽃과 다양한 새가 새겨져 있다. 백합, 오리, 거위, 백조, 비둘기, 플라밍고, 도요새, 왜가리 등. 성지에서 볼 수 없는 새들이 작품화된 것은 타 문화권의 영향 때문이다. 특히 헬라어로 기록된 갈릴리 호수의 물높이를 측정한 탑이 지금도 남아 있다.

이 교회에서 가장 유명한 것은 4세기경에 만들어진 '오병이어 모자이크'다. 약간 높은 바닥에 새겨진 이 모자이크 앞에는 자연석이 돌출되어 있다. 예배당 건축 시 이 바위를 고스란히 남겨 놓은 것은, 예수님께서 그 돌 위에서 오병이어를 들고 축사하신 것을 기념하기 위해서다. 제단을 세워 그 바위를 보존하고 있다.

4세기 말에 스페인의 순례자 에게리아Egetia가 남긴 글 가운데 예배당에 대한 내용이 지금까지 남아 있다.

> "가버나움에서 그리 멀지 않은 곳에 물이 풍부하고 풀이 많고 나무와 종려나무가 있는 지역이 있다. 그곳의 7개의 샘물에서 많은 물이 흘러나왔다. 이 풀밭에서 예수께서는 오천 명의 사람을 오병이어로 배불리 먹이셨다. 주께서 빵을 올려놓으셨던 그 바위는 후에 제단으로 사용됐는데, 많은 순례자가 자신의 병을 고치기 위해 그 제단의 돌을 작게 깨트려 가지고 갔다."*

* 참고 Pixner, Bargil 1985 The Miracle Church at Tabgha on the Sea of Galilee, Biblical Archaeologist, Vol. 48, No. 4, pp. 196-206

오병이어의 현장에 모였던 5천 명은 어떤 사람들이었을까? 무슨 이유로 예수님에게 몰려왔을까? 사흘이나 주린 것을 보면, 호주머니엔 빵 하나 바꿔 먹을 만한 렙돈 한 조각도 없었던 것 같다. 처절하게 가난한 자들이었다. 빵의 기적을 맛본 그들은 결사적으로 예수를 따랐고, 왕으로 추대하려 했다(요 6:15). 예수를 통해 경제와 정치 문제를 해결하려고 했다. 그러나 그들 사이에 그 어떤 회개운동도 없었다. 사도행전을 보면 사마리아 땅에도 교회가 개척되었으나, 5천 명의 기적을 본 갈릴리에선 교회가 생기지 않았다. 결국 그들은 먹고사는 문제에 매달렸을 뿐, 기적의 빵과 생선의 맛을 보고는 슬그머니 사라진 것이다. 예수님은 가버나움과 고라신 사람들이, 소돔 사람보다 더 퇴폐한 자들이었다고 한탄했다. '모이면 도둑이 되고, 흩어지면 백성이 되는' 유의 사람이 많았던 것은 아닐까? 그럼에도 주님은 그들을 불쌍히 여기셨다.

오병이어 사건의 목적이 무엇인가? 오병이어는 유월절 앞두고 일어났고, 이는 보리 추수 직전임을 알 수 있다(요 6:4). 즉 이스라엘에서 식량이 가장 부족한 보릿고개 같은 때였다. 한 소년이 배고픔을 참고 자신의 소중한 것을 드렸다. 그리스도는 그 헌신을 기다리고 계셨던 것 같다. 인간을 향한 긍휼이 하늘의 기적을 일으킨 것이다. 그런데 소년의 이름은 나타나지 않는다. 이는 기적 가운데라도 하나님의 영광만을 보게 하심이 아닌가? 나눔의 긍휼은 기적과 평화를 가져왔다. 그리스도는 나눔이 모든 이를 살리는 것임을 알게 하신 것이다.

"예수께서
떡 다섯 개와
물고기 두 마리를 가지사
하늘을 우러러 축사하시고
떡을 떼어 제자들에게
주어 사람들에게 나누어
주게 하시고…
떡을 먹은 남자는
오천 명이었더라."

(막 6:41-44)

오병이어교회 내부 바닥의 모자이크.
지금껏 선명하게 보존되어 있다.

★ 역사 고고학적인 이야기 – 어떻게 오병이어의 교회를 찾아냈는가?
예수께서 오병이어의 기적을 베풀었다고 전해진 이곳을 4세기 초 비잔틴 시대의 순례자들이 찾아냈다. 후에 작은 기념 예배당이 세워졌다. 가로 9.6미터 세로 18미터 크기의 채플실이었다. 이 작은 교회당은 5세기에 확장되는데, 그때 바닥에 모자이크를 장식했다. 교회당 안에는 많은 방이 있었고, 그중 한곳에 수도사들이 살았고, 장식품을 만드는 작업실로도 사용했으며, 순례객을 위한 숙소가 마련되었다. 7세기에 가서 이 교회와 수도원은 무슬림의 침공으로 무너졌다. 그러고는 모래와 바위로 덮이고 만다. 1968년에 프란시스칸 교단에 속한 바가티와 로프레데가 이 지역을 탐사했고, 1979~1980년 로센탈과 허쉬코비츠가 탐사했다. 1981년에 지금의 교회터를 찾아냈고, 바닥에 감춰져 있던 비잔틴 시대의 양식도 복원한 후에, 지금의 건물이 세워지게 되었다.

베드로
수위권
교회

새벽 게네사렛 호숫가에서의 아침식사

요한복음 21장의 배경이 되는 곳이다. 이 교회당 안에는 예수께서 아침식사를 차려 제자들과 함께한 식탁 바위가 보존되어 있다. 그 바위를 '멘사 크리스티'라고 부른다. 3월의 갈릴리 호수는 해빙에서 막 깨어난 듯 아직 차갑고 새벽의 호수는 서리 같은 안개로 자욱했을 것이다. 얼어붙은 제자들의 몸을 녹이려고 주님은 나뭇가지를 모아 부싯돌로 불을 피우신다. 주님은 홀로 식사를 준비하고 계셨다. 아마도 지난 밤, 호숫가 언덕의 에레모스 동굴에서 외로이 주무셨을 것이다.

새벽의 게네사렛 호수에는 일곱 제자의 지친 숨소리가 들려온다. 밤새도록 그물을 던졌으나, 아무것도 잡을 수가 없었다. 그들의 에너지는 바닥나고 말았다. 새벽이 이르자, "그물을 배 오른편에 던져라" 하는 소리가 들려온다. 무심코 던진 그물에 엄청난 고기 떼가 걸려들었다. 묵직한 그물을 건져 올리는 순간, 요한은 그가 주님이라는 사실을 알아차렸다. 요한은 주를 향하여 소리를 쳤고, 베드로는 차가운 물에

몸을 던져 물살을 헤치고 육지로 나갔다. 주님은 "지금 잡은 생선을 좀 가져오라" 하시어 잡은 고기를 손질하시더니 숯불 위에 올려 구우셨다. 갑작스러운 상황에 제자들은 아무 말도 할 수 없었다. 그리스도는 그 침묵을 받아들였고, 제자들과 바위에 앉아 아침식사를 나누었다. 머리카락을 가르는 바람만이 침묵 사이로 파고들었을 것이다. 다 먹고 기운을 차린 제자들에게 조용히 말씀하셨다. "요한의 아들 시몬아 네가 나를 사랑하느냐?" 그렇게 세 번 물으셨다. 그러고는 베드로와 제자들에게 자신의 양 떼를 부탁하셨다. 베드로의 죽음도 알려 주셨다. 무거운 정적이 갈릴리 호수 위로 흘러갔다. 말씀을 마치신 후, 예수님은 조용히 호수를 응시하셨을 것이다. 그러고는 제자들을 위로하셨을 것이다. 요한복음은 더 이상 기록하지 않고 21장을 마지막으로 끝을 맺는다. 예수님과의 헤어짐이 너무도 슬펐기 때문일까? 이 모든 일은 베드로 수위권 교회 안에 있는 멘사 크리스티Mensa Christi 바위 위에서 일어났다.

요한복음 21장의
사건이 일어난
갈릴리 해변에
베드로 수위권
교회와 그 곁의
12개의 하트
모양의 돌.

4세기 비잔틴 시대가 이르자 갈릴리 유적지마다 수도원과 교회가 세워졌다. 베드로 수위권 교회도 그때 세워졌다. 갈릴리의 검은 화산암으로 지어진 예배당은 작고 초라해 적막하기 그지없다. 그 작은 예배당 내부로 들어서면, 창문마다 스테인드글라스로 빛난다. 정면에는 멘사 크리스티로 불리는 석회암 바위군이 보인다. 라틴어로 '그리스도의 식탁'이라는 뜻을 지닌, 이 돌출바위는 바깥으로도 연결되어 호수에 닿는다. 그 바위에서 예수님은 7명의 제자들과 최후 식사를 나누었다. 요한복음 21장의 내용이 오고 간 그곳이다. 멘사 크리스티 바위는 입을 다문 채 그리스도의 목소리를 모두 저장해 두었을 것이다. 바위는 모든 사실을 알고도 침묵 속에 그대로 누워만 있다.

예배당에서 해변으로 나가면 12개의 하트 모양 돌이 놓여 있다. 이는 열두 제자를 상징하는 돌로, 808년에 이 돌의 존재가 처음 알려

졌다. 누가 만들어 놓았는지 모른다. 또한 작은 원형극장과 함께 고운 석회석 성만찬 테이블이 놓여 있다. 이곳에 앉으면 해변의 바람이 부드럽게 얼굴을 씻어 준다. 그 앞의 동상은 너무도 눈물겹다. 그리스도께서 나서는 길을 베드로가 막으려 휘청거리며 물러서는 광경이다. 주님은 언제나 세상을 향하셨고, 홀로 십자가의 길을 걸으셨다. 너무도 결연한 모습에 눈물이 난다. 그리스도의 최후의 부탁은 이 땅에 남겨진 하나님의 백성이었다. "내 양을 치라"(요 21:16). 이 말은 히브리어로 '내 양을 부드럽게 보살펴 주라'라는 뜻이다. 주님은 당시 히브리어로도 말씀했는데, 자신에게 속한 양 떼를 섬세하게 돌봐 달라고 세 번이나 부탁했다. 양 떼 위에 군림하고, 든든한 재산으로 여기는 행태를 그는 단 한 차례도 언급한 일이 없다. 그가 말씀하신 것은 당신의 길을 따르라(요 21:19)는 것이었다.

"요한의 아들 시몬아
네가 이 사람들보다
나를 더 사랑하느냐
하시니 이르되…
내 어린 양을 먹이라."

(요 21:15)

★ 역사 고고학적인 이야기─베드로 수위권 교회는 어떻게 찾아냈는가?
지금 보이는 베드로 수위권 교회는 1933년에 세워졌다. 4세기경의 초기 교회가 있던 장소를 더 확장하여 세운 것이다. 예배당 안의 제단 쪽을 보면 벽돌이 보이는데, 그것이 4세기경에 세워진 기초다. 스페인의 순례자 에게리아가 주후 380년에 이곳을 찾아왔다가 "Holy Land Circa"에 이 장소를 언급했다. 그녀는 이 지역을 찾아내기 위해서 많은 애를 썼다. 9세기에는 "숯불을 피워 둔 곳"이라는 이름이 붙여졌다. 예수께서 생선을 굽기 위해 숯불을 피웠기 때문이다. 1263년에 한 차례 부서졌으나, 1933년에 프란시스칸 교단에서 지금의 예배당을 세웠다.

팔복 교회

세계사를 변혁시킨 갈릴리 언덕에서의 가르침

갈릴리 호수 북쪽 언덕에 마태복음의 산상수훈이 선포된 곳이 있다. 이곳에 서면 남쪽으로 갈릴리 호수가 한눈에 내려다보인다. 사람들이 이 언덕에 모여 예수님의 말씀을 경청했을 것이다. 갈릴리는 언제나 습한 바람으로 자신의 건재함을 이방인에게 알려 준다. 새들은 갈릴리 산악지대를 걱정 없이 날아다니며, 은회색의 파도와 함께 평화의 곡선을 하늘에 새긴다. 갈릴리 언덕에는 산상수훈 기념교회가 호수를 바라본다. 반원 투구를 쓴 교회는 세찬 바람에 외로운 듯 말이 없다. 언덕 아래로 펼쳐진 구릉지엔 검은색 화산암이 군데군데 솟아 있다. 당시 군중은 그 검은 돌 위에 앉아, 예수님의 이야기를 오후 내내 들었을 것이다. 겨울이 오면, 갈릴리 언덕엔 빨간색 야생화가 피어오른다. 4월 말이면 사라져 버리는 아름다운 꽃망울은 예수님 설교의 소재가 되었다. "솔로몬의 모든 영광으로도 입은 것이 이 꽃 하나만 같지 못하였느니라"(마 6:29). 이 꽃은 갈릴리 언덕에 피어나던 아네모네였다. 여인들은 옆에 피어난 꽃을 살짝 꺾어 코끝에 대며 예수님의 설교를 들었을 것이다. 가난한 민

예수께서 산상수훈을 말씀해 주셨던 갈릴리 언덕가. 그 아래 예수의 설교를 듣던 청중이 보이지 않는가?

초들이 부러워했던 '솔로몬의 부귀와 영광'이 이 야생화 하나만도 못했다니…. 진정 구해야 할 것이 하나님의 나라와 그 의임을 알려 주신 것이다.

갈릴리는 늘 습한 바람과 푸른 산들을 벗 삼아 지내 왔다. 고온 다습한 호수의 적막함 속에 외로운 평화가 깃들어 있다. 산상수훈의 언덕은 지금도 많은 사람들이 쉽게 오를 수 있는 낮은 산이다. 이곳은 타브가에서 가까워 충분한 물을 공급받을 수 있으며, 강력한 햇볕을 차단할 수 있는 유일한 곳이었다. 그리스도께서 이곳을 선택하신 것은, 당시 청중을 지리적으로 배려한 것으로 보인다.

"온유한 자는 적이 없기에 모든 이의 친구가 된다"는 로이드 존스의 말처럼, 주님의 선포가 얼마나 감동적이었는지 전 유대와 갈릴리, 두로와 시돈에서조차 사람들이 몰려왔다. 병들어 가난했기에 희망마저 사라진 자들이었다. 그리스도는 이들을 포기하지 않으셨다. 오히려 그 안의 하나님의 형상이 회복되도록 모든 계층을 다 포용하셨다.

"심령이 가난한 자는 복이 있나니 천국이 저희 것임이요." 예수님은 팔복에서 가난의 주제를 먼저 다루신다. 헬라어에는 두 가지 가난이 있다. 무숙자 상태의 '프토코스'와 적은 재산을 가진 '페니 크로스'의 가난이다. 팔복에 '프토코스'가 쓰인 것을 보면, 끼니조차 해결할 수 없는 극심한 무산 계층이었음을 알 수 있다.

그리스도는 미천한 자들도 최상의 존재로 대하셨다. 이 말씀이 인간에게 전해졌기에, 지구는 생존할 수 있었다고 본다. 산상수훈은 희망과 멘토링으로 빛난다. 초라한 자들을 세상의 주인공으로 세우고 모든 것을 잃어버려도 충분한 보상이 있음을 가르쳤다. 그러나 인간의 꿈틀거리는 야망은 예리하게 지적당했고 제련되지 못한 신앙은 거대한 위기를 맞게 될 것이라 경고했다. 하나님 나라가 얼마나 위대한지, 굶주린 인간에게 솔로몬의 영광이 꽃 한 송이에 담긴 계획과 비할 수 없다고 하셨다.

간디와 그의 2천여 명의 추종자가 그리스도의 산상수훈을 애독했다고 전한다. 산상수훈 교회 동쪽에는 1,000미터 높이의 골란 고원이,

이탈리아 건축가 바를루치가 세운 팔복 교회는 8면으로 되어 있는데, 그리스도께서 선포하신 팔복을 상징하기 위해서다.

서쪽에는 아벨 산이, 북쪽으로는 2,814미터의 헬몬 산이 그리고 남쪽에는 타브가 해변이 있다. 마태복음의 산상수훈은 이런 산악지대의 조화로움과 갈릴리 호수를 배경으로 선언된 살아 있는 언어다. 예수의 설교를 듣던 자들은 천국으로 뜨거워졌으리라.

존 던John Dunn은 "세상에서 가장 넓은 것은 바다이며, 바다보다 더 넓은 것은 하늘이며, 하늘보다 더 넓은 것은 인간의 영혼"이라고 했다. 그리스도는 상처 입은 '인간의 영혼'을 하늘과 갈릴리의 푸른 물에 담아 말씀으로 말갛게 씻겨 주셨다.

"공중의 새를 보라
심지도 않고 거두지도 않고
창고에 모아들이지도 아니하되
너희 하늘 아버지께서 기르시나니
너희는 이것들보다 귀하지 아니하냐"

(마 6:26)

★ 역사 고고학적인 이야기 - 지금의 팔복 교회를 어떻게 찾아냈는가?
산상수훈의 장소를 찾아낸 것은 비잔틴 시대였다. 381년 스페인 출신 순례자 에게리아가 이곳을 찾아왔다. 그녀는 "산 가까운 곳에 한 동굴이 있었고, 그 동굴에서 예수가 팔복을 말씀하셨다"라고 기록을 남겼다. 순례자 에게리아는 이곳에 살던 주민들에게 물어물어 산상수훈의 장소를 찾아갔다. 그 장소에 남아 있는 동굴을 보고 이곳을 지목했고, 그 위에 기념교회가 세워진 것이다. 지금의 팔복 교회당은 이탈리아의 유명한 건축가 안토니오 바를루치가 1938년에 세웠다. 그는 비잔틴 양식을 기초로, 팔복을 상징하는 팔각형 교회당을 지었다. 교회 내부의 창에 보면 Beati 라는 라틴어가 있는데, 이는 '복이 있으니'blessed라는 뜻이다. 예수님의 설교와 연관된 상징이 예배당 안에 가득하다. 바닥에는 비잔틴 시대의 모자이크가 남아 있으며, 현재 프란시스칸 교단에서 관리한다. 수도원과 호스텔 그리고 아름다운 정원과 밭이 있다.

가버나움

신약성서의 절반

가버나움 해변에 깔려 있는 현무암 돌덩어리들.

가버나움은 히브리어로 '긍휼의 마을'(나훔의 마을)이다. 순례자들은 이 나훔의 마을에서 지내던 그리스도의 흔적을 보고 싶어 찾아온다. 가버나움은 해변에 있고, 해변가에는 검은 돌이 지천으로 깔려 있다.

물결에 씻긴 돌멩이들은 2천 년간 해변을 떠난 적이 없다. 불편한 샌들을 신고 현무암 사이로 걸어오시던 메시아를 돌멩이들은 보았을 것이다. 포물선 해변을 따라 그의 발자취를 따라가 본다. 놀란 민물 게들이 후다닥 바위로 숨어 버리고, 물은 적당한 온도로 발을 감싸 준다. 물에 잠긴 돌멩이를 들춰 보면 까만 소라들이 다닥다닥 붙어 있다. 주님은 이 해변에서 제자들을 부르셨다. "거기서 가시다 세베데의 아들이 그물을 깁는 것을 보고." 또한 가버나움 출입 세관에서 일하던 마태를 불러냈다(마 9:9). 베드로에게 생선의 입을 열어 반 세겔을 취하라 한 곳이 가버나움이었다(마 17:24). 성경은 베드로와 안드레 형제의 집이 가버나움에 있었다고 말한다(막 1:29). 그리스도의 거의 모든 사역이 일어난 곳이다. 1세기 가버나움은 엄청난 어획량을 자랑하던 동네였다. 긴

해변가에서 돌들과 물살은 서로 부딪쳐 가며 옛 비밀을 속삭여 주는데… 제트스키가 휙 지나며, 싱그러운 물살을 뿜어 올린다. 골란 산악의 뭉게구름은 물속에서 안개가 되고, 북요르단에서 흘러온 물은 호수에서 파란색 입자가 된다.

바람은 멀리서 온 이방인의 마음을 쓰다듬어 옛 기억을 봉합시켜 주고는, 외로움에 젖은 이에게 활력소가 되었다. 몇 걸음 더 걸어가면, '예수의 마을 가버나움'Capernaum, the Town of Jesus이라는 푯말이 나타난다. 그 철문으로 관광객들이 우르르 들어간다. 쇠빗장 열린 마을로 나도 휩쓸려 사라진다.

이 작은 동네에 베드로의 생가가 보존되어 있다. 고고학적 정보를 조금만 손에 쥐면 볼거리가 넘쳐 난다. 베드로는 근처 벳세다에 살았는데, 가버나움에도 집이 있었다. 가버나움에 들어서면 육중한 동상 하나가 번득이며 나타나는데, 베드로의 동상이다. 그 뒤편으로 보이는 검은색 8각형 구조물이 베드로의 집터다. 예수님께서 늘 이곳에서 쉬셨다고 전한다. 가버나움 마을 전체는 검은색이다. 화산지대였기에, 검은색 현무암이 건축 재료로 쓰였다. 예수께서 설교하신 회당은 오랜 시간 속을 배회한 듯 서 있다. 이 회당의 건축자는 로마 백부장이었다(눅 7:5). 그러나 지금 회당은 5세기의 비잔틴 시대에 재건된 것으로, 옛 기초석 위에 다시 세워진 것이다. 첫 회당의 기초석이 까만 현무암인 것을 보면, 당시 회당은 검은색이었을 것이다. 또 지금과는 달리 예루살렘을 향해 세워졌을 것이다. 1세기 회당은 모두 예루살렘을 향해 지어졌기 때문이다.

가버나움은 예수님의 선교센터였다. 수많은 병자와 함께 지내시며, 설교로 인간의 죄를 드러내시고, 시몬의 집(막 1:29)에서 쉬셨다. 그는 안식일의 주인으로 설교하셨고, 귀신 들린 자와 맹인들과 신음하는 자들을 고쳐 주셨다. 지붕을 뚫고 내리워진 중풍병자와 외국인 백부장의 종까지 고쳐 주셨다. 어린아이를 세우고, 천국은 어린이처럼 순백의 영혼이 되어야 갈

예수께서 설교하셨던 가버나움 회당의 모습- 사람들이 늘 이곳을 찾아와 옛 시간을 기억한다.

수 있다고 했다(막 9:33-37). 그는 매일매일 사람들을 치료하셨다. 치료를 뜻하는 헬라어 '이야우마이'는 '하나님의 창조 원형으로의 회복'을 뜻한다. 의사도 할 수 없던 몸과 마음과 인간관계까지 치유해 주신 것이다. 가버나움의 골목골목이 예수님의 발자취로 얼마나 행복했을까?

"내가 가서 고쳐 주리라…"(마 8:7). 그는 근엄하게 강대상에 앉아 지루한 설교나 하며 사람을 부리고, 신사복에 귀족미를 갖춘 채 기름 발라 넘긴 머리가 아니셨다. 늘 배고팠던 그분은 마른 빵 조각에 맹물을 드시며, 하나님으로부터 오는 영광을 가르쳤다. 우리가 매일 먹어야 할 '생명의 양식'인 자신을 이 회당에서 알리신 것이다(요 6:59).

주후 66년 가버나움은 예수의 가르침을 잃어버린 채 로마에 저항하다 철퇴를 맞았다.

이집트, 메소포타미아와 연결된 국제도로 선상에 위치하고 교역을 독점한 부유한 마을이었으나, '긍휼의 마을'에서 긍휼을 베푼 자는 오직 그리스도뿐이었다. 당시 제사장 패거리나 서기관, 바리새파는 명예와 권력의 내음을 풍기던 자들이었다.

오늘날은 갈매기들이 주인이 되어 창공을 배회하나, 1세기에는 예수의 말씀과 치유가 골목마다 가득했으리라.

"그들이
가버나움에 들어가니라
예수께서 곧 안식일에
회당에 들어가 가르치시매
뭇 사람들이 그의
교훈에 놀라니."

(막 1:21-22)

시몬 베드로의 생가로 알려진 이곳에서 비잔틴 시대의 십자가가 출토되었다.

벳세다

그리스도의 제자들이 살던 마을

히브리어로 '어촌'이라는 뜻을 가진 벳세다는 8명의 제자를 배출한 마을이다. 그리스도는 왜 율법사나 바리새인이나 제사장, 레위인을 택하지 않고, 굳은살이 박인 어부들을 골라냈을까? 그들에게 무엇을 기대하셨던 걸까? 직접 벳세다로 들어가 살펴보자. 이곳은 텔단이나 하솔이나 므깃도처럼 유명한 고대 도시와는 달리 매우 작은 마을로, 고고학 자료도 미미한 곳이다.

사실 벳세다는 1987년에야 세상에 얼굴을 드러냈다. 그전까지 벳세다는 갈릴리 호수에서 사라진 마을이었다. 신약에 기록된 모든 마을이 발굴되어 소개됐지만, 이상하게 벳세다만은 오리무중이었다. 수년간의 고고학적인 탐사를 거치고서야 해변에서 1.5킬로미터나 떨어진 산중에서 벳세다를 찾게 되었다.

발굴된 벳세다 마을의 전경-이곳에서 1세기 제자들의 삶을 엿볼 수 있는 흔적들이 발견됐다.

해변에서만 발견되는 해양 미생물이 산중 토양에서 나타난 것이다. 갈릴리 호수에서나 볼 수 있는 조개껍질과 어류의 흔적이 발굴되면서, 이곳이 오래전 해변가였음이 드러났다. 요르단 강이 수많은 토사물을 밀고 내려와 북 갈릴리의 해변을 메꿔 버린 것이다. 2천 년 전 벳세다는 호숫가에 위치했지만, 지금은 단단한 토양으로 변했다. 벳세다에 오면 요르단 강의 세찬 물소리를 곁에서 들을 수 있다. 토사물의 이동은 지금도 소리 없이 진행된다.

벳세다에 대한 기록은, 주전 14세기의 이집트 바로 왕과 팔레스틴 주재 이집트 외교관 사이에 오고 간 '아마르나' 외교문서에서 발견된다. 벳세다가 아람 왕국의 수도인 그술Geshur로 기록되었다. 다윗의 아들 압살롬의 어머니 마가는 그술 왕의 딸이었다. 압살롬이 반역을 저지르고 피한 곳이 바로 벳세다였다

(삼하 13:37). 지금도 벳세다의 땅 속에서 주전 1200년경 철기시대의 그술 왕조의 유물이 계속 발굴된다.

1세기의 유명한 로마 작가 플리니 장로는 벳세다를 갈릴리 호수의 사랑스러운 4개 도시 중의 하나라고 칭송했다. 그러나 가버나움과 고라신과 함께 벳세다는 수세기에 걸쳐 잊혀 버렸다. 헤롯 빌립은 이 도시의 이름을 아우구스투스 황제의 아내 이름을 따서 '벳세다 줄리아스'Bethsaida Julias라고 불렀으나, 3세기 이후 사라지고 말았다. 현재 무너져 버린 벳세다는 '요르단 공원'Jordan Park으로 불리는 곳에 위치한다.

벳세다로 들어가는 길은 우마차 하나 들어갈 만한 폭이다. 붉은빛이 감도는 화산암으로 덮여 있고, 군데군데 키 큰 나무들이 햇볕을 가려 주나 흘러나오는 땀을 막을 수 없다. 무너

진 성문도 있고, 포도즙을 만들던 터와 어부들의 집들도 있다. 잡은 생선을 소금에 절이고 말리던 흔적도 남아 있다. 발굴된 집터 중에는 제자의 집도 있을 것이다. 2세기경의 금화가 이곳서 출토된 것을 보면, 벳세다는 부유한 어촌이었던 것 같다.

그리스도의 제자들은 대개 어촌에서 나왔다. 상아탑에서 고요히 율법을 읽고 신학을 토의하던 자가 선발되지 않았다. 치열한 현장의 노동자들이 부름을 받았다. 생선 비린내가 나던 노동자들이 주님의 가르침으로 위대한 자들이 되었다. 주님을 만나는 자마다 변화되었다. 제자들은 계산보다는 순종을 택했다. 순종과 희생은 하나님 나라를 세우는 두 개의 레일이다. 신약에 자주 등장하는 벳세다는 8명의 제자들의 고향이기도 하다. 한 동네 출신인 제자들은 쉽게 친화할 수 있었을 것이다.

"빌립은
안드레와 베드로와
한동네 벳세다 사람이라."

(요 1:44)

고라신

복음의 트라이앵글

북쪽 갈릴리 산에 위치한 고라신 마을은 어둡기만 하다. 주님께 책망을 들어서인가? "작은 친절과 따뜻한 말이 지구를 행복하게 한다"고 했다. 예수님은 얼마나 많은 따뜻함을 고라신에 쏟아부었던가? 환산할 수 없는 사랑을 했으나, 배척을 당하셨다. 왜 그랬을까? 고라신은 열심당들의 전운이 감돌던 마을이었다. 유대 민족주의자 열심당들은 그리스도의 우주적 구원을 배척했다. 그들의 가슴은 응고된 분노로 굳어졌고 불신과 냉소로 가득했다. 폭력

고라신에 남아 있는 회당의 모습 · 갈릴리 언덕 위로 붙어 있는 이 고라신 마을은 그리스도 당시 작은 마을이었다. 예수께서 방문하여 설교했으나 뉘우치지 않았다.

으로 세상을 뒤집고 독립을 쟁취하려는 의지로 가득했다.

고라신은 흑암의 기운이 짙게 깔려 있다. 온 동네가 어둑하며, 주민도 살지 않고, 찾아오는 이도 없다. 표를 받는 직원도 가끔씩 사라진다. 예수님 당시도 이처럼 어두웠을 것이다. 중세 문인들은 적그리스도가 고라신에서 나타날 것이라고 말했다.

지금 남아 있는 유대 회당은 3세기에 세워졌다가 4세기에 무너졌고, 6세기에 다시 세워진 것이다. 회당이 고라신 중심부를 거의 차지하는 것을 보니, 종교심이 가득했던 것 같다. 신약에서 단 두 번 언급됐지만, 가버나움과 벳세다와 함께 '복음의 트라이앵글'Evangelical Triangle로 불리던 마을이다. 그리스도 사역의 중심지이기도 했다(마 11:21, 눅 10:13).

고라신에서 내려다본 갈릴리 호수는 정말 아름답다. 탈무드에 보면, 고라신은 곡식 추수가 가장 빠른 곳이라고 했다. 화산 토양과 뜨거운 햇볕의 영향 때문이었을 것이다. 작은 고라신 마을은 5개의 구획으로 나누어져 있고, 회당에는 유대 문화의 심볼이 각인되어 있다. 정결 예식터와 올리브 압착기 등도 멋진 모습으로 전시되어 있다.

왜 고라신 공동체는 메시아를 알아보지 못하고 배척했는가? 신앙이 아닌 신념을 추구했기 때문이다. 하나님의 자리에 민족주의가 자리했고, 원한과 폭력을 행사할 메시아를 기다렸다. 예수의 모습에서 기대할 것이 아무것도 없었다. 소돔인보다 더 두꺼운 마음을 지녔기에, 주옥같은 산상수훈도 무의미했다. 결국 온 공동체가 사망할 수밖에 없는 운명에 처하고 만 것이다. 고라신은 폭력으로 세상을 바꾸려 했으나, 폭력으로 자기를 잃고 말았다.

"화 있을진저 고라신아,
화 있을진저 벳세다야,
너희에게 행한 모든 권능을
두로와 시돈에서 행하였더라면
그들이 벌써 베옷을 입고
재에 앉아 회개하였으리라…
가버나움아 네가 하늘에까지 높아지겠느냐
음부에까지 낮아지리라."

(눅 10:13-15)

★ 역사 고고학적인 이야기 – 지금의 고라신 회당은 어떻게 찾아냈는가?

고라신에 대한 첫 고고학적인 작업은 19세기에 있었다. 1869년에 지금의 고라신의 회당을 발굴해 세상에 알렸다. 1905~1907년 사이 또 한 차례 탐사가 있었다. 그런데 고고학적인 자료는 아직 예수님 당시의 것을 내어놓지 못했다. 발굴된 수많은 동전과 자료는 3~4세기경의 것이었다. 그러나 더 발굴해 본다면, 1세기 것도 가능할 것으로 보인다.

거라사

파멸의 인간을 선교의 도구로 세우다

갈릴리 호수 동쪽에 위치한 거라사 교회당. 당시 이곳을 찾아온 순례객들에게
성유를 베풀기 위해 올리브 압착기를 교회당에 설치해 두었다.

신약성경을 보면 그리스도가 배를 타고 거라사로 이동하신다. 잃어버린 영혼을 위해 풍랑 속에 호수를 건너가신다. 그곳서 광인을 고쳐 주시고, 괴롭히던 귀신들을 돼지 떼로 몰아 몰살시켰다. 어마어마한 재산상의 손실을 감수하면서 버림받은 한 인간을 구하셨다. 갈릴리 서쪽에는 디베랴(타이베리아)가 있고, 동쪽에는 거라사가 있다. 고고학 발굴을 통해 밝혀진 것은 거라사가 갈릴리의 16개 항구 마을에서 가장 융성했다는 점이다. 사람들이 선호했던 곳임을 알 수 있다. 탈무드의 기록에 의하면, 1세기의 거라사 마을에 외국인이 많이 살았다. 유대 문화와는 전혀 다른 풍습이 유행했다. 우상숭배가 만연했고, 유대인들이 혐오하는 돼지 사육이 이뤄졌다. 정결한 코셔 음식만을 먹는 유대인에게 돼지고기는 망조였을 것이다. "돼지고기(와 가증한 물건과 쥐)를 먹는 자가 다 함께 망하리라"(사 66:17). 돼지고기는 지금도 유대인 지역에서 팔지 않는다. 이스라엘산 소세지는 모두 양이나 닭을 이용해 만든 것이다. 거라사는 사실상 유대인들에게 공동 배타 구역이었다. 거라사가 속한 데가볼리 지역은 당시 외국 문물과 외국어와 외국 음식이 유행하고 있었다. 거라사의 이름도 아랍어로 '패망'인 걸 보면, 유대인에게 차별당하던 곳이라는 걸 짐작하게 한다.

이색적인 풍습이 만연한 곳에 그리스도께서 가셨다. 귀신에 사로잡힌 인간을 구원해 내기 위해서다. 그는 사람을 외모로 차별하지 않았다. 호수에 배를 대기 전부터 광인을 사로잡고 있던 귀신을 향해 "나오라"고 선언했다(눅 8:29).

마가복음은 이 이야기를 더 세밀하게 표현한다. 무덤에 살고, 나체로 생활했으며, 돌칼로 자해하며, 피를 흘리고, 괴력으로 쇠사슬을 끊는 행위가 매일 반복되었다고 기록한다. 누가 먹을 것을 주었는지, 이불은 어떻게 마련했는지, 취사도구는 있었는지, 몇 년을 지냈는지, 세찬 비가 내리는 겨울엔 어디서 잠을 잤는지 알 수 없다. 그의 부모가 거라사 언덕에 내다 버린 것일까? 유대인들은 이런 곳에 절대 가지 않는다. 유대 관습에 따라, 부정한 것을 철저히 차단했기 때문이다.

차별당하고 버림받은 이에게 다가선 분이 그리스도였다. 그의 동정심이 한 인간과 그의 가족 친지와 공동체를 살렸다. 파멸의 광인에게도 하나님의 형상이 존재한다는 것을 알려 주셨다. 인간이 인간을 차별할 수 없음도 가르치셨다. 치유된 그가 예수를 따르고 싶어 간청했으나, 부모의 집으로 돌아가 긍휼을 전하라고 하셨다(막 5:18-19). 집에 돌아간 그는 사실을 전했고, 데가볼리 지역이 복음의 영향권에 들어오는 놀라운 일이 생겼다. 그리스도는 한 영혼만이 아닌, 흑암에 사는 모든 주민과 외국인까지 생각하셨던 것이다. "예수께서 자기에게 어떻게 큰일 행하셨는지를 데가볼리에 전파하니 모든 사람이 놀랍게 여기더라"(막 5:20). 구약에서의 선교는 정의justice와 의righteousness를 이방으로 가져가는 것이다(사 42:1-4). 신약의 선교는 한 영혼을 회복시키는 긍휼이다. 오늘날 선교의 주제로 무엇을 선택해야 하는지 그 답이 있다.

해변에서 500미터 떨어진 곳에 거라사 예배당이 위치한다. 직사각형의 돌벽으로 쌓은 예배당은 6세기의 비잔틴 시대에 세워졌고, 당시 성지에서 가장 큰 수도원 교회였다. 호숫가에서 이곳 교회 앞마당까지 직선도로를 깔아 순례객을 맞이했다.

예배당에는 십자가 문양을 새긴 기둥들이 있다. 바닥에는 모자이크가 깔렸고 포도, 무화과, 석류, 어류, 새 등으로 장식했다. 올리브 압착기도 보이는데, 이는 순례객들에게 성유聖油를 주기 위해서다. 거라사는 사람들이 잘 찾지 않는 동편 자락에 있다. 오랫동안 순례객을 기다리며, 겨울비가 내리는 날이면 산 언덕에 핀 노란 유채꽃이 자기를 봐달라고 손짓한다. 거라사에서 가장 행복한 계절은 노란색 비가 깔리는 겨울이다.

> "밤낮 무덤 사이에서나 산에서나
> 늘 소리 지르며 돌로 자기의 몸을
> 해치고 있었더라."
>
> (막 5:5)

★ 역사 고고학적인 이야기 – 비잔틴 시대부터 오늘날까지 거라사 예배당의 역사

이스라엘 수도사들의 아버지라 불리던 마사바Mar Saba는 491년 수도생들과 함께 거라사에 와서 기도했다는 기록이 있다. 현재 거라사 예배실의 타원형 세례 처소는 6세기에 추가로 세워진 것이다. 614년 페르시아의 침공으로 큰 피해를 입었으나 후에 재건되었다. 8세기에는 지진으로 훼손되어 예배 처소로 사용할 수 없었다. 9세기에 이르자 아랍인들이 거주하며, 이곳을 창고로 이용했다. 그때 일부 모자이크 바닥이 파손되었다. 예배당 바깥에는 수도사들의 묘지가 있다. 1970년에 이곳에 도로를 내면서 우연히 이곳 수도원의 벽이 발견되었다. 그 후 이스라엘 문화재국을 대표하는 차페리스와 우르만에 의해, 본격적인 고고학적 탐사가 시작되었다. 1982년에 시민들에게 공개되었고, 지금은 이스라엘 국립공원에 추가되었다. 당시 수도원의 예배실 바닥에서 수도사로 보이는 30구의 해골이 발굴되기도 했다. 멀리 언덕에도 작은 구조물들이 있는데, 그곳은 거라사 광인들이 거했던 무덤 처소였다. 그곳에도 기념 건축물들이 놓여 있다.

12

갈릴리에서
골란 고원을
향하여

골란 고원은 갈릴리 동편에 위치한 고원지대다. 구약시대에는 단 지파가 거주했고, 신약시대에는 가이사랴 빌립보가 위치했다. 헬몬산이 가깝고, 요르단 지류가 시작되면서 중동 최대의 샘물이 터져 나오는 곳이다. 시리아와의 전쟁으로 골란 고원은 현재 이스라엘이 관할하고 있다. 골란의 옛 이름은 '바산'이다.

갈릴리의 유적지를 뒤로하고, 산길을 오른다. 저 아래 누운 갈릴리는 빛이 가득한데, 골란 고원은 검은 화산암이 가득 찼다. 강인한 엉겅퀴들이 솟아나 들녘을 뒤덮고 있다. 한참 산길을 따라 오르니 폭포 하나가 장대한 물을 추락시킨다. 여기서부터가 골란 자연수림지대 Golran Natual Forest의 시작이다. 골란은 이스

라엘의 또 다른 세계다. 선지자 아모스가 말한 바산의 노릇노릇한 암소들이 긴 뿔을 서걱거리며 풀을 뜯고(암 4:1), 도토리를 움켜쥔 다람쥐가 나무로 튀어 오른다. 산에 박힌 전나무는 제법 굵고, 물도 세차게 흘러 바윗덩이를 매끄럽게 씻어 준다. 도로는 골란 산악을 두 쪽으로 갈라내며 그 사이로 자동차들이 질주한다. 도로 주변 철조망에 매달린 지뢰 표지 mine가 간담을 서늘케 한다. 그 사이로 길을 건너는 양 떼와 당나귀 탄 목동을 보면, 골란은 아직도 생명력이 가득한 땅이다.

골란이 시리아에 속해 있을 때는 버려진 땅이었으나, 유대인이 차지한 후로는 옥토로 변했다. 유대인은 쓸모없는 것도 가치 있게 만드는 재주가 있다. 고난의 시련이 개척의 장인으로 만들어 준 것이다.

골란 고원에는 약 2만여 명의 유대인들이 살고 있다. 농업, 목축업, 양계업, 과실 재배, 양봉업을 통해 기회의 땅으로 조련한다.

골란은 성서의 이야기로 가득 찬 곳이다. 골란은 솔로몬과 아합 왕이 특별히 여겼던 국경지대였고, 당시에도 군사 도시를 만들어 국토를 수호했다(왕상 4:13). 1세기 헤롯 빌립은 골란의 가이사랴 빌립보를 수도로 정하고, 골란 고원의 약초 연구에 몰두했다는 기록이 있다. 지금도 골란에는 희귀한 약초가 자생하며, 원주민 시리아 아낙네들이 매일 골란 산자락에 올라 약초를 채취하며 살아간다. 헬몬 산 이슬을 삼킨 골란의 약초는 세계적인 효능을 가진다. 4미터가 넘던 바산 왕 옥의 철침대까지 고고학자들이 찾아낸다면 성경의 역사성은 더욱 빛나리라(신 3:11)!

텔단

13

북이스라엘 제단의 형태가 남아 있는 곳

다윗 왕가가 실존했음을 알려 주는 아람어 석비가 텔단에서 발굴되었다.
석비는 길이 32센티미터, 너비 22센티미터로 1994년 아브라함 비란 교수가
발굴하여 현재 예루살렘 박물관에 소장되어 있다.

골란 깊숙이 들어가면 '텔단'이라는 곳이 나타난다. 옛날 단 지파의 후손들이 살던 곳으로, 이스라엘의 최북단 경계에 있는 도시다. 여로보암 왕의 금송아지 제단이 여기에 있다. 텔단의 최대 장점은 북이스라엘의 독특한 문화와 좋은 기후다. 국립공원으로 지정된 후 많은 사람이 이곳을 찾았다. 기후가 온화한 수림지대로 시원하며 엄청난 물의 혜택을 누리는 곳이다.

이곳에서 발굴된 주전 9세기의 석비에 '다윗의 가문'David House이라는 말이 나타나자, 고고학자들 사이에 파문이 일었다. 진보 학자들은 다윗 왕조의 역사적 실존을 의심했는데, 이 증거가 그 주장을 일소시켰기 때문이다. 그럼에도 아직 고민에 싸인 고고학자들도 있다. 더 많은 증거물이 나타나기 전까지는 포기하지 않겠다는 것이다.

텔단에는 아주 멋진 곳이 또 하나 있다. 헬몬산에서 흘러내리는 '단 샘'Dan Spring이다. 여름철 굽이치는 강물에 손을 담그면 뼛속까지 시린 물에 온몸이 냉각된다. 과연 이곳이 이스라엘인가 싶을 정도로 새로운 기분이다. 사람들은 일찍부터 텔단에 거주했다. 주전 1800년 중기 청동기시대에 세워진 성문이 지금까지 남아 있다. 이스라엘이 가나안에 들어오기 전, 많은 거주민이 있었던 것이다. 당시 주민들이 흙벽돌 성벽을 쌓았는데 지금까지 용케 원형이 남았다. 훼손되지 않게 이스라엘 관광청이 보호막을 쳐두었다.

이는 주전 1200~1000년 철기시대의 돌문 및 성곽과 크게 대조된다. 이스라엘이 가나안 정착 후, 텔단을 견고한 도시로 재건했음을 알 수 있다. 성문은 4개의 방을 가진 '시리아식 문'Syrian gate이다. 므깃도와 세겜에서 발견된 것과 같은 구조다. 왜 성문에 4개의 방이 있었을까? 성문 방의 용도가 궁금하여 자세히 조사해 보니, 당시 물건 파는 자들이 성문으로 들어오면, 이 방에 상품을 두고 거주민들과 교역하며 짐승들과 함께 쉬기도 했다는 것이다. 텔단에 오면 이 돌방에 누워 옛사람들이 느꼈던 여름 정취를 맛보며 성서시대 사람들의 풍속을 음미하길 바란다.

여로보암 왕은 텔단에 산당The high place을 세웠다. 우상숭배의 국가임을 만천하에 공식화한 것이다(왕하 10:29). 바알 숭배를 통해 주변 국가들과 영적, 문화적, 정치적 교류를 이어 갔다. 바알은 이방인들을 흡수하고 친화할 수 있는 연결고리다. 여로보암의 판단은 후에 국가를 파멸로 이끌고 만다. 그 제단이 얼마나 컸던지 여러 마리의 소를 태울 수 있는 규모다. 바알에게 충성을 다한 고대 북이스라엘의

허망한 흔적을 이곳저곳에서 볼 수 있다. 이스라엘 관광청은 산당 주변을 철제 구조물로 세워 보존한다.

왜 우상숭배는 인간을 실패로 이끄는가? 바알은 폭풍의 신으로, 비를 부르는 신이었다. 비는 가나안 농작물에 절대적인 영향을 준다. 경제적인 윤택함을 보장한다는 신이다. 바알 숭배는 곧 물질주의다. 하나님이 아닌 물질이 숭배되는 것이다. 인간의 창조성을 마비시키며, 운명론적 의탁으로 창조성을 소멸한다. 바알이 자기를 섬긴 이스라엘까지 파괴한 것을 보면 확실하다.

"느밧의 아들
여로보암의 죄
곧 벧엘과
[텔]단에 있는
금송아지를 섬기는
죄에서는 떠나지
아니하였더라."

(왕하 10:29)

가이사랴
빌립보

헤롯 빌립에 의해 세워진 북방의 최고 수도

가이사랴 빌립보는 골란 북부 산중에 위치한다. 베드로가 "주는 그리스도시요 하나님의 아들이십니다"라고 고백한 곳이다. 주님은 "음부(지옥)의 권세가 이기지 못하리라" 하셨는데, 가이사랴 빌립보는 우상을 섬기는 신전으로 가득했다. 그런 도시 분위기에서 이 대화가 오고 갔던 것이다.

이리저리 산길을 돌아 골란으로 차를 몰아가다 보면 가이사랴 빌립보가 나온다. 주일학교 때 듣던 표현으로 '가위를 사러 빌립보'로 간 예수님과 제자들이 도착한 마을에 다다른 것이다. 하늘엔 우유 구름이 피어올라 불멸의 화폭이 깔리고 자연주의 바람이 곱게 불어온다. 장엄한 구름 아래 북방의 수도 가이사랴 빌립보는 붉은 산에서 그 형체를 드러낸다. 모든 것이 무너져 내렸고, 잔재조차 없다. 오직 헤롯이 발을 적셨던 차가운 물만이 소리를 내며 흘러간다. 산의 돌벽을 떠내고, 제물을 올린 흔적을 보고서야 가이사랴 빌립보임을 실감한다.

헤롯 대제는 아우구스투스 황제를 위해 판Pan신의 신전을 건립했고, '가이사의 궁'이라고 이름했다. 헤롯 대제가 사망하자, 헤롯 빌립이 차지했다. 그는 아무 업적 없이 권력을 얻은 세습꾼이었다. 가이사의 이름에 자기의 이름을 덧붙여 '가이사랴 빌립보'라는 도시를 지었다. 헤롯 빌립은 어려서 로마에 유학했다. 어린 나이에 로마 귀족 패거리와 예복을 자랑하며 놀았지만 탁월치 못했다. 타인의 힘을 빌려 살았기에 헌신할 줄 모르는 허당 군주였다. 1세기의 이스라엘 해방군인 열심당Zealot의 근거지가 갈릴리의 '감라'에 있었다. 이스라엘 독립에 대한 열기가 온 갈릴리와 골란 자락에 충일했다. 친로마파였던 헤롯 빌립은 늘 불안했을 것이다. 현재 이곳의 지명은 바니아스Panyas다. 우상 판 신에서 유래된 지명이다. 후에 헤롯 아그립바 2세는 네로 황제의 이름을 따서 이곳의 이름을 '네로니아스'Neronias로 바꾸었다.

가이사랴 빌립보에 오면 동굴 하나가 눈에 들

가이사랴 빌립보의 전경·동굴처럼 보이는 곳은 1세기에 물이 흘러나왔던 곳이며, 그 앞으로 2개의 신전이 있었다.

산의 표면을 깎아 파내고 우상숭배를 했던 이곳에서 주님은 제자들에게, "지옥의 권세가 너희를 이기지 못할 것이라"고 말씀하셨다.

어온다. 지금은 메말랐으나 물이 풍부한 수원지였다. 이 동굴 앞에는 1세기의 로마 황제 숭배를 위한 아우구스투스의 신전과 염소 신전이 나란히 있었다. 모두 흔적도 없이 무너진 채 돌멩이 몇 개만이 남아 존재의 기초를 보여 줄 뿐이다. 산기슭 돌벽에는 우상숭배를 행한 흔적이 선명히 각인되어 있다. 돌을 따내고 예쁘게 조각해 우상의 마음을 달래 준 정성이 보인다. 가나안에서 풍세가 가장 아름답고 풍부한 먹거리가 조달되었던 울창한 숲에서, 사막의 보물인 물을 마음껏 쓸 수 있던 곳에서 우상숭배는 검은 꽃처럼 피어났다.

행로에 지친 예수님과 제자들이 이곳에서 세속적인 로마 풍속을 보았을 것이다. 당시 가이사라 빌립보에는 선진 도시 문명과 이색 종교를 쫓던 자들이 몰려들었고, 황제와 염소 신을 숭배하는 신흥 제사장들과 여사제들이 유혹했다. 도시는 퇴폐적이고 음란했으며, 나체로 어우러지는 로마식 목욕이 유행했다. 신풍습을 좋아했던 헤롯 빌립은 로마의 글로벌 생태계 속에서 음란 문화를 도시의 아이콘으로 삼았다. 숲 사이로 빠져나가는 바람이 마음을 맑게 하건만, 요염한 달빛 아래 허가 없는 죄를 탐닉하고 있음을 볼 수 있다. 이 추악한 풍경 속에서 주님은 베드로에게 "내가 이 반석 위에 내 교회를 세우리니 음부(지옥)의 권세가 이기지 못하리라"고 말씀하셨다(마 16:18).

> "주는
> 그리스도시요
> 살아 계신
> 하나님의
> 아들이시니이다."
>
> (마 16:16)

Cana
가나

정결 예식에 사용한 물로 포도주를 만들다

가나는 나사렛에서 가깝고, 마리아의 고향으로 알려진 '찌포리'와도 멀지 않다. 가나는 나다나엘의 고향이기도 하다. 물로 포도주를 만든 장소에 프란시스칸 기념교회가 서 있다. 교회로 인도하는 골목길에는 기념품 가게가 즐비하다. '예수의 첫 기적 가게'라는 간판을 내건 곳도 있다. '가나' 상표 포도주가 상점마다 불티나게 팔린다. 순례객들은 예수의 기적을 느껴 보고 싶어 주저 없이 지갑을 연다.

가나 혼인잔치 교회로 들어설 때 문 위에 전시되어 있는 여섯 개의 늘씬한 항아리가 인상적이다. 고운 점토로 구운 이 항아리들을 보는 순간 기쁨과 함께 슬픔이 교차한다. 포도주와 보혈이 동시에 떠오르기 때문이다.

연회장에서 사람들은 물로 된 포도주를 맛보고 어디서 이렇게 좋은 와인을 가져왔냐며 놀

비잔틴 시대의 모자이크 기초 위에 세워진 프란시스칸 가나 혼인잔치 교회의 모습.

란다(요 2:9). 유대인의 결혼식은 7일간 계속된다. 이 기적이 7일 중 언제 발생했는지는 알 수 없다. 첫 기적은 조용히 일어난 듯하다. 유대인들은 밤에 결혼식을 하니 이 기적은 어둠 속에 고요히 묻혔을 것이다. 하객들이 그저 즐거운 가운데 결혼식은 치러졌다.

요한은 그의 복음서에 '일곱 개의 기적'을 기록으로 남겼다. 여러 기적 중에서도 이 포도주 사건을 가장 먼저 배치했다. 왜 그는 마태, 마가, 누가가 빠뜨린 결혼식 포도주 이야기를 첫 기적으로 선정했을까? 요한은 포도주를 그리스도의 보혈에 대한 상징으로 보았다. 피 흘림을 통해 인간이 구원될 것이며, 어린 양의 혼인잔치에 초대받은 자에게는 새 포도주의 미래가 있음을 암시한 것이다. 그렇다면 요한복음 1~21장은 그리스도의 구속으로 가득 찬 책이 아닐 수 없다. 왜 요한이 여섯 장(13~17장)에 걸쳐 성만찬을 기록했는지 의문이 풀린다. "인자의 피를 마시지 아니하면 너희 속에 생명이 없느니라"(요 6:53b). 예수는 자신의 죽음을 첫 기적에 풀어 놓았고, 요한은 그것을 알고 있었다. 사람들이 축배를 드는 데 여념이 없을 때, 그리스도는 자신의 사명을 결단하셨다. 요한은 첫 포도주 기적에서 예수의 죽음을 발견한 것이다.

건물 지하에 들어서면 비잔틴 시대의 모자이크 바닥과 기둥이 나타난다. 지금의 프란시스칸 교회는 옛 기초 위에 세워졌다. 지하에는 둔탁한 돌항아리가 기다리고 있다. NIV 성경은 20~30갤런(76~114L)이 들어가는 항아리라고 밝힌다. 1세기경의 돌항아리는 대개 석회암으로 만들었다. 서민들이 사용한 진흙 항아리와는 달리 비쌌으며 부유층이 사용했다. 여섯 개의 돌항아리가 있었다는 것은 혼인잔치하는

집이 상당한 재력가임을 암시한다.

돌항아리는 정결 예식에 사용되었다(요 2:6). 당시 유대 사회는 정결 예식을 지켰다. 부유층은 '미크베'Mikveh라는 정결 예식을 위한 탕을 집 안에 설치했다. 그리고 미크베 옆에는 옷짤Ozzal이라 부르는 물탱크를 팠다. 그 곁에 돌항아리를 세워 두었는데, 물탱크의 물이 부족할 때에 항아리에 담아 둔 예비수를 붓곤 했다. 유대인의 할라카 예식법에 따르면 정결 예식탕에 직접 물을 붓는 것은 금지됐다. 먼저 물탱크에 물을 붓고 파이프를 통해 물이 정결 예식탕으로 흘러가게 했다. 이 방식은 1세기에 철저히 행해졌다. 예수님은 예식에 사용하는 물로 잔치용 포도주를 만드신 것이다. 세척수로 기쁨의 포도주를 만든 혁명적인 사건이었다.

예수님의 의도는 무엇이었을까? 유대교의 형식주의에 대한 종결이며, 새 시대의 도래를 암시한 것이 아닐까? 메시아 시대가 열리면서 인간은 제도에 얽매인 존재가 아닌, 창조적 존재임을 선포하신 것으로 보인다.

포도는 가나안 7대 소산물에 속하는 과실이다. 이스라엘의 포도는 세상에서 가장 맛있는 과일이다. 껍질째 먹을 수 있고, 씨도 씹히지 않는다. 포도 껍질에는 최고의 항산화제가 들어 있지 않은가? 하나님은 이스라엘 온 땅에 맛있는 포도가 가득 열리게 하셨다. 이스라엘에서 이 포도를 먹을 때면 늘 감탄하곤 했다. 열두 정탐꾼이 뜨거운 에스골 골짜기에서 가져온 것도 수박이 아닌 포도였다. 예수님은 천국에서 재회할 때 새 포도주를 마시게 될 거라고 하셨다. 포도는 기쁨을 상징하는 과실이다.

성경에 등장하는 포도주는 포도즙에서 포도주가 되기까지를 말한다. 소출된 포도를 발로

밟아 짠 후, 항아리에 담으면 새 포도주, 즉 포도즙이 된다. 이것을 히브리어로 티로쉬(즙)라고 불렀다. 이 티로쉬가 적절한 온도에서 발효되면 그때부터 포도주(야인)가 된다. 포도즙을 낡은 가죽 부대에 담으면 발효되면서 가죽이 부풀어 올라 터지고 만다. 새 포도주는 새 부대에 담아야 했다. 염소 통가죽에 물이나 포도주를 담는 것은 고대 근동 지역의 공통된 풍습이다. 지금도 물이나 치즈를 염소 가죽에 보관한다.

예수님은 포도주(즙)를 즐기는 자라고 했다. 이 말 때문에 예수님을 오해해서는 안 된다. 절망으로 인해 술꾼이 되어 버린 처절한 인생들의 동반자였다고 해석해야 한다. 포도주를 만들려면 포도송이를 큰 석회석 틀에 넣고 밟아 알을 터뜨린다. 그리고 그 즙을 항아리에 담아 보관한다. 하나님의 진노의 포도즙 틀에 던진다는 말씀이 여기서 비롯됐다(계 14:19). 이스라엘 전역에 이런 포도즙 틀이 있다.

가나 혼인잔치 교회 지하에 전시되어 있는 돌항아리.

> "예수께서 이 첫 표적을
> 갈릴리 가나에서 행하여
> 그의 영광을 나타내시매
> 제자들이 그를 믿으니라."

(요 2:11)

★ 역사 고고학적인 이야기-프란시스칸 가나 혼인잔치 기념교회의 역사
오늘날의 가나는 약 8,500명 정도의 무슬림과 크리스천이 섞여 살고 있는 작은 마을이다. 가나의 프란시스칸 교회는 4세기의 비잔틴 시대의 기초 위에 세워졌다. 지금의 교회는 1881년에 프란시스칸에서 세웠다. 그러나 가나의 실제적인 장소는 어딘지 알 수가 없다. 다만 4세기 제롬과 함께 초기의 순례자들이 찾아와 이곳을 가나 혼인잔치의 기적의 장소로 지목하였다. 프란시스칸들이 이곳을 발굴한 후에, 이곳이 초기 기독교인들이 모여 예배한 장소임을 확증했다. 이곳에는 1세기의 주민이 거주한 흔적이 있다. 이 처소에서 동굴이 발견되기도 했다. 이 교회 옆에는 그리스정교회가 있는데, 그 안에 2개의 돌항아리가 보물처럼 숨어 있다. 그들은 그것이 가나 혼인잔치 때 사용한 돌항아리라고 믿는다. 그러나 고고학자들은 그 돌항아리가 비잔틴 시대의 세례 도구였다고 본다.

헬몬 산

인간을 치료하는 매력적인 산

숲은 인간에게 매년 3,750억 톤의 식량을 공급한다. 인간은 죽을 때까지 식물을 통해 생명을 유지한다. 또한 숲은 물과 공기를 맑게 정화한다. 그뿐 아니라 숲은 약, 악기, 건축 자재, 좋은 기후까지 선물한다.

사막에는 광합성의 혜택이 없다. 살갗이 트고 눈 세포가 파괴되고 머리카락조차 말라비틀어진다. 오직 바람만이 산소를 공급하여 생물을 살린다.

숲은 인간의 생존 환경을 제공하는 사명을 부여받은 듯하다. 나뭇잎 한 장에는 백만 개의 공기구멍이 있다. 이 미세한 구멍을 통해 이산화탄소를 먹어 없애고 산소를 공급한다.

헬몬 산은 이스라엘에서 가장 높은 산(해발 2,814m)으로, 골란의 끝자락에 있다. 헬몬 산은 바알 헤르몬, 시룐, 시온으로 불리기도 하고, 아랍어로는 자벨 아쉐이크라 불렀다. 여름에는 꽃이 만발하고, 겨울에는 설경으로 황홀하다. 시편 기자는 헬몬 산을 가리켜 "저 북방 시온 산"이라고 표현했다. 더욱이 이 헬몬 산을 변화산으로 보는 학자가 많다. 다볼 산이 변화산이라 하는 이들도 있지만 신약성경을 자세히 보면 변화산은 헬몬 산임을 알 수 있다. 언젠가 헬몬 산을 내려오는데, 유대인들이 모여 '하바나길라'Hava Nagila를 부르며 춤을 추었다. 청교도의 영향으로 음주와 가무를 죄악시하는 기독교와는 대조적이다. 그들은 손을 잡고 원형으로 이리저리 돌며 슬픔을 눌러 기쁨으로 승화하고 있었다. 상처를 치유하고 강력한 결속을 만들어 낸다. 헬몬의 숲은 친구의 품처럼 인간을 치료한다. "헬몬의 이슬이 시온의 산들에 내림 같도다 거기서 여호와께서 복을 명하셨나니 곧 영생이로다"(시 133:3).

여기서 그리스도의 모습이 빛난 광채로 변화된 것은 그의 신성이 드러난 사건이다. 부활의 의미도 담고 있다(마 17:1-8). 모세와 엘리야의 나타남은 율법과 선지자를 의미하며, 그리스도로 인한 완성을 의미했다. 유대교에서는

이 두 사람이 죽음을 보지 않고 하늘로 옮겨진 자들이라고 믿는다. 오늘날 많은 유대인이 이곳 리조트에 찾아온다. 스키를 즐기려는 여행객으로 늘 붐비지만 이곳이 그리스도께서 변화하신 영광의 산이라는 것을 아는 이는 거의 없다.

"엿새 후
예수님은
베드로와 야고보와
그의 형제 요한을
데리시고 높은 산에
올라가셨더니."

(마 17:1)

이스라엘의 최북방에 위치한 헬몬 산 전경·4월까지 눈으로 덮여 있어 스키를 탈 수 있다. 가이사랴 빌립보에서 가까워 변화산으로 추정된다.

나사렛

구약에 존재하지 않는 도시

나사렛은 정겨운 마을이다. 그리스도가 어린 시절과 청년기를 보낸 곳으로 야트막한 구릉지다. 나사렛의 푸른 산은 산소로 풍부하고, 수만 장을 써도 이야깃거리가 마르지 않는 문학의 청정지대다. 실로 평화의 에너지가 잠재된 곳이다. 당나귀를 지그시 눌러 탄 아랍 노인이 느릿느릿 차도를 건넌다. 길가 노점상에 지글거리는 양고기 주변으로 사람들이 몰려든다. 버스를 기다리는 주민들이 아랍어로 속삭이는 사이 햇살이 소멸한다. 나사렛은 구약성경에 나오지 않는다. 옛 유대 문헌에서도 찾아볼 수 없다. 신약에서 가장 위대한 마을 나사렛은 4세기에 와서야 나타나기 시작했다. 왜 나사렛은 시간의 좌표에서 사라졌던 것일까? 1세기 나사렛은 200명이 채 안 되는 주민이 살던 곳이다. 지도에 표기하기에는 작은 산골 마을이었다. 왜 예수님은 이런 은둔지에 살았을까? 그것은 헤롯 아켈라우스의 철권 통치 때

문이다. 그 시절 유난히 민중 폭동이 잦았다. 예루살렘을 방문한 순례객과 열심당이 일으킨 폭동을 진압하기 위해 3천여 명을 살육하기도 했다. 요세푸스는 예루살렘 성전터는 피로 무릎이 잠길 정도였다고 기록했다. 이를 두려워한 요셉은 먼 나사렛 산중 마을로 이주한 것으로 보인다. "아켈라오가 그의 아버지 헤롯(대제)을 이어 유대의 임금 됨을 듣고 거기로 가기를 무서워하더니"(마 2:22). 아켈라우스는 그 포악함을 옥타비아누스에게 고발당해 주후 6년, 전 재산을 몰수당하고 유배지로 추방되었다.

나사렛에서 살던 예수의 가족은 가난에서 벗어나기 어려웠을 것이다. 두 손과 발에는 굳은살이 박이고, 겨울이면 손발이 갈라졌을 것이다. 거친 올리브나무와 백향목을 도끼로 찍고 다듬는 일이 얼마나 힘겨웠을까? 당시 해발 380미터 산중의 나사렛은 교육과 문명의 혜택

에서 벗어나 있고, 길조차 없어 불편한 곳이었다. 그런 은둔지에서 메시아가 자라난 것이다. "나사렛에서 무슨 선한 것이 날 수 있느냐?" (요 1:46)

나사렛은 메시아의 잃어버린 타임 테이블을 숨기고 있다. 신약성서는 예수의 어린 시절에 대해 침묵한다. 30세에 갈릴리에 나타나기까지 말을 아낀다. 다만 누가복음에 12세 때의 예루살렘에서 랍비들과 대화를 나눈 대화 한 토막이 기록되어 있을 뿐이다(눅 2:46). 어린 시절 나사렛에서의 삶은 지혜와 은혜로 풍부했다고 전한다(눅 2:40, 52). 청소년기에는 출중한 지혜와 은총으로 요약된 삶을 사셨을 것이다. 그는 벼랑에서도 외로워하지 않고 조촐한 식탁에서 훈련받으며 어둡고 추운 밤을 보내며 준비되고 있었다.

오늘날 나사렛은 팔레스타인에 속해 있고, 거주 인구 60퍼센트가 크리스천인 도시가 되었다. 교회도 활발하고 신학교도 있다. 현재 나사렛 언덕에는 기독교 유적지 21곳이 모여 있다. 유구한 흥망성쇠의 역사 속에 나사렛은 수많은 기독교 유적을 남겨 놓았다.

"나사렛이란 동네에 가서 사니 이는 선지자로 하신 말씀에 나사렛 사람이라 칭하리라 하심을 이루려 함이러라."

(마 2:23)

나사렛
수태고지
교회

동정녀 마리아의 생가를 보존한 곳

마리아가 천사 가브리엘로부터 수태고지를 받은 곳으로, 중동에서 가장 큰 예배당이다. 교회 내부에 마리아의 생가가 보존되어 있다.

수태고지 교회에 가려면 아랍 상점이 다닥다닥 붙은 재래시장을 가로질러 올라가야 한다. 상인들은 좌판에 물건을 펼쳐 놓고 호객한다. 양고기 타는 냄새로 가득한 골목길에서 아낙네들은 싼 물건을 찾느라 이곳저곳 뒤척인다. 복잡한 시장길을 지나 오른편 언덕길로 올라가면, 두툼한 청동 대문이 행로에 지친 순례객을 맞이한다.

나사렛 수태고지 교회가 중후한 자태를 드러낸다. 지중해로 사라지는 여분의 햇볕이 교회 건물에 닿아 암벽을 핑크빛으로 물들인다. 그 자체로 광대한 메시지를 품은 수태고지 교회는 나사렛의 상징이다. 수태고지 교회는 마리아의 생가를 보호하느라 지난 세월 다섯 번이나 처참히 무너졌다. 이제는 평화의 상징으로

온 세계의 방문객들을 축복한다. 수태고지 교회 정원에는 전 세계 가톨릭 공동체가 기증한 예수와 마리아 그림이 나라별로 전시되어 있다. 한복에 감싸인 마리아와 예수의 성화도 전시되어 있다.

나사렛 수태고지 교회는 1층과 2층으로 나뉜다. 교회당 외벽에는 마태, 마가, 누가, 요한의 이름을 상징하는 동물들이 새겨져 있다. 두툼한 진갈색 청동문에는 그리스도의 생애를 담은 부조가 새겨져 있는데, 튀어나와 손이라도 잡아 줄 듯 섬세하다. 1층에는 동정녀 마리아의 집 the House of the Virgin Mary이 원형 그대로 보존되어 있는데, 이는 동굴 구조로 된 사각형 집이다. 그 곁에 옛 교회터가 있는데, 비잔틴 시대와 십자군 시대에 각각 세워졌다.

12세기 십자군 총각들은 이곳을 예배 처소로 삼고 동정녀 마리아에게 애타는 기도를 올렸다. 동굴집에서 발현하는 경건함이 영혼을 씻

"보라
네가 잉태하여 아들을 낳으리니
그 이름을 예수라 하라."

(눅 1:31)

어 주는 생명의 두레박 같다. 순례객들은 빛에 압도되어 묵상기도를 올린다.

2층 계단으로 올라서니 스테인드글라스가 보석처럼 영롱한 빛을 발한다. 라틴어가 쓰인 석회암 벽면을 만지며 올라가니, 비잔틴 시대의 영광이 살아나는 듯하다. 자연 채광에 물든 2층 예배실에는 프레스코화가 빛난다. 딱딱한 나무 의자들 사이로 걸어가 본다. 우람한 콘크리트 기둥들이 절묘한 조화를 이루며 천장 위로 백합 모양을 만든다. 백합은 마리아의 순결을 상징하기 위한 건축의 메시지다. 발아래 대리석 바닥에는 여러 교황의 이름이 새겨져 있다. 너무도 유명해서 세상에서 잊지 않는 이름이다. 그러나 얼굴이 없는 자들의 이름은 천국의 유리 바다 원판에 새겨져 있으리라.

예배당 안 고고학적 유물을 전시한 곳에는 427년의 비잔틴 모자이크 바닥과 유대교 미크베(정결 욕조)를 본뜬 십자형 세례 처소, 1세기의 등잔 및 맷돌 등이 있다.

★ 역사 고고학적인 이야기 – 나사렛의 마리아 생가
주후 1~2세기경의 크리스천이 수태고지 안의 동굴에 모여 예배했다. 마리아에 대한 수많은 기록이 동굴 근처에서 발견되었다. 성서 역사가들은 이곳을 마리아의 생가로 지목했다. 초대교인들이 이곳에 와서 정기적으로 예배를 드렸기 때문이다. 이것은 중요한 단서다. 스페인에서 온 에게리아Lady Egeria의 기록에 의하면, 그녀는 383년에 마리아가 살았다는 거대하고 빛나는 바위를 발견했다. 그곳에 제단이 있었음도 증언했다. 427년에 예루살렘 교회의 집사 콘논에 의해 그 자리에 교회가 세워졌다(그의 이름이 모자이크 바닥에 기록되어 있다). 638년 무슬림이 점령하면서 나사렛 예배당을 유지하는 조건으로 엄청난 세금을 징수했다. 그러나 11세기에 가서 건물마저 완전히 파괴되고 말았다. 이후 십자군이 교회를 재건했으나 지진과 맘루크 무슬림의 침공(1263년)으로 다시 무너졌다. 1620년에 프란시스칸 교단이 이 부지를 사들여 1730년 오토만제국 술탄의 재가를 받아 지금의 예배당을 재건했다. 1877년 확장했고, 2층 구조의 현재 예배당은 1960년부터 1969년까지 이탈리아 건축가 지오반니 무지오에 의해 완성되었다.

427년 이 동굴에
비잔틴 교회가
처음 세워진 이래
다섯 번이나 무너졌다.
1969년에
프란시스칸에 의해
수태고지 교회가
세워졌다.
교회 안 동굴집이
'동정녀 마리아의 집'
으로 판명됐다.

Church of St. Joseph's Carpentry

나사렛의
성 요셉
교회

요셉의 목공 작업장이 있었던 곳

요셉의 이야기는 마태복음과 누가복음에서 작은 부피로 소개된다. 마태복음은 요셉을 의인으로 묘사한다. 요셉은 믿음으로 마리아를 받아들였고 그리스도께서 구약의 예언을 성취할 수 있도록 했다. 그 후 요셉에 대해 침묵한다. 그가 일찍 죽었다는 설도 있다. 어쨌든 요셉은 그리스도의 탄생에 헌신을 다한 육신의 아버지였다. 요셉에 대한 자료는 신약성경에 사실상 거의 없다. 물론 위경에는 자세한 소개가 되어 있으나, 위경은 참고 사항일 뿐이다.

전승에 따르면, 성 요셉 교회는 요셉의 목공 작업장이었다고 한다. 요셉의 작업장에 동굴이 하나 있었는데, 그 동굴에서 요셉과 예수가 함께 목공 일을 했다는 것이다. 당시 동굴은 가난한 자들이 거주하거나 가축의 우리 혹은 창고로 사용했으니 가능성은 충분하다.

또 다른 전승에 따르면, 이곳에 요셉의 생가가 있었다고 한다. 성경에는 요셉의 생가에 대한 언급이 없다. 어느 쪽이든 분명한 것은 요셉은 예수와 목수 일을 했다는 것이다. 그리스도는 인간의 일을 배우셨다. 직업을 통해 살아가는 방법을 체험하셨다. 인간으로 사신 그분의 인성을 확인할 수 있는 근거가 된다. 나사렛이 위대한 것은 예수가 자라고 사람들과 일하며 산 곳이기 때문이다. 오늘날 성 요셉 교회는 수태고지 교회와 연결되어 있어 쉽게 찾아볼 수 있다.

★ 역사 고고학적인 이야기 – 성 요셉 교회는 어떻게 그곳에 세워졌는가?
나사렛의 성 요셉 교회는 5세기 비잔틴 교회와 12세기 십자군 교회의 터 위에 세워졌다. 13세기에 아랍인들이 이 교회당을 파괴했고, 수백 년간의 공백기를 거쳐 1754년에 프란시스칸 교단에서 이 장소를 구입하여 성 요셉을 위한 작은 채플을 만들었다. 그리고 1908년 신부 출신의 베오 교수가 고고학적 탐사를 통해 이곳이 5~6세기의 비잔틴 교회의 터였다는 것을 밝혀냈고, 주거 용도로 사용되던 동굴 위로 교회가 세워졌다. 1914년 프란시스칸 교단은 이 기초 위에 지금의 성 요셉 교회를 세웠다. 무너진 고대 교회터에 세워기에 자연스레 수태고지 교회와 연결되었다. 교회당 아래쪽에 고대 물저장고와 모자이크 바닥, 동굴, 곡식창고 등이 있는데 모두 추전 2~1세기의 유적으로 고고학적으로 놀라운 가치를 보인다. 이 중 한 동굴이 요셉이 사용한 작업장으로 알려져 있다.

성 요셉 교회의 내부 모습 - 요셉과 마리아의 보호 아래 있는 예수님의 어린 시절이 묘사되어 있다.

Mary's Well
마리아의
우물

고대 나사렛의 유일한 집수처

나사렛의
마리아 우물-
지금은 말라
물이 나오지 않는다.

마리아의 우물이 남아 있다는 것은 참 반가운 소식이다. 당시 마리아의 삶을 연상해 볼 수 있는 자료다. 마리아는 히잡을 쓰고 물을 길었을 것이다. 그녀의 이름은 히브리어로는 미리암, 아랍어로는 마르캄, 그리스어로 마리아다. 전승에 의하면 가브리엘 천사가 나타난 곳이 우물가였다고 한다. 성경에는 언급이 없으나, 가능성이 전혀 없지는 않다. 이 우물은 나사렛에서 유일한 것으로, 당시 여인들은 늘 우물에서 물을 길었기 때문이다. 또한 고대 세계에서 우물은 삶에서 빼놓을 수 없는 중요한 장소다. 물은 삶을 지속시키는 수단이었기 때문이다.

비잔틴 시대의 순례객들이 마리아 샘물 동굴을 발견했다. 현재 이 마리아의 우물 위에 성 가브리엘 교회(희랍정교회 소속)가 세워져 있다. 우물은 제단 바로 아래에 있다. 비록 신약성경에는 나오지 않지만 마리아는 이곳에 와서 항아리에 물을 채워 갔을 것이다. 그 물로 저녁 식사도 만들고, 머리도 감고, 빨래도 했을 것이다. 1960년대에 이 우물 위에 집을 만들었지만, 애석하게 나사렛의 거친 여름 바람이 우물을 말끔히 말려 버리고 말았다.

Chapter 2
유다 광야

유다 광야

광야에서 예비하다

세례 요한의
광야의 길을
걷고 있는
수도사들

유다 광야는 오늘도 슬픈 빛을 띤다. 베두인들의 천막은 바람에 휩쓸리고, 궁핍한 염소들의 눈망울은 구슬프다. 저 멀리 흘러가는 요르단 강과 지쳐 버린 숲, 그리고 철새들만이 벗이 되어 준다. 이곳은 성서의 수많은 이야기를 품고 잠들어 있는 듯하지만 세례 요한이 퍼부었던 회개의 외침이 아직도 골짜기에 살아 있다. 스치는 바람에 펄럭거리며 광야의 고된 길을 걸어오시는 그리스도가 보이는 곳이다. 그는 죽음으로서 천국을 가져오시고, 천국을 주기 위해 광야의 길을 피하지 않으셨다. 죽은 땅, 생존할 수 없는 그곳에 하나님이 계신다. 광야는 끝없이 깨닫게 하는 하나님의 교과서다.

아라바 광야로
이어지는
유다 광야의
끝.

Judean Wilderness
유다 광야로
들어가며

종교 인플레이션 세대에
버려진 광야가 택함을 입고

예루살렘의 감람산에서 동쪽을 향하여 내려
가면 광대하게 펼쳐지는 유다 광야는 예루살
렘과 여리고를 이어 주고, 사해와 쿰란과 맛사
다를 연결한다. 이 지역은 유다 지파에 속했기
에 유다 광야라는 이름을 갖게 되었지만, 거주
자를 잃어버리고 고독에 휩싸였다. 요르단 강
가에서 끝나는 광야는 강 건너 모압 평원을 지
나 트랜스 요르단 고원으로 이어진다. 요르단
언덕에서 몰려오는 먼지 바람은 온몸을 강타
하고, 40도의 태양 볕은 머리카락을 부서뜨릴
기세다. 최근 메마른 유다 광야에 정착촌이 생
기기 시작했다. 이제 유다 광야는 인간과 살며
자신의 품을 내어 주게 되었다.

늦은 봄의 유다 광야는 푄Foehn 바람의 정거
장이다. 성경 여러 곳에서 '동풍의 마른바람'
으로 소개된 이 바람은, 메소포타미아에서 불
어오는 열바람이다. 히브리어로는 '함씬'이라
고 하는 수축된 공기로, 열과 수분을 흡수한
바람인데, 북아프리카에서는 기블리Ghibli로,
안데스 산맥에서는 존다Zonda로, 북미에서는

치누크Chinook로, 한국에서는 높새바람으로 부르는 열풍이다.* 이 함씬이 유다 광야에 불어닥치면, 들녘의 풀은 모두 쓰러진다. 뜨거운 열기를 친 바람이 광야의 이곳저곳을 누비며 난장판을 만든다. 그 후 모든 광야의 풀과 꽃들은 누렇게 탈색된 뒤 소멸된다.

"모든 육체는 풀과 같고 그 모든 영광은 풀의 꽃과 같으니 풀은 마르고 꽃은 떨어지되 오직 주의 말씀은 세세토록 있도다"(벧전 1:24-25). 이 말씀은 늦봄의 유다 광야에서 볼 수 있는 장면이다.

* 참고 http://100daum.net/encyclopedia/

이제 세례 요한이 머문 광야로 들어가 보자. 그곳은 스트라빈스키의 조곡 〈불새〉처럼 땡볕으로 달궈진 험악한 땅이다. 그가 다녔던 길과 동굴, 시냇가와 바람을 마주했다. 지금도 그의 슬픔이 민둥 광야에 서려 있는 듯하다. 잡을 수 없는 저 구름이 흘러가는 곳으로 요한은 이미 사라졌으나, 사명을 가진 자는 낮은 곳으로 가야 함을 알려 주었다. 광야 없이 진실된 인간이 될 수 없으니, 하나님은 자신을 그 절연된 광야에서 나타내셨다.

외로움의 옷을 걸친 세례 요한은 부친과 모친에게 올린 마지막 인사를 가슴에 안고, 돌아올 수 없는 길로 갔다. 마치 끊어진 연이 창공을 향해 사라지듯, 소명이라는 한 자루의 삽을 갖고 아무도 가지 않는 곳으로 떠났다. 누릴 수 있는 지위도 버렸다.

예루살렘 성전의 화려한 명성, 그 세계적 영성의 중심지에서 부친의 제사장직을 세습하지 아니했다.

순례객조차 외면하던 곳에서 살았다. 광야에 계신 하나님을 바라보며, 낙타의 가죽으로 만든 옷 한 벌, 당장 먹을거리가 없어 메뚜기와 들꿀로 연명했다. 그리고 사명자에게 주어진 고독의 자리를 감내했다.

그는 광야에서 무엇을 했을까?

"광야에 외치는 자의 소리가 있어 이르되 너희는 주의 길을 준비하라"(눅 3:4). 그는 광야에서 기도를 하고 있었다. 여기서 '외친다'에 해당하는 '본토스'Bontos는 소가 제물로 바쳐지기 전에 울부짖는 파열음이며, 동시에 절박한 기도를 의미한다. 누가복음 18장 7절 과부의 기도에 나오는 "밤낮 부르짖는 택하신 자들"에 쓰인 단어도 '본토스'다.

그런 울부짖음의 기도를 하나님이 꼭 들어주신다는 것이다. 도살장에 소를 팔러 간 적이 있다. 소는 무게에 따라 값이 매겨진 후에 도살 장소로 옮겨지고 있었다. 돈을 받고 사무실

★ 세례 요한은 메뚜기를 먹었는가? 콩을 먹었는가?
어떤 이는 요한이 광야에서 메뚜기콩을 먹었다고 한다. 그러나 메뚜기콩에 해당하는 식물은 유다 광야에 자생하지 않는다. 그런데 레위기에서 메뚜기는 먹을 수 있는 곤충으로 나온다. 성서시대의 사람들은 메뚜기를 식용했다. 요엘 1장에 네 종류의 메뚜기가 나온다. 히브리어 자음을 기록할 때 하가빔(메뚜기)이 하나빔(콩)으로 뒤바뀔 수도 있다. 히브리어의 '깃멜'과 '눈'을 혼동하는 필사자들의 실수가 있었던 것을 보면 뒤바뀜은 가능해 보인다. 하나빔은 콩과 식물의 쥐엄 열매이다. 필자는 유다 광야에 나가 충지보다 큰 비대한 메뚜기를 잡아 손에 쥐어 본 적이 있다. 고대 유대인이 메뚜기를 말려 꿀이나 팜츄리 열매를 으깬 잼 등에 찍어 먹었던 것을 감안할 때, 요한이 메뚜기를 먹었다는 것으로 받아들이는 것이 자연스럽다.

을 나오는데, 소가 나를 보더니 살려 달라고
발버둥치며 울음소리를 냈다. 본토스는 그럴
때 내는 소리다.

세례 요한은 광야에서 본토스 기도를 했다. 적
막한 광야에서 그리스도가 제물이 될 것을 알
고는 통곡의 눈물을 흘린 것이다. 광야로 나간
세례 요한이 무엇을 보았는가? 보라! 세상 죄
를 지고 가는 하나님의 어린 양이로다. 광야
에서 그리스도와 그의 속죄하심을 발견했다.
요한은 광야에서 최후를 맞이했다.

인간은 척박한 땅에서 망하지 않는다.
다만 풍요의 땅에서 패배할 뿐이다.
광야는 오늘도 조용히 말을 건넨다.

"광야와
메마른 땅이 기뻐하며
사막이 백합화같이
피어 즐거워하며."

(사 35:1)

"The desert
and the parched land
will be glad;
the wilderness
will rejoice
and blossom."

(Isaiah 35:1)

여리고의 평원을 통과하여 요르단 강으로 이동하는 무리-
세례 요한에게 나가던 군중의 모습도 이와 비슷했을 것이다.

요르단 강

가장 낮고 볼품없이 작은 강, 그러나

요르단 강은 세계에서 가장 낮은 강으로, 해수면 400미터 아래를 흘러가며 요르단과 국경을 이룬다. 군사보호지대로 일반인의 출입이 금지되어 있다. 구약의 이스라엘 백성이 가나안으로 들어올 때, 이 강을 건너왔기에 이스라엘 국가 태동과 불가분의 역사적 의미를 지닌 강이다. 현재 요르단 강 주변은 사람이 살지 않는다.

중국 신학생들에게 요르단 강에 대해 강의할 때였다. 강의를 한참 듣던 학생들이 이구동성으로 "우리는 지금껏 요르단 강이 양쯔 강의 두 배쯤 되는 줄 알았습니다" 하며 놀란다. 지인의 말에 의하면 남미 신학생들도 평균 강폭 25미터에 불과한 요르단 강을 마치 아마존 강처럼 거대한 강으로 착각한다고 한다. 요르단 강은 작은 강으로 손꼽히지만, 하나님의 역사는 이곳에서 일어났다.

갈릴리 수원지에서 마지막 집수처 사해까지 251킬로미터(직선거리 105km)다. 요르단 강은 해수면보다 400미터나 낮은 협곡에 웅거하고 있다(갈릴리 쪽 요르단 강은 212m 가량 낮으나, 점차 낮아져 사해에 다다르면 -414m가 된다). 요르단은 볼품

없이 누런 흙탕물로 흘러가지만, 생명의 강이며, 시작의 강이며, 역사의 강이다. 요르단 강은 어두운 밤에도 쉬지 않고 사막 한복판을 적시어 사해에 도달한다. 그제야 자신의 짐을 내려놓듯 사해 속으로 흔적도 없이 사라진다. 요르단 강으로 가는 길은 불편하다. 기후도 편치 않고, 음식을 사 먹을 상점도 없다. 늘 물이 부족한 곳에 살면서 왜 요르단 강 주변을 주상복합단지로 개발하지 않았을까? 나일 강가에서 세계적인 문명과 융성한 문화를 출현한 이집트에게서 배우지 못했던가? 유대 히브리인들은 400년간의 노예 생활에서 나일 강의 풍요를 매일 보았을 것이다. 나일 강을 통해 피라미드를, 유프라테스와 티그리스 강을 통해 바벨탑(지구라트)을 건설한 능력을 분명 보았을 것이다. 그들은 강변에서 얻은 농경의 부유함으로 장대한 건축 문명을 일으켰다. 곡식 낱알의 힘은 위대했다. 돌을 떠서 다듬고, 건축하는 기술 에너지로 바꾼 것이다. 왕은 그 부요함으로 시민을 통치했고, 강을 통한 재화를 주물러 신으로 등극했다. 숭배 신화를 토판에 찍어 영구 집권을 꾀하면서, 사뿐히 신의

자리에 올랐다. 거대한 강들이 우상화 작업에 적극적으로 이용됐다. 하늘이나 땅이나 물속에 있는 형상을 만들거나 섬기지 말라는 것은 이런 배경에서 나온 말이다(출 20:4).

하나님은 왜 이스라엘에게 큰 강이 아닌 초라한 강을 선물했을까?

사실 요르단 강에서는 아무것도 만들 수 없다. 오직 하늘만 바라보라며 택하신 자들의 영토를 불로 달구신 거다. 요르단 강이 작았으니 선택을 받았다. 그리스도는 위대한 나일 강이나 유프라테스 강이 아닌, 요르단 강에서 세례를 받았다. 볼품없는 요르단 강을 주신 것은 자만과 욕망에 중독되지 말고, 하늘에 감사하는 자가 되라는 교훈이다. 이스라엘이 하나님께 예배하는 유일한 땅이 된 이유가 바로 그 때문이다.

오늘날 순례객들은 요르단 강이 작다고 실망하고 의심한다. 일부 신학교 교수들은 요르단 강을 신화로 보려고 몸을 튼다. 작다고 하나님의 일에 제한이 있는 것일까?

이 강을 통해 이스라엘의 60만 명이 40년간 유랑한 후, 강이 끊어짐으로 약속의 땅으로 건너왔다. 하나님의 살아 계신 손이 이 강을 끊어내고 마른 땅으로 건너게 했다. 12개의 돌을 바닥에서 캐냈다. 요르단 강은 새로 시작하는 경계선이다. 거대한 물류와 문명은 나일과 유프라테스가 출산했지만, 요르단 강은 인류 구속사를 태동시켰다. 동편에선 유랑 생활이었지만, 서편에서는 정착이었다.

요르단 강은 세계의 구원을 알리는 강이었다. 하나님의 의지가 서린 강이다.

룻과 나오미와 엘리야와 엘리사가 이 강을 건넜고, 나아만 장군이 이 강에서 피부병을 고쳤으며, 세례 요한이 이 강에서 인간의 죄를

평균 강폭 25미터의 요르단 강 주변에 잡초가 무성하다. 이 강을 건널 때 잡초 숲을 헤치고 들어가느라 힘겨워으리라.

씻었으며, 그리스도께서 이 강에서 세례를 주셨다. 1세기의 뱃사공들도 렙돈을 챙기며 승객들을 날라 주었다.

요르단으로 가기 위해 검문소를 통과하려면 보안 문제로 많은 시간이 소요된다. 언젠가 배낭 하나를 이스라엘 국경소에 흘리고 왔다. 집에 돌아와 보니 아이의 배낭 하나가 없었던 것이다. 주인을 잃은 배낭으로 인해 이스라엘 국경소는 발칵 뒤집혔을 것이다. 주인 없는 짐이 발견되면 폭탄으로 간주되어, 특별 조사단과 로봇이 급히 파견된다. 사람들을 모두 대피시키고 로봇이 다가가 총으로 쏘아 확인 사살한다. 우리 아이의 배낭 속 책과 크레용과 옷가지는 비참하게 부서졌을 것이다.

"너희가 이 요단을 건너
너희의 하나님 여호와께서
너희에게 주사
차지하게 하시는
땅을 차지하기 위하여
들어갈 것임이니라."

(수 1:11)

★ 출애굽 시대의 인구는 어떻게 세었을까?
60만 명의 출애굽 인구에 대해 의심하는 학자들이 있다. 제1차 성전시대의 1,000명에 해당하는 히브리어 숫자 '엘레프'를 '큰 한 무리'라고 했다는 점을 지적한다. 즉 600개의 큰 그룹이 출애굽에 동참했다는 것이다. 또한 출애굽 이후 정착이 일어난 13세기(또는 15세기) 철기시대의 이스라엘 주민들이 거주한 가옥들을 고고학적으로 조사해 보니, 60만 명에 이를 수 없다고 한다. 이스라엘 고고학자들이 철기시대의 이스라엘을 뒤져 가옥 수를 세고, 가옥에 따른 인구를 조사해서 내린 결론이다. 그런데 '엘레프'는 제2차 성전시대에 정확하게 1,000명 단위로 쓰였다. 출애굽에 대한 연구가 더욱 필요하다.

Good Samaritan Inn

선한
사마리아인
여관

이스라엘 유일의 모자이크 박물관이 있는 곳

예루살렘과 여리고를 잇는 2차선 도로를 한참 달려 내려가면, 경사진 오른편으로 '선한 사마리아인 여관'이 유다 광야 한복판에 세워져 있다. 유다 광야의 중심을 관통한 하이웨이를 지나다 보면, 베두인들의 천막이 나풀거리며 무료한 광야길을 더 쓸쓸하게 만든다. 저 멀리 감람산이 등 뒤에서 애처로이 손을 흔드는데, 광야에는 반기는 이가 없다. 지금의 도로는 1세기의 사람들이 요르단 강으로 세례를 받기 위해 걸어 나간 길이다. 그 오래된 길이 이제는 국도로 변한 것이다. 뙤약볕에 지친 사마리아 여관은 어느새 박물관으로 새 옷을 갈아입었다. 원래 여관터에는 4세기 비잔틴 시대의 교회가 있었는데, 이스라엘 관광청이 오랜 공사 끝에 모자이크 박물관을 만들어 세상에 공개했다.

예전에는 먼지의 판초를 뒤집어 쓴 베두인 천막 하나가 있어서 가끔 아랍차를 한잔 마시며 담소하곤 했는데, 그 추억은 바람처럼 사라졌다. 모자이크 박물관이 들어선 후, 여관은 국보급 장소로 승급되었다. 이곳의 지명은 '마알레 아두밈'(붉은 고원, 이곳은 마알레 아두밈 정착지와

는 다르다)이다. 왼편으로 '에인 마부아' 푯말을 따라 들어가면 세례 요한의 무대가 펼쳐진다. 1세기 당시 여리고와 예루살렘 사이를 오가며 상업하는 이들이 있었다. 그들을 노리는 산적들이 이 광야길에 자주 출몰하였다. 산적들은 특히 3절기에 예루살렘으로 오는 순례자들을 노렸다. 제2의 십일조를 예루살렘에서 소비해야 하고 성전에 드릴 예물과 여행비를 가지고 온 순례객들이 타깃이 되었다. 이런 일이 빈번해지자, 헤롯은 강도 소탕반을 결성하여 광야로 파견하기도 했다. 이런 역사적 자료들은, 선한 사마리아인 비유가 실제적인 사건에서 비롯되었음을 증거한다. 그러나 여관의 위치에 대해서는 확실하지가 않다. 여관이 있었다면, 아마도 여리고 가까운 곳에 있었을 것이다. 비잔틴 시대의 기독교인들은 사마리아 여관을 찾느라 무척 애먹었을 것이다. 광야 한복판에서 무려 300년이나 여관을 운영했을 리 만무하기에, 가장 비슷해 보이는 곳을 찍고 기념교회당을 마련하여 사마리아인 여관이라 칭했을 것이다.

여기서 중요한 메시지는 사마리아인의 선행이

다. 선한 사마리아인의 교훈은 매우 충격적이었다. 천대받던 사마리아인이 원수 같은 유대인을 구한 것은, 화석화된 유대 종교의 실체를 고발하는 것이었다.

그리스도의 비유에서 하나님의 마음이 나타난다. 나와는 상관이 없는 자를 위해 선행을 베푸는 자가 하나님의 자녀임을 그리스도가 알리셨다.

예전에 선한 사마리아 여관 옆에서 낙타를 태워 주던 아랍인이 있었다.
지금도 유다 광야의 낙타는 등을 사뿐히 내어 주며 손님을 기다린다.

"어떤 사람이
예루살렘에서 여리고로 내려가다가
강도를 만나매… 그가 주막 주인에게
데나리온 둘을 내어 주며 이르되
이 사람을 돌보아 주라…
내가 돌아올 때 갚으리라."

(눅 10:30, 35)

★ 역사 고고학적인 이야기 – 선한 사마리아인 여관이 세워지기까지
4세기 비잔틴 시대에 선한 사마리아인 여관을 기념하기 위해 이 광야에 교회를 세웠다. 그러나 이곳은 오랫동안 버려져 있었다. 이스라엘 관광청이 그곳에 남겨진 비잔틴 시대의 모자이크를 복원하면서, 최대의 모자이크 박물관을 세웠다. 전 세계적으로 3개의 모자이크 박물관이 있는데 요르단의 메다바 박물관, 터키의 안타키아(옛 안디옥) 모자이크 박물관, 선한 사마리아 여관 박물관이다. 박물관 안에는 사마리아와 가자와 유대 지역의 회당과 교회에서 출토된 모자이크와 옛 유물들을 전시했다. 특히 북부 그림신 산의 사마리아인들에 대한 소개도 적절히 해놓았다. 모자이크 문양은 헬라어 대문자와 고대 히브리어와 아람어 문자로 된 것이 대부분이다. 바깥의 마당에는 4~6세기경의 비잔틴 시대의 모자이크와 당시 고대 동굴 주거지와 우물도 복원시켜 놓았다. 또한 비잔틴 때의 기둥과 돌관, 광야 학습장 같은 곳도 마련해 놓았다. 모두 기이한 문양과 가나안 7대 소산물과 법궤 등의 모양이 새겨진 것들이다.

와디 켈트와
세인트 조지
수도원

'사망의 음침한 골짜기'에 숨겨진 성경 이야기

와디 켈트는 유다 광야 한복판을 적시는 시냇물이다. 이 시냇물은 거의 마르지 않는다. 예루살렘에서 여리고로 내려가는 산길 아래로 와디 켈트가 흐른다. 유다 광야에서 모아진 물은 와디 켈트를 타고 여리고에 집수된다. 산 정상 아래 절벽에는 성 조지 수도원이 붙어 있다. 이 산 언덕은 세례 요한이 설교했던 곳으로 유명하다.

2차선 광야 도로는 찌그러진 자동차들이 결단이나 한 듯 전속력으로 경주한다. 유대인들은 속도를 두려워하지 않는다. 구부러진 광야 길은 고물차들의 유토피아다. 바람보다 더 빠르게 광야길을 달아난다. 이들 사이를 조심히 뚫고 30분 정도를 내달리면, 오른쪽으로 '선한 사마리아인 뮤지엄'이 나타난다. 그곳에서 조금 더 올라가면 왼편으로 히브리어로 와디 켈트 안내판이 보인다. 비포장길로 구불텅하며 5분쯤 더 가면 십자가가 세워진 언덕에 도착한다. 와디 켈트가 훤히 내려다보이는 산 정상에 온 것이다. 아래로는 장대한 계곡이 패여 있고, 가축의 목을 시원케 할 차가운 물이 콸콸 흘러간다. "여호와의 영이 그들을 골짜기로 내려가는 가축같이 편히 쉬게 하셨도다"(사 63:14). 건너편 계곡 아래 벼랑에는 성 조지 수도원이 아슬아슬하게 붙어 있다. 수도원은 오랫동안 늙은 암석들 사이에서 외로운 수도사들을 탁아소처럼 키워 냈다. 여러 세기 동안 수사들이 겪은 갈등을 토닥여 주고, 침침한 고독을 바람결에 씻어 흘려보내 주었다. 수도사들은 이 불안한 계곡에서 그리스도와 요한이 걸었던 길을 되새겼을 것이다. 이제 저 계곡에서 조금만 더 힘을 내어 걸으면 여리고에 닿는다.

와디 켈트는 유다 광야 한복판에 무서운 골짜기를 만들었다. 유대인들은 시편 23편의 '사망의 음침한 골짜기'가 여기서 유래했다고 믿는다. 이곳이 유다 지파에 속한 지역이니, 다윗은 이곳까지 양 떼를 몰고 와서 와디 켈트의 물을 배불리 먹였을 것이다. 이 으리으리한 계곡에서 사망의 골짜기를 반추했을 것이다. 매해 초막절마다 이 언덕은 중요한 행사장이 된다. 예루살렘 랍비의 두툼한 손에 안수를 받은 '아사셀 염소' 한 마리를 광야로 내보낸다(레 16:10). 아사셀 염소를 광야로 그냥 보내면

놀다가 집으로 되돌아온다. 반드시 광야로 끌고 가야 하니 옆머리 찰랑이며 검정 옷을 살포시 다려 입은 젊은 '하레딤'(종교 유대인)들이 고생이다. 알곡 달린 지푸라기를 아사셀 염소의 입에 부비며 밀고 당기면서 이 언덕까지 끌고 오는 것을 본 일이 있다. 염소를 무사히 데려온 후에 한 줌의 먹이로 속인 후 급작스레 계곡으로 밀어 추락시킨다. 그리고 맹수에 의해 잡아먹히도록 '아사셀' 의식을 치른다.

이스라엘의 죄를 짊어진 염소는 이곳에서 사망한다. 희생된 염소를 헤아릴 수 없을 것이다. 그리스도는 이 근처에서 40일간 금식했다. 그는 죽어 간 아사셀을 기억했을 것이다. 그리고 자신의 죽음도 어루만졌을 것이다. 왜 이곳이 '사망의 음침한 골짜기'라고 불리게 됐는지 알게 된다. 순간 말라비틀어진 바람이 바짝바짝 다가선다.

와디 켈트 언덕 위는 날품팔이 아동들의 판촉장이다. 관광객들이 쏟아지는 버스로 달려와 손과 목에 알목걸이를 주렁주렁 매달고 마구잡이로 청탁 판매를 한다. 모두 가난한 베두인 소년들이다. 뙤약볕에 얼굴은 구릿빛으로 변했고, 어린 나이에 능글거리는 상술을 익혔다. 초라한 알목걸이 하나 구입한들 누구의 목에 걸어 줄 수 있을까? 이 근처에서 베두인들을 자주 만나곤 했다. 그들은 오랫동안 광야에 살았다. 광야가 그들의 집이고, 교실이고, 인생이다. 최근 들어 중국제 시계를 차고 다니며 요르단에서 밀도살한 쇠고기로 팔레스타인 음식을 해먹고 야마하 오토바이를 타고 삼성 휴대전화를 들고 아랍어로 대화한다. 글로벌 시대의 봄이 사망의 골짜기에도 찾아온 것이다. 이들은 창공을 날아오르는 나비처럼 자유를 그리워하나, 눈의 생기는 오래전에 증발했다. 오로지 염소들이 늘어나는 것만이 이들의 희망이다.

바람은 온몸을 날려 버릴 듯 점점 더 세차다. 이 바람의 언덕에서 성서시대로 날아가 본다. 와디 켈트 언덕길은 예부터 예루살렘과 여리고를 이어 주는 길이었다. 이 길에서 세례 요

유다 광야의 와디 켈트 계곡의 절벽에 붙어 있는 성 조지 수도원의 전경.

예루살렘에서 유다 광야를 내려가다가 광야의 전경을 배경으로.

한은 예루살렘을 오가던 사람들에게 전율 어린 메시지를 쏟아 냈다(눅 3:3). 예루살렘에서 절기를 지키기 위해 순례객들이 이용하던 길이다. 다윗이 압살롬을 피해 이 길로 달아났으며(삼하 15:23), 눈 뽑혀 잡혀 가던 유다 왕 시드기야도(왕하 25:4), 선한 사마리아인도 이 길을 지났다(눅 10:25-37). 예수께서 마지막으로 예루살렘에 올라가실 때도 이 와디 켈트 언덕길을 지나셨다(눅 19:28). 성서의 기록이 듬뿍 서린 언덕이다.

언덕 아래 성 조지 수도원에 작은 동굴이 있는데, 까마귀가 엘리야에게 먹을 것을 투하한 곳이다. 동편 아래로 펼쳐진 여리고 평원에는 60만 명을 가득 채우고도 남을 공간이 펼쳐져 있으니, 떠오르는 성서의 이야기로 행복해진다.

와디 켈트의 언덕은 폭풍의 언덕처럼 바람이 살아 있다. 하늘 위 뜨거운 태양이 달걀처럼 풀어져 대지를 익히더니, 관광버스가 줄지어 올라와 이방인들을 속속히 뱉어 놓는다. 모두 검은 안경을 쓰고 카메라를 찰칵거린다. 한동안 서성이던 군중 사이로 바람 한 점이 길게 쓸고 가더니, 모두들 버스에 다시 오른다. 묵직해진 버스는 여리고로 내려가고, 언덕엔 어린 장사꾼들만 남아 다음 고객을 기다린다. 십자가가 하나가 외로이 자리를 지킨다.

★ 역사 고고학적인 이야기-성 조지 수도원은 언제부터 그곳에 있었는가?
성 조지 수도원은 코지바Choziba라고도 부른다. 이 수도원은 현재 그리스정교회에서 관리하고 있다. 수도원은 엘리야의 동굴Elijah's Cave이라 불리는 곳에 세워졌다. 이 와디 켈트 계곡은 웨스트뱅크에서 시작되어 여리고까지 연결되는데, 수도원은 그 계곡의 중간쯤에 있다. 5세기 후반에 이집트 테베 출신의 존John에 의해 처음 세워졌다. 614년에 페르시아인의 공격으로 무너졌다가, 12세기 십자군 시대에 재건되었다. 십자군이 사라진 후 페허로 남아 있다가, 1878년 그리스의 수도사 칼리니코스가 이곳에 정착하면서 복원공사를 통해 1901년 지금의 모습으로 세워졌다.

여리고의
시험산

40일간을 굶주린 채 그 광야에 있었다

저 멀리 예수께서 금식한 시험산이 보인다. 그 산에 그리스정교회 수도원이 있다. 수도원은 해발 366미터에 위치하고, 여리고에서 북서쪽으로 3킬로미터 정도 떨어져 있다. 예부터 그 산을 콰란탈 산이라 불렀는데, 콰란탈은 40일이란 라틴어를 아랍어식으로 표현한 것이다. 비잔틴 시대 무명의 기독교인이 유다 광야의 산을 헤매다가 동굴 하나를 발견한 뒤, 헬레나에게 시험산이라고 덜컥 말해 버린 것 같다. 326년에 성지를 방문한 헬레나는 이 동굴을 예수의 금식 처소로 지목했다. 그 후로 이곳은 명실공히 시험산이 되어 버렸다. 사실 성경은 정확한 장소를 밝히지 않는다. 다만 주께서 40일간 지내신 곳이 동굴이었다는 것은 분명하다.

석회암 봉우리로 된 산꼭대기에는 하스모니안 시대의 무너진 성채가 있다. 시험산까지는 케이블카로 오를 수 있다. 시험산으로 올라가는 케이블카 안에서 아래를 내려다보면, 고대

여리고 성채와 엘리사의 샘이 장관이다. 하늘에서 바라본 여리고는 또 다른 성서의 세계다. 트란스요르단의 출애굽 루트와 여리고 벌판에서 벌어진 일과 요르단 강이 사해로 침강하는 것을 보게 된다. 하늘에서 본 여리고는 초라해도 성경의 흔적이 풍성하다.

시험산의 음침한 동굴로 들어가니, 사탄이 도사리고 있는 듯한 기분이 든다. 시험 동굴은 꽤 크고 잘 보존되었다. 동굴 곁에는 늙은 수도사의 고달픈 살림살이가 놓여 있다. 긴 물병이 지친 수도사 곁에 달랑 붙었고, 낡은 선풍기가 시험산 더위를 맥없이 쫓는다. 늙은 수도사는 자연석 위에 쇠창살 박은 곳에 앉아 여리고 평원을 한없이 바라본다. 마치 시험산의 영주처럼….

동굴 곁에는 작은 채플실이 딸려 있는데, 가냘픈 프레스코화로 그리스도의 생애를 슬프게 그려 놓았다. 돌을 담아 놓은 상자와 헌금통이 보인다. 돌을 가져가는 이들에게 슬며시 헌

예수께서 시험을 받으셨던 유다 광야의 시험산 전경.

이스라엘 광야에 자생하는 여우는 귀여워 보여도 이빨은 창날처럼 매섭다.
여우도 굴이 있으나 인자는 머리 둘 곳이 없다고 하신 말씀이 생각난다.

금을 부탁한다. 수도원 주변에 큼직한 돌이 많
은데, 그 돌이 시험 재료였을 수 있겠다는 생
각이 든다. 채플실에는 그레고리안 찬트가 연

일 흘러나온다.
언제나 보아도 여리고 광야는 말이 없다. 하나
님은 이스라엘의 한복판에 광야를 두셨다. 유

다의 광야는 남쪽으로 네게브와 잇닿아 바란 광야, 신 광야, 아라바 광야와 연결된다. 바람소리만 가득한 폐허의 사막을 까마귀가 창공을 비행하고 미물들이 꿈틀거리며 지켜 준다. 어슴푸레한 저녁이 되니, 여우 하나가 언덕에서 무언가를 응시한다. 날카로운 이빨과 쫑긋한 귀, 찢어진 눈매와 날렵한 발걸음에서 무서움이 느껴진다. 마가복음은 굶주린 야생동물들이 예수 주변에서 어슬렁거렸다고 했는데, 아마도 40일 금식으로 허약해진 예수를 해치려 왔을 것이라는 생각이 든다.

그리스도께서 머물던 시험산엔 지금도 쓸쓸한 바람이 맴돌고 있다. 옷매무새는 흐트러지고 머리카락은 눈을 찔러 댄다. 밀도 높은 광야의 자외선이 시력을 둔화시킨다. 밤이 오면 차가운 바람이 곳곳을 할퀴고 지나간다. 햇볕에 타다 남은 민둥산들이 피곤함으로 잠들 때, 사탄은 조용히 본성을 드러냈다. 육체적으로 가장 약해졌을 때, 밀물처럼 유혹을 몰고 나타났다. 하지만 그리스도는 인류의 적 사탄을 만천하에 벗겨 냈다. 사탄의 식욕주의, 인간주의, 물질숭배주의의 가면이 드러난 것이다. 영적으로 가장 총명할 때, 사탄은 더욱 활개 친다는 것을 알려 주신 사건이다.

그리스도는 40일간 굶주리면서 진리를 알리셨다. "사람이 떡으로만 살 것이 아니요 하나님의 입으로 나오는 모든 말씀으로 살 것이라." 그리스도는 인간이 살아야 할 목적을 시험산에서 확인하셨다. "내게는 너희가 알지 못하는 먹을 양식 있느니라… 나의 양식은 나를 보내신 이의 뜻을 행하며 온전히 이루는 이것이니라"(요 4:32, 34).

큼직한 돌덩이 하나를 베개 삼아 잠들었을 나의 예수님은, 유다 광야에서 굶주리셨다. 어느 날 이곳에서 이불 깔린 작은 동굴을 본 적이 있다. 스며든 빗물에 젖은 채 썩은 냄새로 풀럭거렸다. 베두인들이 잠시 지내다 떠난 곳이었다. 왜 주님은 40일간 유다 광야에 계셨을까? 죽음의 굶주림으로 온 인류를 위해 제물될 것을 계획했을 것이다. 초라한 겉옷을 걸치고 광야를 배회하시며 마시고 싶은 것을 참으며 오직 기도만 하신 것이다. 그는 이미 광야에서 죽음을 통과하셨는지도 모른다.

감람산에 올라 얼굴을 돌리면 광야가 한눈에 들어온다. 이스라엘 역사 속에서 유다 광야는 하늘의 조리개다. 나의 벗 하나는 히브리어의 '말씀'(메다벨)이 '광야'(미드발)와 똑같은 단어라며, 광야에서 비로소 하나님의 말씀을 발견할 수 있다고 말해 준 적이 있다. 죽어 버린 광야에 하나님이 살아 계신다는 것이다.

"광야에서
사십 일을 계시면서
사탄에게 시험을 받으시며
들짐승과 함께 계시니
천사들이
수종 들더라."

(막 1:13)

22

Beth Shan
벳산

길보아 산과 하롯 샘 그리고 신약의 '스키토 폴리스'

길보아 산에는 2월이 되면 보랏빛 꽃이 피어 오른다. 마치 '보랏빛 산이 온다'처럼, 길보아 산의 보라색은 갈릴리의 산자락으로 옮겨 붙어 온 산을 기쁘게 한다. 산의 절반은 초록이나 나머지는 바위로 엉겨 붙은 암갈색이다. 사울과 요나단은 이렇게 아름다운 꽃동산에서 처참하게 죽었다. 벳산 성벽에 박힌 사울의 시체는 패전 왕국의 수모를 온 레반트 지역에 알렸다. 한 인간의 욕망과 자만심과 폭력은 그의 육체가 맹금류의 먹이로 전락하게 했고, 왕의 가문이 산산조각이 나는 것으로 마감케 했다. 다윗은 사울의 시신을 수습하고 금식으로 슬퍼하며 비탄의 시를 읊어 그를 애도했다. "보라! 두 용사가 길보아 산에 엎드러졌도다…." 자신의 목숨을 노리던 원수를 용서하고 시신을 거둔 다윗의 진실함에 감동을 받는다.

오늘날 길보아 산은 허브 농장으로 유명하다. 산에서 채취한 야생 버섯, 홈메이드 빵, 염소 치즈, 거위 간, 잣, 허브 등을 섞은 샐러드를 식사로 제공한다. 사울의 슬픈 사연에 아랑곳 없이 유대 노인들은 이곳에 올라 산자락에 취한다. 길보아 산 근처에는 작은 공원이 있고, 향나무 숲이 있어 피크닉 장소로 인기가 높다. 이곳에는 그 유명한 '하롯 샘'이 흐른다. 3200년 전에 기드온의 용사들이 시험을 치르던 샘이다. 합격한 300명의 용사가 항아리와 횃불과 양각나팔을 들고 야간 침투 작전으로 미디안을 대파했던 역사적인 장소다(삿 7:5-23).

벳산에서 갈릴리 타이베리아까지는 39킬로미터를 더 가야 한다. 언제나 갈릴리로 올라갈 때면, 벳산은 항상 중간 기착지가 된다. 고대의 벳산은 세계적인 웅장한 도시였다. 로마식 공중목욕탕과 신전, 대로 그리고 극장 등

103

벳산은 로마의 건축양식을 그대로 옮겨 놓은 곳으로서, 신약의 데가볼리 지역에서 가장 유명한 도시였다.

이 무너진 채로 고대의 찬란한 영광을 보여 준다. 현재 이곳은 국립공원으로 지정되어 많은 이들이 찾아온다.

벳산은 주전 2세기에서 주후 6세기까지 로마-비잔틴 도시로서 크게 발전했다. 벳산을 국제도시로 꾸미기 위해 대리석과 석회석이 그리스, 터키, 이탈리아 등에서 수입되었다. 벳산 지역의 돌은 모두 검은 화산석이라 국제도시에 걸맞지 않았기 때문이다. 당시 동네 주민들은 현대화된 신도시 벳산에 진흙 발을 올려놓으며 자랑스러워했을 것이다. 시골에 들어선 대도시의 위용으로 기쁨에 찼을 것이다.

거대한 로마식 공중목욕탕 시설은 너무도 놀랍다. 작은 기둥석을 일렬로 배열한 뒤에 정사각형 온돌을 올린 다음, 아래로 뜨거운 물을 보내면 따뜻한 사우나 방이 완성된다. 이 사우나탕은 온 동네 사람들의 드라마틱한 에피소드의 현장이었을 것이다.

현재 북쪽으로 보이는 거대한 언덕은 주전 1500~500년의 구약시대 마을이다. 그곳을 발굴하면 아마도 사사기 때 기드온의 녹슨 진검과 진흙 항아리도 파낼 수 있으리라. 그 아래쪽으로는 신약시대 건축물들과 기둥들과 아고라가 보인다. 로마식의 반원형 극장은 검은 화산암으로 지어졌으나, 그 주변에 하얀 석회암을 덧대었다. 이 극장은 현재 이스라엘 전역에서 가장 완벽한 보존물로 당시 7,000~10,000명을 수용한 극장이다. 벳산은 신약시대에 와

벳산의 로마식 사우나 시설로 예수님 당시 사람들의 삶을 엿볼 수 있다.

서 스키토폴리스로 불렸다. 신약에서는 거의
언급이 없지만, 갈릴리로 올라갈 때 반드시 들
르는 곳으로, 로마 시대의 찬란한 유적을 유
일하게 볼 수 있는 최적의 장소다. 신약시대
는 로마 문화를 피해 갈 수 없었다. 제자들 가
운데 베드로, 안드레, 빌립, 도마, 다대오 등은
로마 문화의 영향을 받은 헬라식 이름이다. 신
약은 1세기 헬라 로마 문화권에서 히브리인들
이 기록했다.

"이스라엘아
네 영광이
(길보아) 산 위에서
죽임을 당하였도다
오호라 두 용사가
엎드러졌도다."

(삼하 1:19)

여리고

23

가장 낮은 도시에서 삭개오를 구하시다

예부터 종려나무의 도시로 불렸던 여리고에는 이 타마르(다밀) 열매가 많이 생산된다.

여호수아에 의해 여리고 성이 무너진 곳이다. 신약에서는 소경 바디매오가 눈을 뜬 곳이며, 나무에 오른 삭개오가 "내 소유의 절반을 가난한 자들에게 주겠사오며 만일 누구의 것을 속여 빼앗은 일이 있으면 네 갑절이나 갚겠나이다"(눅 19:8) 고백했던 고대 오아시스의 마을이다.

여리고로 들어가는 길은 황망하기 그지없다. 온 거리는 가난으로 비틀거리며, 주민들도 말이 없다. 동네 가까이 다가서면 오아시스처럼

제법 푸른빛이 감돈다. 예부터 '종려나무의 도시'(신 34:3)로 불린 여리고는 온화한 기후와 풍부한 샘과 최고의 토질을 자랑하는 곳으로 농사가 잘 되었다. 여리고의 종려나무에는 타마르dates 열매가 주렁주렁 열린다. 이 달콤한 열매를 으깨면 꿀처럼 변한다.

신명기 8장 8절의 '꿀의 소산지'라는 말은 이 타마르를 가리키는 말이다. 이스라엘 마켓에서는 타마르를 병에 담아 파는데 꿀과 흡사한 맛이다. 빵에 발라 먹기도 한다.

여리고는 주전 8000년부터 이미 주거지로 선점되어, '인류 최초의 도시'The oldest City in the World라는 명성을 얻었다. 여리고로 내려가는 광야길에는 나무 하나 발견하기 힘들다. 그런 절박한 광야에 오늘도 다정한 눈빛의 염소들이 무럭무럭 자라난다. 드문드문 베두인 천막에서 염소들을 들녘에 풀어 놓는 것은, 여리고로 내려가는 샘물이 염소의 출출한 배를 채워 주기 때문이다.

발삼 향의 주산지였던 여리고는 '달의 도시'란 뜻이다. 히브리어 '야레'에서 유래했는데, 이는 둥근 달을 말한다. 초창기 여리고 정착민들이 달을 숭배하면서 달님 마을이라고 칭했다. 달님 마을은 현대식으로 '텔 에스 술탄'Tell es-Sultan이라 불린다. 여기서 발굴된 주전 8000년경의 신석기시대 원형인 망대로 인해, 여리고는 전 세계에서 가장 오래된 도시라는 명예를 얻었다. 여리고에선 아랍어로 된 입장권을 새로 사야 한다. 이스라엘 국립공원이 아니기에 별도의 요금이 부과된다. 계단으로 올라가니 고맙게도 화살표들이 인도해 준다. 저 멀리 시험산에선 붉은 케이블카가 낙하산처럼 내려오고, 송전탑 위로 까마귀 하나가 자기 영역을 오래 지킨다. 여리고 성에는 고고학자들이 파놓은 구덩이들이 방치되어 있고, 메마른 언덕은 마른 풀로 곱슬거린다. 파괴된 옛 성벽은 몇 그루의 팜츄리가 박혔을 뿐 시들한 옛 동산이 돼버렸다. 구약에서 가장 출중한 이야기로 꽃피웠던 장소가 빛을 잃었다. 팔레스타인은 웨스트뱅크의 유명 유적지들을 거의 돌보지 않고 쓰레기처럼 방치했다.

여호수아 당시 여리고 성은 이중벽으로 둘러싸인 도시였다. 벽과 벽 사이에 라합의 집이 있었다. 발로 밟은 이 언덕 어디엔가 라합의 창문

에 펄럭이던 붉은 줄이 있었을 것이다(수 2:15). 무너진 고대 여리고 성은 폐허 더미다. 여리고처럼 해를 받은 도시가 있을까? 절망에 누워 오늘도 일어나지 못한다. 달님 나라의 '죄악의 여왕'으로 살더니, 인간이 사라진 형벌의 고장이 되고 말았다(수 6:26).

여호수아 이후 옛 여리고Old Jericho는 역사의 기록에서 올스톱된다. 시간이 흘러 고고학자들의 삽자루가 몇 번 휩쓸고 지나가더니, 다시 황폐화되었다.

1세기의 달님 마을은 '헤롯의 여리고'Herodian Jericho라고 불렸다. 헤롯 가문은 유난히 사막을 좋아했던 것 같다. 헤롯 대제는 여기에 별궁을 세워 동쪽의 수도로 삼았는데, 그의 자녀들이 주후 70년까지 화려한 마을로 번창시켰다. 당시 여리고는 이집트 여왕 클레오파트라 7세에게 속했는데, 헤롯이 클레오파트라를 찾아가 이 땅을 빌려 별궁을 짓고 유흥단지, 스타디움, 원형경기장에 정결 예식소까지 빼곡히 채워 넣었다. 지금도 그 잔재가 여리고 벌에 고스란히 남아 있다. 1세기에 와서 여리고는 와디를 중심으로 신 여리고New Jericho가 생겨났다. 헤롯 대제에 의해 텔 에스 술탄 곁에 작은 마을이 새롭게 형성된 것이다. 오늘날 여리고는 팔레스타인 집성촌이며, 가끔씩 찾아오는 흥분한 관광객들이 이 도시의 자존감을 높여 준다. "내가 그들의 거리를 비게 하여 지나는 자가 없게 하였으므로 모든 성읍이 황폐하며 사람이 없으며 거주할 자가 없게 되었느니라"(습 3:6).

이 삭막한 여리고에는 한 시간에 179,636갤런의 엄청난 물이 콸콸 쏟아지는 샘이 있다. '엘리사의 샘'으로 알려진, '에인 알 술탄'Ein Al-Sultan 샘이다(왕하 2:19-22). 엘리사가 소금 한

사발을 던져 넣어 물을 정화한 곳으로 알려져 있다. 여리고는 사막이면서도 오아시스가 있어 광야의 모든 물이 흘러들어 왔다. 헤롯 대제는 여리고 궁의 전용 수영장을 이 물로 채웠다. 그의 궁전은 실로 화려했다. 궁전터의 대리석에 새겨진 무늬를 보면, 그가 얼마나 사치와 방탕에 인생을 소모했는지 짐작된다.

오늘날 여리고는 팔레스타인 자치지구에 속한다. 인구 17,000명이 근근이 꾸려 가는 소도시로 주변의 난민촌 인구를 합치면 약 25,000명 정도가 산다. 여리고는 요르단 강에서 9킬로미터, 사해에서는 12킬로미터 북쪽에 위치하며, 해수면 마이너스 233미터로 세계에서 가장 낮은 도시다. 언젠가 여리고에서 겪은 일이 생각난다. 팔레스타인 난민 수용소인 줄 모르고, 철창에 다가가 아이들의 사진을 찍고 반가움을 표했는데, 한 여성이 오더니 아랍어로 욕을 퍼붓는 게 아닌가? 이곳에 사는 이들은 처절한 복수심으로 죄인처럼 살아간다. 잃어버린 옛날을 그리워하며 상처 난 가

슴으로 방어의 숲을 만들어 낸다. 올리브 등잔 불조차 쓸쓸한 여리고는 너무도 눈물겨운 마을이다.

삭개오가 올라간 뽕나무(돌무화과나무)가 여리고에 있다. 2000년이 넘은 나무로 추정한다. 예수님께서 예루살렘에 올라가기 전 이곳을 방문했을 때, 삭개오가 올라갔던 나무가 지금까지 살아 있는 것이다.

예수는 이 나무 아래서 "오늘 구원이 이 집에 이르렀으니 이 사람도 아브라함의 자손임이로다 인자가 온 것은 잃어버린 자를 찾아 구원하려 함이니라"(눅 19:9-10)라고 말씀하셨다. 여리고에 와보면 정말 초라한 동네라는 것을 거듭 알게 된다. 하물며 2000년 전에는 더 형편없었으리라. 열대 과일을 재배해 예루살렘에 판매하는 자들을 조사해 거액의 과세를 물리고 돈을 빼돌린 삭개오에게 주님은 찾아오셨다. 죄인 속에서 하나님의 형상을 발견했다. 그 나무가 진실로 삭개오가 올라간 나무였다면, 예수의 음성을 지금도 기억하고 있을 것이다.

유다 광야에서 여리고로 들어오는 물길. 여리고에는 지금도 물이 풍부하다.

삭개오는 히브리어 '자카이'에서 왔다. 그 뜻은 흠이 없는 자innocent다. 자기 이름이 불릴 때마다 심장에선 양철북 두드리는 소리가 울렸을 것이다. 당시 유대 사회는 피 말리는 세금으로 민중의 삶이 도탄에 빠졌고, 납세 거부 데모가 잇달아 발생했다. 세리들은 가혹한 세금을 책정하여 부당이득을 챙겼다. 주민들은 세리를 아주 싫어했다. 마을에서 빈민 구제금을 모을 때면, 세리가 낸 돈은 거절당했다. 세리는 증인으로도 채택될 수 없었다. 지역 공동체의 반상회에서 제명해 버렸다. 시민권도 박탈했으며 창녀와 동일한 취급을 받았다. 세리업을 그만둘 경우에만, 원 상태로 돌아올 수 있었다.

삭개오가 재산의 절반을 내놓겠다고 한 것은, 세리의 직업을 버리고 다시 공동체의 일원으로 살겠다는 고백이었다. 예수님은 한 인간의 죄의 치유뿐만 아니라, 그 사람의 사회성까지도 회복시켜 주셨다.

여리고에서 2개의 회당이 발굴되었다. 그중 특히 샬롬 알 이스라엘 회당 바닥에는 이스라엘의 상징인 법궤와 일곱 촛대, 뿔나팔, 그리고 "샬롬 알 이스라엘"(이스라엘에 평화가)이라는 히브리어가 바닥에 새겨져 있다. 유대인들은 고대 회당을 귀하게 여긴다. 1994년 오슬로 협정에 의해 그 장소가 팔레스타인에게 넘어가자, 갈등이 시작됐다. 회당터는 불에 타고, 큰 손괴를 입었다. 이스라엘 정부는 이 회당에 대해 유대인의 출입을 금했다. 한 달에 단 한 번 경찰의 입회하에 방문할 수 있었다.

여호수아가 점령한 니산월 28일이 오면 유대인들이 어디서 나타났는지 염소뿔을 챙겨와 여리고 뒷산과 앞산에서 뿌우뿌우 불어 댄다. 언젠가 유대인 수십 명이 여리고 진격 작전을 벌이다가 경찰에 저지당했다. 이들은 여리고가 봉인되었다며 애타 한다. 냉혹한 살의가 교류하는 곳에서 유대인은 해바라기처럼 웃지만, 팔레스타인은 마른 갈대처럼 운다. "이스라엘과 팔레스타인에 함께 평화가…."

삭개오가 올라갔다고 전해지는 돌무화과나무를 팔레스타인 정부가 보호하고 있다.

히샴 궁전

24

고대 이슬람 건축이 보존된 여리고

히샴 궁전은 고대 여리고 성에서 북동쪽으로 1.8킬로미터 떨어진 곳에 있다. 무너진 히삼의 궁전과 모스크의 잔재들이 여리고 평원에 누워 바람결에 뒤척인다. 히삼 궁전은 우마야드 왕조의 칼리프(무함마드의 후계자)였던 히삼(724~743년)이, 시리아의 수도 다마스커스에서 내려와 세운 것이다. 당시 이 터에는 목욕탕, 모스크, 숙소 등이 있었고, 목욕터에는 아름다운 모자이크가 깔려 있었다. 744년에 칼리프 히삼이 암살당하자, 건축은 중단되고 미완성의 궁전이 되고 말았다.

그 후 지진으로 완전히 무너져 내렸다. 이곳에서 노닥거리던 아랍 노인들의 양탄자는 찢어졌고, 오후 내내 차를 마시던 꽃무늬 페르시아 찻잔도 부서졌다. 그리고 오랫동안 폐허로 내버려졌다. 여리고의 히삼 궁전은 유대교와 기독교가 아닌, 후기 이슬람 건축 양식을 보여준다는 점에서 특별하다.

초창기 무함마드는 예루살렘을 향하여 절을 했지만, 유대교와 결연한 후 메카를 향해 절하도록 강력히 통제했다. 이슬람 지역 어디를 가나, 화살표로 메카의 방향을 표시한다. 국제공항에도 메카 표시가 있다. 중대한 회의를 하다가도 시간이 되면 무조건 메카로 몸을 돌린다. 히삼 궁전에서도 적잖은 무리가 동쪽 메카를 향해 매일 다섯 번씩 절했을 것이다.

헤롯의
여리고

최고의 찜질 사우나를 갖춘 1세기 별궁

여리고에 '툴룰 아부 엘 알라이크'Tulul Abu el-
Alayiq라는 벌판이 있다. 헤롯 대제가 자신의
별궁을 세운 곳이다. 성경의 기록은 없으나,
역사적 현장이 남아 있다. 헤롯이 예루살렘에
서 유다 광야를 거쳐 이곳에 내려올 때면, 호
위 부대들이 장관을 이뤘을 것이다.

당시 여리고 벌에 두 개의 큰 저수지가 있었는
데, 헤롯은 수도 공사를 통해 그 물을 전용 수
영장과 목욕탕으로 끌어왔다. 놀라운 것은 여
리고 궁에도 정결 예식을 치르는 미크베가 있
었다는 점이다. 헤롯은 유대 문화를 생활에 일
부 수용한 듯 보인다.

여리고의 아부 엘 알라이크-
고대 헤롯의 여리고 궁이 있던 곳으로,
19세기 초엽에는 로마 시대 길이 있었으나
지금은 그 도로를 사용하지 않는다.

가장 인상적인 것은 온돌 형식으로 만들어 놓은 사우나탕이다. 라코니쿰Laconicum이라고 부르는 이 구조물은 찜질방sweating hall의 일종으로 사우나실이다. 헤롯은 이런 거창한 목욕터를 두고 연회와 잔치에 여념이 없었다. 별궁 안에는 신구약 중간기에 세워진 회당도 있었는데, 역사상 가장 오래된 유대회당으로 150명이 예배할 수 있는 규모였다. 아마 삭개오의 가족과 친지들이 그 회당에 다니지 않았을까? 그러나 거지 바디매오는 회당 출입을 저지당했을 것이다.

민중은 도탄에 빠지고, 왕족은 경탄에 들떠 있던 세대에 그리스도만이 치유자로 나섰다. 헤롯 대제는 말을 잘 탔고 화살 쏘기와 칼 사용에 능했으며 교활했다고 역사가들은 말한다. 당시 로마 황제 옥타비아누스에게 죽을 운명이었으나, 말로 그를 감화시켜 오히려 팔레스타인 통치권을 받아 내기도 했다. 훗날 헤롯 대제는 이 여리고 별궁에서 자기 아들들을 살해하고, 악성 피부병을 앓다가 베들레헴 유아 학살을 지시한 이듬해에 죽었다.

안타까운 것은 순례객들이 이런 역사적인 곳을 전혀 방문하지 않는다는 점이다.

이곳에서 늙어 간 분봉왕들의 사치스러운 삶을 추적하며 신약성서를 읽어야 한다. 때가 차매 하나님께서 아들을 보내셨고, 헤롯의 악정으로 온 이스라엘이 신음하던 그때에 메시아가 오신 것이다.

헤롯 궁 북쪽에서 발굴된 보온열 목욕탕. 일종의 온돌 형식의 찜질방 사우나로, 오늘날 무슬림의 공중목욕탕인 '하맘'의 원조가 된다.

쿰란

하늘의 지시를 받고 염소가 사라지다

역대 최고의 사해 사본이 쿰란에서 발굴되었다. 1세기의 에세네파 공동체의 일부가 이곳에서 은둔 생활을 하며 성경을 필사했는데, 그들이 동굴에 숨겨 놓은 사본이 1947년에 발굴되면서 전 세계 성서학자들의 관심을 집중시켰다.

쿰란은 '달의 언덕'Hill of Moon이라는 뜻이다. '키르벳 쿰란'Khirbet Qumran으로도 불리는 이곳은 사해 언덕에 있는 엔게디와 이웃사촌으로 지낸 마을이다. 1세기 쿰란은 사막의 영성으로 피어오른 마을이었다. 에세네파는 이곳에 공동체를 이루면서 성서를 기록 보존했고 그 가르침에 충실했다. 이는 당시 바리새파와 사두개파와는 현격히 다른 모습이었다.

주후 68~73년경 로마군의 침공을 받은 쿰란 공동체는 역사 속으로 사라지고 만다. 가히 2천 년의 세월 동안 쿰란은 깨어나지 못한 채 고요 속에 잠들어 있었다. 1947년 베두인 목동에 의

해 쿰란의 동굴 속에 숨겨진 고대 성서 사본들이 발견되면서, 성서학자들이 탄성을 터트렸다. "유다의 광야에 이런 보물이 있었다니!" 에스더와 느헤미야서를 제외한 사본과 여러 문서가 발굴되자, 학계는 술렁였다. 단돈 20파운드에 팔려 간 옛 사본들은 수천억을 줘도 살 수 없는 보물이 되었다. 그 후 대대적인 조사를 통해 쿰란의 여러 동굴에서 다른 두루마리들을 또 발견하게 된다. 옛 쿰란 공동체는 귀한 성경 필사본들을 사해 언덕에서 숨겨 두고는 사라진 것이다. 나 또한 '혹시 다른 곳에도 숨겨진 항아리와 사본이 있지 않을까' 하며 유다 광야를 자주 쏘다니며 두리번거렸는데 발에 걸리는 것은 먼지와 바람뿐이었다.

유적지는 옥빛 사해의 초입에 위치한다. 오븐처럼 달궈진 열기가 골짜기로 펄펄 날리는데, 종려나무들은 청초한 미소로 손님을 맞이한다. 자작나무는 서늘함을 유지하기 위해 매일

쿤란에서 발굴된
금세기 최고의
사본인
사해 사본의
일부.

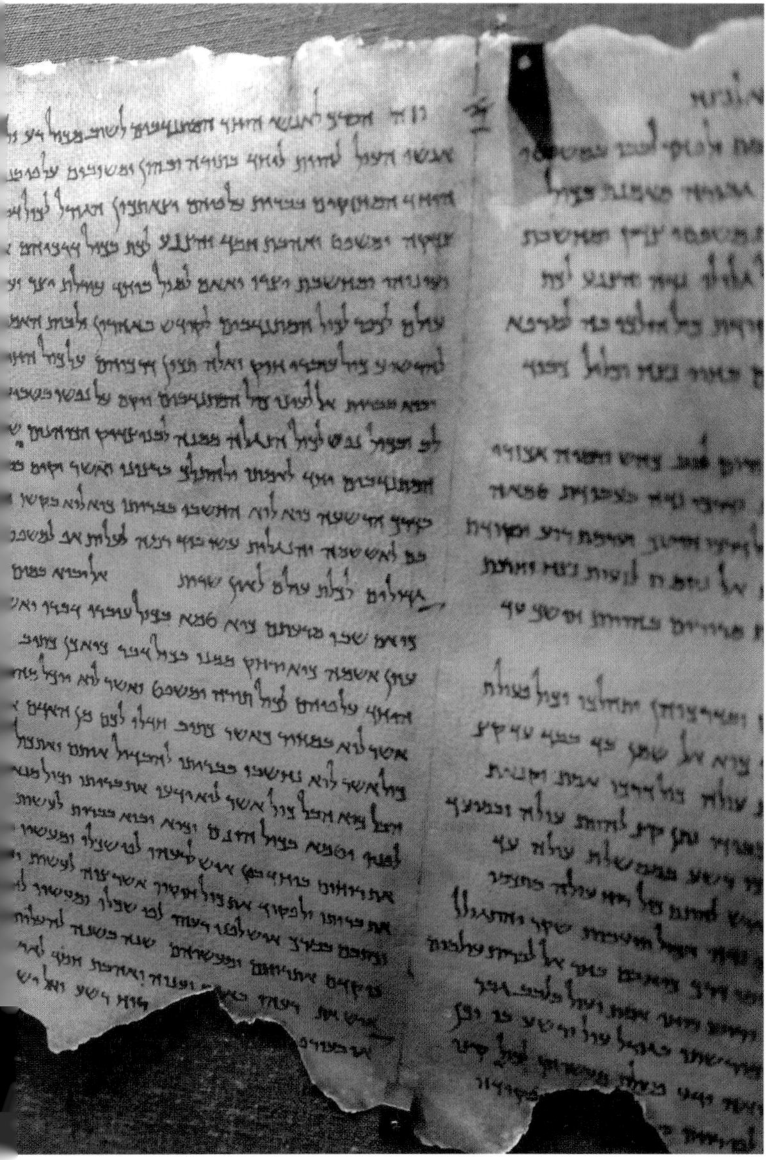

쿰란 유적지는 150~200명 정도의 인원을 수용할 수 있었던 공간으로 파악된다.

염소는 양과 달리 위험하고 높은 곳을 오르는 습성이 있고, 거친 풀도 닥치는 대로 먹는다.

380리터의 물을 소비한다지만, 종려나무는 물을 아껴 먹고도 우산처럼 그늘을 만들어 준다. 관람소로 들어서니, 에어컨이 내뿜는 차가운 공기가 생기를 돋게 한다. 첫 건물은 쿰란 동굴에 들어온 것처럼 캄캄하게 꾸며 났다. 모두들 사본 동굴에 갇힌 것이다. 갑자기 화면에 소형 비행기가 떠오르더니 모두를 태우고 유다 광야를 비행하며 쿰란을 찾아 나선다. 마치 조종사가 된 듯 공중에서 광야를 내다본다. 목적지에 도착한 후, 옛 공동체의 생활을 10분 정도 화면으로 본다. 쿰란인들이 매일 이곳에서 음식을 먹고, 아침 기도를 하며, 정결례를 치르고, 성경을 필사하던 모습이 소개된다. 영상이 종료되기 직전에, 누군가 동굴을 향해 돌을 던지자 갑자기 항아리 깨지는 소리가 나면서 스르르 화면이 열린다. 모두들 쿰란 전시관으로 들어간다. 전시관에 들어서니 1세기의 정결 예식소와 가죽 샌들과 흰옷이 놓여 있다. 쿰란인들이 입었던 의복이다. 마치 세례 요한이 막 사용한 탈의실처럼 고요하다. 가죽 샌들을 보니, 예수님의 피곤한 발이 생각난다. 공동체 일원이 매일 사용했던 진흙도기와 각종 유품도 전시되어 있다. 마지막으로 양가죽이 걸린 필사실로 연결된다. 굵은 통나무 위에 가죽 필사본이 놓여 있는데, 갈대촉에 잉크를 묻혀 한 점 한 점 써 내려간 것이다. 이곳에서 성경을 필사하며 새로운 종교적 시스템을 형성하려던 옛 쿰란 공동체의 흔적이 느껴진다. 바깥으로 나오니 쿰란의 유적지가 원형대로 보존되어 있다. 유적지 동편에는 주거지와 성경 필사실, 물저장고, 정결 예식소, 부엌, 공동 식사실, 모임방, 관망탑과 함께 유명한 제4동굴이 있다. 서편에는 갈색빛 산들이 보이는데, 쿰란인들이 겨울에 산에서 내려오는 물을 얻

으려고 수로를 주거지에 연결시켜 놓았다. 이곳을 따라 산에 오르면 사본들이 숨겨져 있던 여러 동굴을 만난다.

어떻게 이곳이 발견되었을까? 1850년 프랑스의 화폐 수집가로 동양학자이며 고고학자인 루이스 솔시Louis Saulcy가 처음으로 이곳에 찾아왔다. 그는 고대 여리고 성을 발견하고, 예루살렘의 왕의 무덤을 탐사하기도 했다. 폐허가 된 돌덩이 틈에서 날아다니던 들여치에 시달리다 포기했다. 보물들은 동굴 속에서 발견되기를 애타게 기다렸을 것이다. 그 후 거의 100년이나 흘러 1947년에 팔레스타인 목자 하나가 도망간 염소를 찾기 위해 이곳을 살피고 다녔다. 정성껏 먹여 키운 염소 한 마리가 하늘의 지시를 받았는지 사라져 버렸다.

염소는 높은 곳을 오르는 습성이 있음을 아는 목자는 언덕을 힘겹게 올랐을 것이다. 어딘가에 있는 염소 한 마리를 찾기 위해서였다. 언덕 가까이 이르니 굴 하나가 보였다. 혹시 염소가 숨어 있지 않을까 하여 돌을 던졌다. 그런데 갑자기 굴에서 쩌억~ 하며 깨지는 소리가 들려 왔다. 이상한 기운이 감돌자, 목자는 굴로 들어갔다. 그 안에는 두루마리가 담긴 여러 개의 항아리가 있었는데 목자는 염소 대신 항아리를 8개를 체포하였다. 이 동굴이 제1동굴이다. 만일 염소가 하늘의 지시로 도망가지 않았다면 지금까지 사해 사본은 미발굴 상태일지도 모른다.

목자는 항아리와 사본들을 베들레헴 고물 수집가에게 20파운드에 팔았다. 그중 3개의 사본이 예루살렘 히브리 대학교의 수케닉 교수에게 들어갔다. 수케닉은 이를 에세네파가 남긴 사본임을 밝혀 냈고, 해독하여 책으로 출간했다. 쿰란에서 발굴된 사해 사본은 이렇게

해서 세상에 알려졌다.

1956년 예루살렘의 에꼴 비블리크 학교의 롤랜드 드보의 탐사단이 쿰란 지역에 대한 재조사에 나섰다. 놀랍게도 쿰란의 다른 동굴에서 다른 사본이 대거 발굴되었다.

제4동굴에서는 항아리가 아닌 바닥에서 사본이 발견되었고, 대부분 양피지에 기록됐는데, 어떤 것은 파피루스에 기록된 것도 있었다. 얇은 구리판에 적힌 사본도 발견됐다. 사본은 히브리어와 20퍼센트의 아람어, 그리고 약간의 헬라어로 기록되었다. 사본은 구약성경과 외경, 공동체의 문헌, 구약 주석 및 감사의 찬양들이었다. 탐사대원들은 1947년에서 1956년까지 쿰란의 11개 동굴에서 모두 900여 개의 구약 사본을 찾아냈다. 쿰란이 사해 근처에 있었기에 학자들은 사해 사본Dead Sea Scroll이라 불렸다.

주전 150년경에서 주후 68년까지 에세네파 공동체는 쿰란에서 생활했다. 1세기에는 유다 전역에 약 4천여 명의 에세네파 추종자가 있었다. 당시 에세네파는 바리새파와 사두개파에 이어 제3의 종교집단으로, 예루살렘 성전

의 부패를 멀리하고, 광야의 영성을 찾아 이곳에 집단으로 거주했다. 여자들은 허용되지 않았으며, 약 150~200명의 남자들이 함께 살았다. 쿰란이 에세네파의 거주지가 아니라는 학설도 있으나, 요세푸스와 로마의 역사가 플리니 장로가 "사해의 서쪽 해변에 엔게디 마을 위로 에세네파가 정착했다"고 남긴 기록을 통해 쿰란이 에세네파 공동체의 거주지라는 것이 증명된다. 쿰란은 세례 요한의 사역 무대였던 요르단 강에서 가까운 곳이다(눅 3:3). 세례 요한도 에세네파의 일원이 아니었나 하는 추정을 한다. 그러나 요한은 에세네파와 교류한 적이 없으며, 낙타 털옷을 걸친 것을 보면 독립적인 예언 사역을 펼친 것으로 보인다.

당시 에세네 필사자들은 갈대촉을 꺾어 양피지에 기록했다. 조사 결과 사본은 모두 주전 3~2세기에서 주후 1세기까지의 것들이다. 주후 68년 로마군이 침공하자, 사본들을 항아리에 담아 여러 동굴에 감추고 피신했는데, 숨긴 자들이 모두 전쟁 중 사망하여 동굴에 남겨진 채 잊혔던 사본들은 2천 년 만에 빛을 보게 된 것이다.

★ 세례 요한은 쿰란 공동체의 에세네파였는가?

논란의 여지가 있지만, 요한은 1세기 에세네파가 수도 생활을 했던 쿰란 공동체에 속했을 가능성을 제기하는 학자들이 있다. 요한의 삶이 에세네파와 유사한 부분이 있기 때문이다. 그는 13세에 성인식을 갖고, 18~20세까지 집에 머물렀을 것이다. 당시 18~20세 안에 결혼을 해야 했는데, 독신이던 그는 그 시기에 광야로 나간 것으로 보인다. 10여 년간 광야 생활 가운데 안식일을 어떻게 보냈을까도 의문이다. 그는 필경 여리고나 쿰란 공동체를 찾아 율법을 학습하고 기도했을 것이다. 그의 낙타 털옷은 매우 특이한 복장이다. 유대인들은 낙타 가죽 옷을 입지 않는다. 주로 양이나 염소 가죽을 사용한다. 그렇다면 요한은 죽은 낙타의 가죽을 벗겨 내어 소금으로 무두질을 하고 손수 옷을 지었을 가능성이 있다. 낙타 털옷, 메뚜기와 들꿀은 요한의 가난함과 검소함을 보여 주는 소재들이다. 그는 그리스도의 영광을 위해 광야에서 살았으며, 아무 소득이 없는 쓸쓸한 곳에서 목숨을 반납하고 그리스도를 위해 사명을 다하였다.

사해

물 1리터에 340그램의 소금이 담긴 곳

이스라엘 정중앙에 위치하며, 해면 마이너스 412미터로 전 세계에서 가장 낮은 소금 호수다. 비가 많이 내리는 겨울이면, 사해의 염도는 35퍼센트에서 30퍼센트로 떨어진다. 그때 푸른 사해는 살짝 붉은빛으로 변한다. 일종의 녹조 현상이다. 사해를 알면 알수록 신비로움에 빠져든다. 예루살렘에서 25킬로미터 떨어진 사해를 겨울 나그네처럼 지날 때면, 파마약 같은 유황 냄새가 코에 박힌다. 그 느낌은 뭐랄까, 이 근처에 있던 소돔과 고모라가 유황불을 맞아 파멸된 것이 의심의 여지 없이 믿어질 만큼 강렬하다.

사해는 죽은 바다가 아니다. 사해는 소금을 녹여 생태 환경을 조절한다. 생물은 없지만 무생물로 가득하다. 사해 소금산을 본 적이 있는가? 불도저로 밀어 올려 쌓여 있는 거대한 소금산은 사해의 화이트골드다. 매해 200만 톤의 칼륨과 소금 클로라이드가 쏟아져 나와 전세계로 팔리는데, 퍼내도 퍼내도 마르지 않는 백금알을 낳는 씨암탉이다.

이스라엘과 요르단의 경계선에 있어, 사해 절반은 요르단령에 속한다. 고대의 이름은 아라바 바다. 헬라인은 아스팔트 해라 불렀으나, 십

자군 시대에는 사탄의 바다로 불렸다. 고대 히브리인들은 이곳을 염해 또는 동해라고 칭했다. 사해의 길이는 67킬로미터, 폭은 18킬로미터다. 사해는 막혀 있기에 기존의 바닷물보다 열 배나 짜고, 짠맛 외에 쓴맛을 포함한다. 마셔 봐야 아는 게 아닐까? 사해에 들어가 한 모금을 입에 넣었다가 소름 끼칠 정도의 고통을 겪었다. 이곳에서 해수욕하다가 눈에 물이 들어가면, 빨리 나와 담수로 씻어야 한다. 사해 아래쪽으로는 리산(혀) 반도가 있다. 사해는 점점 말라 줄어들더니 아랫부분이 완전히 분리되고 말았다. 이 문제를 해결하기 위해 홍해의 물을 끌어오는 운하를 건설하기로 했다.

사해가 가진 자연 치유력은 대단하다. 기록에 따르면, 말년에 피부병과 저온증에 시달린 헤롯 대왕도 사해에 왔었다고 한다. 그는 조신하게 사해에 몸을 담그고는 개구리처럼 발을 이리저리 휘젓곤 했을 것이다. 사해 해변가의 검은 진흙은 미네랄이 풍부하며 치료 효능이 있다. 이 진흙은 고대 이집트 미라에도 사용되었다. 클레오파트라는 화장품으로 이용했다. 이곳에 오면 주변의 진흙을 퍼다 머리카락까지 온몸에 듬뿍 바른 후 샤워를 해보라! 오리알

전 세계에서 가장 낮은 곳에 위치한 사해는 이름과 달리
천연 물질로 가득한 살아 있는 바다다. 사해 소금의 모습.

썩은 퀴퀴한 냄새가 온몸에 진동하나, 샤워를 하고 나면 머릿결도 피부도 매끈하고 부드러워진다. 염분과 미네랄이 풍부한 진흙 퇴적물이 몸속에 스며들어 류마티스도 치료하고 혈압도 낮춰 준다. 칼슘, 마그네슘, 브롬화물, 소듐이 함유된 사해의 천연 재료로 만드는 화장품은 전 세계적으로 그 효능을 크게 인정받고 있다. 사해 바닥에는 우라늄도 숨어 있다. 석유 시대가 끝나면 우라늄이 대체 에너지가 될 것이기에, 이는 이스라엘의 미래. 유황은 소독제와 표백제, 살충제, 살균제로도 쓰인다. 사해는 메마른 산 가운데 위치하여 자외선의 양이 매우 많아 공기가 색다르다. 뜨거운 햇볕이 수분을 증발시키면서 주변 공기보다 브롬 bromine이 20배나 많다. 천연 브롬은 기분을 완화해 주고, 천식 환자들에게 도움을 준다. 기후요법, 해수요법, 일광요법 등의 치료법이 시행되어 관광객들이 몰려온다. 사해에는 뜨거운 미네랄 온천도 펑펑 쏟아진다. 온천에는 고농도 수소 황화물hydrogen sulfide이 섞여 있어 온천요법에 최적이다. 최근 들어 태양광을 이용한 솔라리움 치유법도 생겨났다. 사해에 15분 이상 몸을 담그지 말라고 경고판에 써 있으나, 지키는 이들은 많지 않아 보인다.

사해 근처에 소돔과 고모라가 있었고, 아드마,

제보임, 소알 등도 함께 번창했다(신 29:23). 롯은 소알로 피난했으나, 롯의 아내는 소금기둥이 되었다(창 19:24-26). 사해 근처에 20미터의 자연 기둥을 가리켜 롯의 아내라고 말하나 사실이 아니다. 롯의 아내는 사해 해변가로 도피하다가 쓰러졌고, 동풍에 의해 소금물이 그 시체에 쌓여 마르면서 기둥으로 변한 것이다. 사해 동편에는 느보 산이 있고, 서편에는 엔게디와 맛사다가 있다. 특별히 사해 근처에는 거대한 종려나무 농장이 있다. 고대 문서에서 이곳에 농장이 있었다는 것을 알아낸 이스라엘 정부가 사막을 개간해서 숲을 만들었다.

사해 소금은 성전에서 사용되었고, 가정용으로는 금지되었다.

매해 2월이면 국제 마라톤 대회가 사해에서 시작된다. 세계에서 가장 낮은 하이웨이 90번을 달리는 경기로 맛사다가 골인 지점이다. 매년 장막절에도 사해 축제가 열린다. 엔게디 키부츠에선 음악회가 열려 사막이 외롭지 않다. 사해는 사막투어의 핵심이다. 지프와 산악자전거 투어, 낙타 여행 등도 골라서 할 수 있다. 사해 주변에는 엔게디와 쿰란과 마사바 수도원과 콰란텔과 여리고가 있고, 남쪽으로는 소돔 산과 맛사다와 홍해로 이어지기 때문이다.

사해는 햇볕이 강하여 공기 중에 브롬이 20배나 많다.
사해의 진흙에는 다량의 미네랄이 함유되어 피부에 매우 좋다.

사해 해변가 종려나무 농장-고대 문서를 통해 이곳에
농장이 있었다는 사실을 알고는 대규모로 나무를 심었다.

"이들이 다
싯딤 골짜기 곧
지금의 염해(사해)에
모였더라."

(창 14:3)

소돔
평야

아직도 끝나지 않은 발굴

사해 근처 평원지대를 소돔 평야라 부른다. 이곳 어디엔가 소돔과 고모라가 존재했다. 최근 고고학적 발굴이 활발하게 이뤄지면서 소돔과 고모라에 관한 증거들이 포착되었다. 바로 이 지점에서 창세기의 여러 사건이 일어났다. 사해의 길을 따라 맛사다로 달려갈 때면, 언제나 롯의 아내 소금기둥을 만난다. 저 사해 언덕 높은 곳에서 참회하듯 서 있는 바위는 롯의 처를 카피한 리미티드 에디션Limited edition이다. 저 하늘 아래 자연이 만든 긴 바위를 롯의 아내라 이름 지어 줬다. 사실 사해변에 쓰러진 롯의 아내 몸에 바람에 날아온 소금 알갱이들이 달라붙어 세월이 흘러 기둥처럼 변했을 것이다. 한동안 그녀의 시체를 찾아보려고 사해 해변을 뒤척거리기도 했으나 아직도 행방이 묘연하다. 만일 발굴된다면, 소금덩이에 갇힌 롯의 아내는 그때 그 치마 그대로 부패하지 않은 채 사해 어딘가에서 흠뻑 잠에 빠져 있을 것이다.

요세푸스는 1세기 유대인들이 소돔과 고모라를 잘 알고 있었다고 기록했다. 최근 소돔과 고모라를 집중적으로 발굴한 학자들이 남쪽의 밥 에드 다라Bab edh-Dhra를 소돔과 고모라로 지목했다. 그들은 이 유적지를 수년간 연구했는데, 이곳에서 도시의 흔적과 골프공만 한 유황돌들을 채취해서 보여 주었다. 이 유황의 결정체에 성냥을 그어 댔더니 불이 활활 타오른다. 불에 녹은 석회석들과 스핑크스와 지구라트 모형도 발견했는데, 너무 오래되어서인지 형체가 일그러졌다. 사해의 대표 도시였던 소돔, 고모라, 스보임, 아드마는 완전히 재가 되어 사라져 버렸는데(창 10:19, 19:28), 최근 어떤 고고학자들은 이들 도시를 모두 발견했다고 주장한다.

★ 역사 고고학적인 이야기－소돔과 고모라

1920년대에 이스라엘 고고학자 넬슨 글룩은 메소포타미아에서 사해로 연결되는 고대 도로를 발굴했다. 수천 년 동안 먼지로 뒤덮였기에 세인들의 눈에 이 길이 발견될 수 없었다. 시리아의 유적지 마리와 에블라에서 발굴된 설형문자 토판에 보면, 이 사해 연결도로를 언급하고 있다. 현재 소돔-고모라로 추정하는 곳은 밥 에드 다라. 이곳에서 초기 청동기시대 유물이 대거 발굴되었는데, 이는 아브라함 시대와 일치한다. 이곳에서 2만 개의 수직 무덤(약 2미터 깊이)이 발견되었고, 한 구멍에 1~6개의 시신이 매장된 것도 확인되었다. 최근의 연구로는 약 50만 명이나 매장된 것으로 나타났다. 또한 3백만 개의 토기가 그 매장 무덤에서 출토되었다. 사해 근처에서 많은 무덤이 발굴된 것은 이곳이 유일하며, 소돔-고모라일 가능성이 매우 높다.

소돔 평야를 지나다가 둘로 나뉜 사해로 들어가 본다.

Cave of Flour
소돔의
밀가루
동굴

멋진 백색의 석회암을 만지작거리다

8월의 이스라엘 광야는 불길처럼 타오른다. 와디를 따라 소돔 평야로 한참을 걸어 들어 가면 '밀가루 동굴'이라 이름 지어진 곳이 나 타난다. 암석들은 하얀색 밀가루처럼 손으로 도 긁을 수 있고, 손으로도 따낼 수 있다. 하 얀색의 계곡을 따라 무석거리는 하얀 먼지를 뒤집어쓰고 한참 들어가면 동굴이 있다. 어느 날 손전등을 준비하지 못한 채 굴속에 들어가 게 되었다. 동굴 안으로 발을 내딛는 순간 한 치 앞도 볼 수 없는 흑암이 덮쳐 왔다. 아무리 눈을 크게 떠도 먹물 속을 허우적거리는 느낌 이었다. 벽에 몸을 바짝 대고는 팀원들과 서 로 손을 잡고 동굴을 통과했다. 굴속은 너무 도 뜨겁고 혼곤했다. 굴속을 통과하며 혹시 이 동굴이 롯과 두 딸과 함께 지낸 곳이 아닐까 하는 생각이 들었다. 발에 불뱀과 전갈이라도 밟히면 어쩌나 조바심이 났다. 얼마쯤 지났을 까? 빛이 실낱같이 들어온다. 그제야 안도의 숨을 내쉰다. 동굴 바깥으로 나왔을 때 모두 들 얼굴이 붉게 익어 있었다.

그런데 동굴 밖에서 기다리기로 약속한 아랍 운전사가 보이지 않는다. 아무리 기다려도 오 질 않는다. 곧 갈릴리로 올라가야 하는데….

아랍 운전사는 다른 곳에서 기다리고 있었다. 광야에 갇혀 뜨거운 여름 태양광에 요나처럼 혼곤해졌다. 가져간 생수도 바닥이 나버렸다. 청년 두 사람이 두 시간이나 소돔 광야를 걸어 나가 더위에 졸고 있는 아랍 운전사를 찾아냈다. 그동안 나머지 팀원은 광야에서 기도하고 찬양하며 버티었다. 얼마나 지났을까? 저 멀리 흙먼지를 풀럭거리며 달려오는 꾀죄죄한 버스 몸체가 시야에 들어왔다. 돌아온 두

청년은 나중에 이렇게 고백했다. "40년간 광야를 유랑하며 산 이스라엘 백성이 어떠했을지 정말 톡톡히 배웠습니다. 소돔 광야의 길을 걸었을 때가 가장 기억에 남습니다."

소돔에서의 이색적인 경험은 성경을 이해하는 데 큰 도움이 되었다. 열풍과 갈증, 혼곤함과 두려움… 소돔의 밀가루 동굴을 만져 보고 통과해 보면 성서의 이야기가 달리 느껴질 것이다.

소돔 평야에서 밀가루 동굴로 들어가는 입구에 있는 바위군- 손으로 뜯으면 떼어 낼 수 있을 정도로 무르다.

고원지대에 위치한 맛사다-유다 제1차 항쟁의 마지막 장소에서 900여 명의 열심당이 자살함으로써 로마군에게 큰 충격을 주었다. 저 멀리 지그재그로 보이는 것이 맛사다로 오르는 뱀길이다.

맛사다

맛사다는 다시 함락되지 않는다

주후 73년 유대 열심당이 로마군에 대항해 최후 항전을 벌인 곳이다. 사해 근처 천혜의 고원지대로, 헤롯 대제가 그 위에 세워 놓은 별장은 지금도 남아 있다.

맛사다 고원에 오르면 저 아래로 사해는 파란 액정으로 보인다. 그 앞엔 트란스요르단 산맥이 가로막고 있다. 그 위로는 고대 '왕의 대로'(민 20:17)가 아스팔트로 변신해 흘러간다. 이스라엘이 가나안으로 들어올 때 걸었던 길이 아직도 저 산에 남아 있다. 허물어진 모압 산이 그 틈바구니에 보인다. 사해는 무거운 침묵에 싸여 미동하지 않는다. 발람과 발락이 오르락내리락했던 민수기의 하이라이트가 저 건너 산에서 일어났다니, 마치 손에 잡힐 듯하다.

맛사다로 가는 길은 사해의 간선도로를 따라 남쪽 방향이다. 왼편으로 사해는 즐거워 푸른 미소를 짓지만, 오른편의 황폐한 산들은 침통한 표정이다. 엔게디를 지나 리산 반도가 나타나면서 오른쪽에 깎아질러 솟아난 구조물이 보인다. 유대 역사상 가장 비극적이며 숙연한 이

맛사다 성채에서 바라본 유다 광야의 모습.

400미터 정상에 위치한 맛사다 전경. 보이는 것은 무너진 곡식 창고다.

케이블카에서 내려 맛사다로 들어가는 길.

야기를 전해 주는 맛사다. 주후 66년에 촉발한 유대 항쟁은 73년에 맛사다가 함락되면서 비로소 끝이 났다. "그의 핏값을 우리와 우리 자손에게 돌리소서"라고 함부로 말한 대로 일어나고야 만 것이다. 당시 해발 400미터의 높이의 맛사다에서는 무슨 일이 있었는가?

절벽처럼 보이는 맛사다 고원을 케이블카로 오른다. 케이블카가 너무 낡아 불안하다. 유대인 매표소 직원에게 안전하냐고 물으니, 스위스제라 자랑한다. 스산함을 느끼며 '천국의 계단'에 오른다.

맛사다는 신구약 중간기의 하스모니안 시대에도 천연 요새로 유명했다. 사막의 기운을 한 몸에 받고 어린 시절을 보낸 헤롯 대제도 맛사다의 매력을 알고 있었다. 주전 36년에 맛사다를 서둘러 요새화했다.

마름모꼴의 맛사다 정상은, 동서의 길이가 약 240미터, 남북 길이는 약 600미터, 전체 둘레 1,300미터다. 헤롯 대제는 이 맛사다 정상에 성을 쌓아 성채 별장으로 리모델링했다.

이곳에서 고고학자들이 유적물을 대거 발굴했다. 프레스코 벽화, 1세기 가죽 샌들, 대형 목욕탕, 곡식 저장고, '시온의 자유를 위하여'For the freedom of Zion라고 새겨진 1세기 동전, 수비대 건물, 비잔틴 시대 교회당(5세기 건축), 부엌 화덕, 수영장, 비둘기 양식장, 등잔 등이 자원 봉사자들의 곡괭이질로 드러난 것이다.

맛사다에서 발견된 놀라운 유적물 중 하나는, 맛사다를 붕괴시키기 위해 사용한 40~50킬로그램 정도의 돌 포탄들이다. 당시 사용된 포탄들이 전쟁 소품으로 맛사다에 수북이 쌓여 있다.

맛사다에서 가장 특이한 것은 정교한 물저장고 시스템이다. 헤롯은 로마의 목욕 문화를 대중화시켰는데, 그 높은 맛사다 정상까지도 풀장, 공중목욕탕, 사우나탕, 온탕과 냉탕 등을 설치했다. 많은 물이 필요했기에 헤롯은 맛사다 내부에 바위를 뚫어 거대한 물저장고를 만들고 물을 유도하여 저장했다. 어떻게 이런 것이 가능할 수 있을까? 맛사다 요새 둘레에는 수로가 있었다. 지형적인 특성을 살려서 물이 맛사다로 들어오도록 했으며, 이 물들을 저장고에 모아 사용했다. 놀라운 공법이 아닐 수 없다.

로마군에 대항할 무렵 엄청난 양의 물이 저장되어 있었지만 다 사용하지는 못했다.

맛사다 정상에는 북에서 남으로 흐르는 두 개의 와디가 있는데, 이곳에 댐을 막은 후 물을 유도하여 물저장고로 가져왔다. 노예들이 정상에 이르는 뱀길snake path을 통해 물을 날라 왔다. 맛사다 정상에는 헤롯과 그의 측근의 몸을 덥히기 위한 사우나탕이 있다. 뜨거운 열기를 불어넣어 찜질방도 만들어 놓았다. 최고급 모자이크 바닥을 깔았다.

맛사다에는 회당도 있었다. 또한 비잔틴 시대 교회터도 남아 있다. 교회의 문은 동쪽을 향해 나 있는데, 그것은 메시아가 동쪽으로부터 온다고 믿었기 때문이다.

2천 년 전 플라비우스 실바가 이끄는 로마 10군단 소속 10,000~15,000여 명의 군대가 맛사다 정벌에 나섰다. 그러나 맛사다는 너무도 힘겨운 요새였다. 지금도 서쪽에는 당시 로마군이 세운 네모난 병영 기지가 존재한다. 난공불락의 맛사다를 공격할 수가 없자, 뒤편에 토성을 쌓기 시작했다. 이 인공 토성 작업에는 수많은 유대인 포로들이 동원되었다. 당시 맛사다 고원에는 900명의 유대 열심당이 있었다.

모두 싸움에 능한 전사들이었다. 하지만 3년간이나 교전이 이어졌고 토성이 완성되자 맛사다는 함락 위기에 처했다. 당시 지도자였던 엘리에셀 벤 야일은 열심당과 식구들을 모아 놓고 마지막 설교를 했다.

"우리의 아내와 자녀들이 로마군에 의해 짓밟히는 것을 볼 수가 없도다. 하나님의 백성이 단지 생명을 부지하기 위해서 로마인의 노예가 되어선 안 될 것이다. 요새를 모두 불태워 버리되, 창고의 식량만은 그대로 두도록 하자. 적에게 우리가 먹을 것이 없어서 죽은 것이 아니라, 노예가 되느니 죽음을 선택했다는 결단을 보여 주자."

연설이 끝난 후, 장정들은 아내와 자식을 죽이고, 제비를 뽑은 10명이 나머지 남자들을 죽이고, 10명 중 제비를 뽑은 한 사람이 나머지 9명을 죽이고 마지막으로 요새를 불 지르고, 자결을 했다.

이른 아침 로마군은 맛사다 성을 점령했으나, 성은 너무도 적요했다. 집단 죽음을 피해 살아남은 늙은 여인 둘과 아이 다섯이 있었다. 이는 주후 73년 4월 15일에 일어난 일이다. 이 비극적인 내용은 플라비우스 요세푸스가 《유다 전쟁사》에 기록하여 세상에 알려졌다. 이때 남긴 말 중 "맛사다는 다시 함락되지 않는다"Massada, Never Again!라는 말은 지금도 유명하다.

오늘날 유대인 부모들은 자녀를 데리고 이곳을 방문한다. 초등학교 졸업식도 조상의 빛난 얼을 마음에 새기며 맛사다에서 진행한다. 어떤 유대인은 자녀를 데리고 약 3킬로미터 정도의 뱀길을 따라 맛사다에 오른다. 옛 조상들이 곡식단을 졌던 고생을 느껴 보게 하기 위해서라니, 이 얼마나 멋진 교육인가!

★ 역사 고고학적인 이야기—맛사다

맛사다가 본격적으로 발굴되기 시작한 것은 1963~1965년이다. 전 세계의 수많은 자원 봉사자가 참여했고, 예루살렘 히브리대 교수이자 군정치인이었던 이갈 야딘Yigael Yadin이 발굴팀을 이끌었다. 그의 탐사는 요세푸스가 남긴 1세기의 맛사다 전쟁 기록이 사실임을 확증시켜 주었다. 맛사다에 헤롯이 남긴 3개의 궁전빌라tiered palace-villa와 벽화의 그림이 보존된 방들과 유대식의 모자이크 바닥과 헤롯의 궁에 남겨진 화려하고 다양한 색상의 모자이크와 1세기에 사용된 유대 동전과 로마 동전이 출토됐다. 유다 마카비 왕조를 찬탈한 헤롯 대제는 주전 37년 집권 시부터 건축 시대를 열었다. 헤롯은 36년에 맛사다를 헬라 양식으로 정비하였다. 높은 맛사다 고원에 성벽을 쌓았는데, 만일의 사태를 대비해 맛사다를 피난처로 삼기 위해서였다. 400미터 고원지대까지 돌을 운반하느라, 상당한 노동력이 필요했을 것이다. 여러 건축물과 궁전, 왕족을 위한 여러 개의 방, 곡식 저장고와 행정관소, 공중목욕터 등 헤롯은 외곽 산장에서 이렇게 희곡 같은 삶을 살았다.

Chapter 3
중앙산악지대

중앙산악지대

산악지대에서 이뤄지다

중앙산악지대에는 그 옛날 아브라함과 이삭과 야곱이 양 떼를 몰고 다녔던 산길이 있다. 그 길을 '족장들의 길'path of the patriarchs이라 불렀다. 히브리어로 '데렉 하아봇트'라 했는데, '아버지들이 다닌 오솔길'이란 뜻이다. 예수님도 제자들과 함께 데렉 하아봇트를 통해 갈릴리와 예루살렘을 여행했다. 오늘날 웨스트뱅크(서안지대)를 관통하는 하이웨이 60번은 이 길 위에 세운 현대 도로다.

'이스라엘의 등뼈'라고 부르는 중앙산악지대는 평균 해발 610미터 높이로, 오늘날 웨스트뱅크에 속해 있다. 여행이 자유롭지 못하나 용기를 내어 뚫고 들어가면 성서의 이야기를 많이 얻을 수 있다. 더러 돌에 맞아 차가 부서지거나 자리를 비운 사이 도둑맞기도 하지만, 성서발굴단처럼 들어가 조사하다 보면 큰 수확을 얻을 수 있다. 예루살렘을 중심으로 남쪽으로는 베들레헴과 헤브론, 북쪽으로는 기브아,

기브온, 벧엘, 실로, 세겜, 사마리아 등이 중앙
산악지대의 대표적인 성서 마을이다. 언젠가
는 이곳들이 활짝 열려지길 고대한다.

"유대를 떠나사
다시 갈릴리로 가실새
사마리아를 통과하여야 하겠는지라
사마리아에 있는 수가(세겜)라 하는
동네에 이르시니."

(요 4:3-5)

나블루스,
세겜

왕관을 잃어버린 도시

나블루스는 예루살렘에서 63킬로미터 북쪽에 위치한 도시로 옛 이름은 세겜이다. 그림신 산과 에발 산이 있고(수 8:33-34) 야곱의 우물이 마르지 않는 곳으로, 예수께서 사마리아 여인을 만난 곳이다. 신약의 수가는 세겜을 가리킨다. 현재는 팔레스타인 자치지구에 속하며 웨스트뱅크의 상공업과 농업의 중심지다. 특히 올리브 생산이 많아서 예부터 세겜은 올리브 기름으로 유명했다. 이 작은 마을은 지난 250년간 올리브 비누를 제조해 왔다. 지금도 올리브 비누 공장만 30여 곳이 가동될 정도로 왕성하며, 유럽 수출도 한다.

그러나 나블루스는 음산한 기운으로 가득하다. 공기조차 무겁고 온도조차 서늘하다. 마을은 웃음이 사라졌고, 관광버스의 엔진 소리도 끊어진 지 오래다. 그 옛날 기백으로 가득한 도시는 무력하고, 혈액으로 사수한 도성은 힘을 잃었다. 왜 이 느낌이 떠나지 않는 것일

까? 나중에 알게 된 사실이 있다. 나블루스에는 우리가 모르는 여러 개의 팔레스타인 난민 수용소가 있었던 것이다.

아스칼 수용소에는 약 14,000명이, 에인 베잇 알마 수용소에는 6,000명이, 그리고 발라타 수용소에는 20,000명의 난민이 있다. 이는 웨스트뱅크에서 가장 큰 수용소다. 도시 전체가 감옥 같은 분위기는 바로 이 때문이었다. 이 난민들은 도대체 언제 어디서 오는가?

이들은 1948년 이스라엘 독립전쟁 때 욥바, 하이파, 리드, 라말라 지역에서 추방된 자들이다. 고향 땅과 집을 몰수당하고, 이 수용소에 격리되었다. 이곳에서 돌부리를 캐어 밭을 개간하며 살아간다. 수용소 안에는 학교와 간이 병원도 있지만, 환경이 너무도 열악하다. 나블루스는 분노의 활화산이요, 성지에서 사라진 얼굴이다.

이스라엘이 나블루스를 점령한 후, '야곱의 우

★ 팔레스타인의 난민 수용소

이스라엘의 독립으로 인해 땅과 집을 빼앗긴 팔레스타인 전쟁 난민은 550만 명에 이르며, 그중 150만 명이 이스라엘에 거주한다. 이들 중 80퍼센트는 본래 자신이 살던 집에서 100킬로미터 이상 떨어진 곳에 산다. 팔레스타인 난민 수용소는 가자에 8개, 웨스트뱅크에 19개, 요르단에 5개, 시리아에 9개, 레바논에 16개가 있다. 가자 지구 인구의 80.6퍼센트가 난민으로 등록되어 있다. 1948년 팔레스타인 인구 3분의 2가 자신이 살던 곳에서 추방되었다. 그 후 팔레스타인 530개 마을은 사람이 살지 않는 곳이 되었다. 난민 문제는 전 세계가 관심을 가져야 할 중대 사안이다.

물' 소유권으로 인해 기독교인들과도 큰 분쟁이 있었다. 1979년에 정통파 유대인들이 야곱의 우물이 유대교 성지이니 기독교적 이미지를 제거하라고 요구했다. 수도원장은 이를 거부하다 유대 종교인이 휘두른 도끼에 맞아 절명하고 말았다.

나는 걷는다.
꼿꼿하게 머리를 쳐들고 걸어간다.
올리브 가지와 비둘기를 내 손에 안고
내 어깨 위로 시체의 관을 얹고 나는
걷는다.

내 머리는 붉은 달이 되고
내 가슴은 정원이 된다.
내 입술은 비가 쏟아지는 하늘 같다.

지금 이 시간은 사랑이다.
그리고 나는 걷고 또 걷는다.
곧게 걸어 나갈 뿐이다.
머리를 꼿꼿이 높이 쳐들고는….

-1967년 전쟁으로 체포되어 돌아올 수 없는 청년
모리드 바르고우티의 시

'팔레스타인의 왕관 잃은 여왕의 도시'라는 별명을 지닌 세겜은 아브라함의 첫 정착지요, 요셉이 팔려 나간 곳으로 도단에서 멀지 않다. 그는 아버지 야곱의 부탁으로 족장들의 길을 5일간 걸어 세겜에서 유목하는 형들에게 갔지만 친형들에게 인신매매당해 국제적인 고아가 되었다. 세겜은 북방 가나안의 이방 문화가 들어오는 입구였다. 신약의 예수님은 이 마을에서 사마리아 여인을 만나 주셨다. 주후 72년 이곳을 정복한 티투스 장군은 그의 아버지의 이름을 따서 '플라비아 네오폴리스(즉 플라비아의 신도시)'라고 이름을 지었다. 세겜이라는 다정한 이름은 사라져 버렸다. 636년 아랍 무슬림들이 이곳을 침략하여 아랍어로 '나블루스'Neo Polis라고 부르면서 오늘날의 이름이 되고 말았다.

에발 산(해발 940m)과 그림신 산(해발 881m)은 나블루스의 명산이다. 열두 지파를 반반씩 나누어 에발 산에서는 저주문을, 그림신 산에서는 축복문을 낭독케 했다. 하나님을 바로 섬기면 복된 백성이 되나, 범죄하면 망한다는 것을 두 산에서 선포했다(신 27:12-13). 이 두 산 사이의 골짜기에 야곱의 우물이 지금도 솟아오르는데, 물맛은 석회수처럼 텁텁하다.

에발 산에서는 고고학자 젤탈이 4년 탐사 끝에 여호수아 8장 30절에 나오는 제단을 발굴했다. 그림신 산에는 사마리아인 성소가 세워졌는데, 신구약 중간기*에 요한 힐카니우스가 올라와 무너뜨렸다. 예루살렘 외에 다른 곳에 성소가 세워졌다는 이유로 파괴된 것이다. 이 사건으로 유다와 사마리아 공동체는 완전히 갈라서게 된다. 지금도 사마리아인들은 나블루스의 그림신 산 근처에 모여 산다. 이들은 모세오경만을 정경으로 받아들이며, 구약의 제사법을 지킨다. 지금도 유월절이 오면 그림신 산에 모여 40일간 축제를 하며, 이때 살아 있는 양을 제물로 바친다. 이곳을 떠난 적이 없는 이들은 유대 혈통과 관습을 가졌으나 아랍어를 쓰며 아랍계에 더 친숙하다. 아브라함이 예루살렘의 모리아 산이 아닌 그림신 산에서 이삭을 바쳤다고 주장하며 어떤 이는 엉뚱하게도 모세가 십계명을 받은 곳이 그림신 산이라고 한다. 이들의 구세주는 모세다. 이곳 사마리아 학습센터Samaritan Study Center를 찾아가면 고대 시리아어로 된 사마리아 모세오경을 구입할 수 있다.

* 신구약 중간기 : 구약시대와 신약시대의 사이 약 400년간을 말한다. 즉 말라기에서 마태복음 사이의 시대로 후기 페르시아 시대, 헬라 시대, 전기 로마 시대가 이에 해당한다.

"예수께서
길 가시다가
피곤하여 우물 곁에
그대로 앉으시니
때가 여섯 시(낮 12시)쯤
되었더라
사마리아 여자 한 사람이
물을 길으러 왔으매
예수께서
물을 좀 달라
하시니."

(요 4:6)

★ 역사 고고학적인 이야기-야곱의 우물

야곱의 우물은 나블루스의 고고학 유적지 텔발라타에서 아주 가깝다. 아랍어로 야곱의 우물을 '비르 야쿱'Bir Yaqub이라 부르며, 현재 동방 정교 수도원이 관리한다. 구약에는 이 우물에 대한 언급이 없지만, 야곱이 밧단 아람에서 돌아온 후, 이곳에 살면서 팠던 우물로 추정한다 (창 33:18). 그 우물에서 예수가 사마리아 여인을 만나서 치유해 주었다. 384년에는 이 우물의 원형을 보존키 위해 그 위에 교회를 세웠고, 이 사실을 제롬이 기록했다. 그러나 이 교회는 484년 일어난 사마리아인 봉기로 파괴됐으며, 후에 유스티니안 황제에 의해 다시 재건되었다. 십자군이 들어온 12세기에는 우물만 남고, 교회당은 부서진 상태였다. 그 후 1175년 멜리산데 여왕의 지원금으로 새로운 교회가 다시 세워져 지금까지 이어져 내려오고 있다.

베들레헴

팔레스타인 도시에서 태어난 메시아

예수께서 탄생하신 마을로, 구약시대에는 다윗이 태어났고 룻과 나오미와 보아스가 살던 곳이다. 베들레헴은 '빵집'house of bread이라는 뜻으로, 산간지대인 이곳은 비교적 곡식 소출이 많았음을 암시한다. 현재 베들레헴은 유대인 마을이 아닌 팔레스타인 자치지구에 속한 팔레스타인 마을이다.

예루살렘과 베들레헴은 남북으로 붙어 있다. 베들레헴은 예루살렘의 불쾌한 강남이다. 한쪽은 '눈부시게' 발전하나, 다른 쪽은 '눈물겹게' 잃어 간다. 동예루살렘과 가자지구, 서안지대에 사는 팔레스타인은 땅과 생명과 인권마저 유린당하는데, 누구 하나 제동 걸지 않는다. 지금도 팔레스타인은 대공황 상태다.

웨스트뱅크에 소속된 베들레헴의 드고아 광야에는 어느 틈엔가 유대인 아파트촌이 번쩍 들어섰다. 빼앗은 땅의 산은 절반이나 달아났고 유대인의 새 집이 우아하게 지어졌다. 그 곁의 장엄한 시멘트 장벽은 신상 아파트촌을 보호하려는 듯 철통같은 경비 태세다. 그런데 자세히 보니 오히려 이스라엘 자신이 그 벽 안에 갇힌 듯하다.

장벽이 세워진 이후 예루살렘과 베들레헴 사이는 더 멀어졌다. 순례객들은 검문소에서 더 오랜 시간을 기다려야 했다. 겨우 통과하여 베들레헴 투어를 마치고 나올 때면 매번 죄인 같은 느낌이 든다. 어떤 날은 베들레헴 입구가 봉쇄되어 되돌아가야만 한다. 콘크리트 장벽은 성지의 흉물이요, 인간성 황폐의 증거물처럼 보인다. 시멘트 벽에는 낙서와 그림이 빼곡하다. JESUS WEPT(예수님이 우셨다)-John 11:35, Gettho Bethlehem(게토 베들레헴), We are NOT Terrorists(우린 테러리스트가 아니거든)! 매일 새벽 세네 시면, 수백 명의 베들레헴 무슬림이 국경 검문소로 몰려든다. 예루살렘으로 일하러 가기 위해서다. 일일 통행 도장 하나 받는 데 다섯 시간이나 걸린다. 이스라엘 군병의 편파적인 태도가 만들어 내는 차별이다. 새벽이슬에 젖은 이들의 얼굴이 무심하다. 검문 시간이 지겨워 아예 땅바닥에 드러눕거나 종이박스를 태워 몸을 녹이던 이들은 새벽의 아잔 소리가 울리자 검문소 곁에서 궁둥이 올리고 메카를 향해 일제히 절한다. 마치 노름빛에 팔려 온 염소들처럼 측은한 모습이다. 알라는 이들의 착잡한 마음을 알고나 계실까! "매일 이곳에서 통행 허가받는 것이 고문입니

팔레스타인 사람들이 주로 먹는 깨 묻은 빵으로, 허브를 뿌려 먹는다.

다"라고 누군가 내뱉는다. 아침 9시쯤 되자 철문이 슬며시 열리더니 좁은 통로로 사람들이 우르르 빠져나간다. 자식에게만은 좋은 교육을 시키고 싶어 새벽잠 버리고 온갖 굴종에 길들여진 채, 다시 오고 싶지 않은 철문을 나서는 것이다. 한 푼이라도 더 벌기 위해 서글픈

노동 현장 예루살렘으로 가는 이들을 세상은 알지 못한다.

이른 아침 베들레헴에 들어서니 아랍어 포스터들이 바람에 흔들린다. 적막한 도로엔 각종 쓰레기가 이리저리 처박혀 있다. 베들레헴 길은 정말 쓰레기로 가득하다. 베들레헴 출신 친

구가, 자가용을 타고 가며 먹다 남은 참치캔을 창밖으로 던지는 한인을 봤다고 했다. 부끄러웠다.

멀리 민둥산 언덕 위엔 집들이 다닥다닥 붙어 있고, 16세기 오스만튀르크 건물들이 있다. 그 사이로 기독교 수도원과 유서 깊은 교회들이 파란 하늘에 닿았다. 가난한 베들레헴의 산간 마을에도 예쁜 구름이 걸려 있다. 먼 비탈길에서 양 떼를 몰고 내려오는 목동 아이를 만나면, 다윗이 연상된다. 그도 저렇게 민둥산에서 양 떼를 몰고 내려왔을 것이다. 저 산간 마을 어디엔가 룻과 보아스의 신혼집이 있지 않았을까? 왕이신 메시아는 작고 가난한 마을로 보냄 받았다. 그는 파리나 런던, 뉴욕이나 북경에서 태어나지 않으시고 찬바람이 들락거리던 베들레헴의 작은 동굴 우릿간에서 태어났다. 그는 실로 세상의 가난하고 슬픈 자들과 함께하셨다. "베들레헴 에브라다야 너는 유다 족속 중에 작을지라도 이스라엘을 다스릴 자가 네게서 내게로 나올 것이라"(미 5:2). 제롬의 라틴어 불가타 번역본은 '작은 것'을 '유아'로 번역했다. 히브리어로 '짜일'은 약하고 낮고 이름 없는 천한 것을 의미한다.

국경 검문소를 통과한 후, 6킬로미터 정도 구불거리는 아스팔트길을 올라가면 베들레헴의 심장부인 구유 광장Manger Square에 다다른다. 탄생 교회로 올라가는 길은 이미 오래전부터 상업화되었다. 기념품을 고르기 위해 기웃거리는 손님들을 납치하듯 가게로 인도한 후, 언리미티드Unlimited 홍차를 서비스하며, 비싼 값을 부른다.

몇 년 전 베들레헴 구유 광장은 아주 말끔해졌다. 대규모 공사를 통해 새로워진 것이다. 라임스톤 바닥을 깔고 분수를 설치하고 나무도 심고 벤치도 만들어 문화의 공동묘지 같던 곳을 마치 정원처럼 둔갑시켰다. 그러나 광장 구석에는 아직도 불량 기름에 팔라펠을 튀겨 파는 리어카와 팔뚝에 목걸이를 휘감고 호객하는 소년 상인들이 즐비하다. 품질 낮은 엽서를 사달라며 애걸하는 아랍 노인을 뒤로하고 북적거리는 순례객들과 합류한다. 구유 광장 왼편에는 예수 탄생 교회가 있다.

"보라 내가 온 백성에게 미칠
큰 기쁨의 소식을 너희에게 전하노라
오늘 다윗의 동네에 너희를 위하여 구주가 나셨으니
곧 그리스도 주시니라."

(눅 2:10-11)

베들레헴
탄생
교회

온 세상에 어둠이 임할 때에, 아기가 세상을 비추었네

탄생 교회의 건물 표면은 강렬한 자외선과 풍화작용에 시달린 듯하다. 석회석 표면에 연둣빛 이끼 버짐까지 피어올랐다. 탄생 교회 지붕엔 전구알 박힌 작은 십자가가 놓여 있다. 몸체에 비해 너무 왜소한 십자가는 사연이 있는 듯하다. 여러 시대가 할퀴고 간 흉터가 남은 것을 보니, 여러 번 무너진 것이 분명하다. 이곳에서 세계사를 전환시킨 그리스도가 탄생했다. 성육신하신 메시아는 권력과 야망과 죄로 오염된 세상에 빛과 생명을 부으셨다.

4세기에 콘스탄티누스 대제의 어머니 헬레나가 지금의 교회를 지어 봉헌했다. 초호화 비잔틴 왕궁에서 살던 황후 헬레나가 베들레헴 민둥산에서 무엇을 보았을까? 초라한 동굴에 머리 숙여 발을 들여놓은 그녀는 그리스도가 행한 겸손을 알았을까? 손에 쥔 권력이 모래알처럼 흩어질 수 있다는 것을 예감했을까? 메시아가 태어난 곳은 비참할 정도로 세상과 단절된 곳이었다. 그녀는 그리스도가 행한 겸손 앞에 머리를 숙였을 것이다.

본당으로 들어가는 입구를 '겸손의 대문'gate of Humanity이라고 부른다. 낮아지신 그리스도를 생각하라는 기억 장치다. 자세히 보면 6세기의 유스티안 황제 때의 3개의 주랑과 12세기 십자군 시대의 아치와 16세기 오스만튀르크 시대의 쪽문으로 뒤섞여 있다. 한 건물에 복잡한 역사가 서린 것을 보니 탄생 교회가 겪은 험한 세월이 느껴진다. 고린토식 주랑들이 있고, 바닥에는 비잔틴 시대의 모자이크가 선명하다. 이는 헬레나에 의해 세워진 첫 교회의 모자이크 바닥으로 지금까지 보존됐다. 제단 오른편으로는 지하로 내려가는 계단이 있는데 사람들이 북적거린다. 그 안에 예수님께서 탄생하신 동굴이 있기 때문이다.

동굴 안으로 들어서자 온화한 공기가 감싸 준다. 그리스도께서 탄생한 지점에 은별이 박혀 있다. 동굴 안에는 아르메니안 교회와 그리스정교가 봉헌한 15개의 등불과 함께, 은별 표

면에는 라틴어 기록이 있다. Hic de Virgine Maria Jesus Christus natus est. '동정녀 마리아가 이곳에서 예수그리스도를 낳았다'는 뜻이다.

동굴은 초기 기독교인들에 의해 예수께서 탄생한 곳으로 알려졌으나, 아무런 표식도 순례자도 없었다. 주후 135년 하드리아누스 황제가 기독교인들이 모임을 갖던 이 동굴을 폐쇄하고 그 위에 아도니스 신상을 세운 후 오랫동안 나무칸으로 보호했다. 후에 극적으로 사람들이 이 장소를 찾아냈다.

작은 동굴에는 오늘도 은총의 숨결이 흘러넘친다. 대리석 제단 위에 놓인 은별에서 14개의 빛줄기가 발한다.

그리스도의 성육신이 이루어진 것이다. 수백 년간의 약속은 왕궁이 아닌 동굴에서 이루어졌고, 가장 누추한 곳에서 하나님의 영광이 드러났다.

그리스도가 탄생하자 동방박사들이 찾아왔다. 정체불명의 이들은 누구인가? 이들은 3명이 아니라 대상이었을 가능성이 크다. 유세비우스는 이들이 아라비아에서 왔다고 밝혔고, 다른 자료에 의하면 이들이 고대 페르시아의 수산성에서 왔다고 한다. 이란 서북부 도시 우르미에Urmia의 미리암 기념교회에는 동박박사의 무덤이 지금껏 보존되어 있다. 이 동방박사들은 '별을 연구하는 제사장 그룹'으로 밝혀졌다. 이들은 행동하는 천문학도로, 메시아의 별이 나타난 이후 이란에서 베들레헴까지 5개월 동안 사막을 걸어왔다. 고통스럽고 위험한 여행이었다. 별은 밤에만 보이니 야간행군을 하지 않았을까? 노년의 체력으로 강한 모래 태풍을 온몸으로 맞으며, 가도 가도 끝이 없는 '무덤 같은 고요함'을 이겨 내야 했을 것이다.

마침내 베들레헴에 닿았을 때에, 밤하늘에 빛나는 큰 별에 감사했을 것이다. 동방박사들은 거침없는 결단으로 세계사적 비전을 성취했다. 하나님의 계획이 이방인 할아버지들에 의해 이루어졌건만, 예루살렘의 제사장들은 무얼 했는지 알 수 없다.

동방박사들은 민수기의 예언을 성취시켰고, 황금과 유향과 몰약뿐 아니라 투철한 신앙의 의지를 선물했다. "한 별이 야곱에게서 나오며 한 규가 이스라엘에게서 일어나서…"(민 24:17). 비단요에 누워 사치의 향유를 찍어 바르던 헤

★ 역사 고고학적인 이야기－그리스도의 탄생지를 어떻게 찾아냈는가?

베들레헴 예수 탄생 유적지를 찾아낸 것은 변증가였던 순교자 저스틴의 저서 〈트리포와의 대화〉를 통해서다. 이 책은 예수의 가족이 베들레헴 마을 외곽의 동굴에서 예수를 출산하고 침거해 왔다고 밝혔다. 그 후 오리겐(247년경)과 유세비우스의 기록도 베들레헴의 한 동굴에서 그리스도가 탄생했고 당시 동네 사람들이 그리스도의 탄생지로 지목한 사실을 밝힌다(Contra Celsum, book 1, chapter L1). 이 기록들은 후에 탄생 장소를 찾는 데 귀한 역사적 자료가 되었다. 처음 탄생 교회는 헬레나에 의해 세워졌다. 아름다운 마음씨를 가진 그녀는 326년 그리스도의 사적지를 보존하기 위해 멀리 성지를 찾아왔다. 당시 예루살렘 교회의 주교였던 마카리오스Makarios의 도움을 받아 예수의 탄생지를 찾는 데 성공한다. 그리스도께서 탄생한 동굴 위에 지금의 탄생 교회를 6년 만에 완공했다.

첫 교회는 528년에 발생한 사마리아인의 폭동으로 불타 버렸다. 그 후 565년에 유스티니안 황제가 다시 재건했다. 614년 페르시아인들이 침공하였을 때, 교회당 내부에 페르시아 예복을 입은 동방박사들의 그림을 보고는 교회당을 파괴하지 않았다. 637년 이곳을 점령한 무슬림 우말 이븐 알카타브는 탄생 교회 자리가 예수의 탄생지라고 선언했다. 이때 기념 모스크를 탄생 교회 앞에 세웠고, 탄생 교회를 허물지 않았다. 1099년 십자군이 베들레헴에 들어오면서 성벽을 새로 쌓고 새 수도원과 회랑을 만든 후, 탄생 교회 북쪽으로 교회 건물을 확장했다. 그 후 1187년에 베들레헴이 다시 무슬림에게 넘어갔고 1250년에 가서는 이집트 무슬림 맘루크가 점령했다. 이후 맘루크 시대와 오스만터르크 시대에 탄생 교회는 주목을 받지 못하다가 1869년에 화재가 난다. 교회 안이 검게 그을린 것은 그때의 화재로 인한 것이다. 가톨릭교회, 그리스정교회, 아르메니안 교회 교단에서 공동 관리하며 오늘에 이르렀다.

롯은 메시아를 살육하려 했으나, 비전의 사막 을 건넌 노인들은 메시아를 보호하였다. 다시 5개월을 걸어 고향으로 돌아갔으나, 그 선행 은 신약 첫머리에서 찬란한 빛을 발한다. 천국 에서 이들과 해후할 날이 올 것이다.

"목자가 서로 말하되
이제 베들레헴으로 가서
주께서 우리에게 알리신 바
이루어진 일을 보자 하고
빨리 가서 마리아와 요셉과
구유에 누인 아기를 찾아서 보고
천사가 자기들에게 이 아기에 대하여
말한 것을 전하니 듣는 자가
다 목자들이 그들에게 말한 것을
놀랍게 여기되
마리아는 이 모든 말을
마음에 새기어 생각하니라."

(눅 2:15-19)

★ 동방박사가 가져온 유향과 몰약
발삼나무 껍질을 벗겨 내면 표면에 알갱이 같은 추출물이 맺힌다. 이것이 유향frankincense이다. 사막 와디 근처에서 자라는 발삼나무는 허 브의 일종으로 성막과 성전 향으로 사용했다. 성서시대의 유향은 주로 아라비아에서 수입했다(사 60:6, 렘 6:20). 몰약은 몰약나무에서 추출 한 기름으로, 냄새가 향기로워 지금도 이스라엘에서는 기도할 때 바르는 기름Anointing oil으로 사용한다.

St. Katheleen Church

성
캐슬린
교회

제롬의 라틴어 불가타 성경이 번역된 곳

탄생 교회 곁의
성 캐슬린
교회의 전경-
그 앞에
제롬의 석상이
기념으로 세워져
있다.

탄생 교회와 연결되어 있는 이곳은 다섯 개의 역사적 사실을 기념한다. 중요한 유적물을 보존하기 위해 1881년에 세워졌고, 탄생 교회의 북쪽에 연결되어 있다. 교회당의 지하 동굴에는 다섯 개의 유적지가 보존되어 있다. 1세기, 헤롯에 의해 살육당한 유아들의 영혼을 기리는 채플실The Chapel of the Holy Innocents과, 성 요셉 채플실St. Joseph Chapel(이집트로 피신하도록 꿈에 지시를 받았던 곳), 성 유세비우스 채플실Chapel of St. Eusebius, 성 폴라의 무덤the tomb of St. Paula(이 지점에서 제롬이 불가타 성경을 번역함), 그리고 제롬 무덤The tomb of St. Jerome 등이다. 이곳에서 눈여겨볼 곳은 제롬이 라틴어 성경을 번역한 동굴이다. 작은 번역실에 들어서면, 그가 얼마나 고생을 했는지 감동이 밀려온다.

제롬은 위대한 번역가였다. 그리스도께서 성육신했던 동굴 옆에 번역실을 꾸미고 히브리어와 헬라어 원전을 한 글자 한 글자 정성을 다해 라틴어로 옮겼다. 불가타 라틴어 번역은 그렇게 수년간의 작업을 통해 탄생한 작품이다. 그의 역작은 교회사와 성경 본문 비평학계에 지대한 공헌을 했다. 384년에 고향을 떠나 420년까지 베들레헴에 살면서 금세기 가장 영향력 있는 라틴어 역본을 완성시킨 것이다. 그의 작은 동굴방에 들어서니 평생 기도하며 성경 번역에 착수했던 모습이 떠오른다. 불가타 성경은 성지의 숨결이 고스란히 녹아 들어간 작품이다. 여기에 그의 무덤도 있다. 돌비에 제롬의 이름이 새겨져 있고, 신학을 공부한 순례객들은 제롬이 이 좁은 동굴에서 평생 라틴어 성경을 번역했다는 사실에 경탄한다. 성 캐슬린 교회 정원에는 그를 기념하는 붉은 석상이 세워져 있다. 번역하느라 너무 고생해선지 머리카락이 한 올도 남지 않은 애처로운 모습이다.

"헤롯이 박사들에게 속은 줄 알고
심히 노하여 사람을 보내어
베들레헴과 그 모든 지경 안에 있는
사내아이를 박사들에게 자세히 알아본
그때를 기준하여 두 살부터
그 아래로 다 죽이니."

(마 2:16)

The Church of the Shepherd Field

목자들의
들판
교회

4세기의 제롬도 지목한 곳

프란시스칸 교단이 세운 베들레헴 목자들의 들판에 세운 교회로 양 떼가 잠을 자던 반지하 동굴이다.

목자들이 한밤중에 양 떼를 지키며 천사들을 만난 곳이다. 이곳에 그들을 기념한 교회가 있다. 이들은 메시아 탄생의 소식을 듣고 베들레헴 언덕을 향해 숨 가쁘게 달려갔다. 이 들판은 베들레헴에서 2킬로미터 정도 떨어진 벳사울 마을이다. 이곳은 여전히 매력이 넘치는 곳이다. 광야의 바람은 언제나 냉혹하다. 말라 빠진 엉겅퀴는 창날처럼 사람들의 발을 노린다. 이곳에서 36년간 살던 4세기의 제롬은 여기가 목자들의 들판임을 여러 차례 언급했다. 7세기 예루살렘 교회 아르쿨프 주교도, '세 명의 목자들의 무덤'이 이곳에 있었다고 기록했다. 훗날 이 역사적인 장소를 찾아 기념교회를 세웠다.

들녘에는 두 개의 기념교회가 정답게 속삭인다. 프란시스칸 교단이 세운 별이 달린 투구 모습의 예배당Franciscan Chapel과 그리스정교회에서 세운 반원형 붉은 지붕의 교회. 안내자들은 주로 프란시스칸 교회당으로 순례객들을 데려간다.

프란시스칸 교회당엔 몇 가지 건축적 특징이 있다. 교회당 외형을 1세기 목자들의 텐트를 본떠 지었기 때문이다. 돔 아래 5개의 두툼한 반원형 양식도 목자들의 텐트에서 영감을 받은 것이다. 이 건물을 디자인한 이탈리아 건축가 바를루치는 이미지로 메시지를 전하려고 했다. 예배당 내부를 보면 12개의 기초가 보이는데 이는 열두 사도를 미학적으로 표현한 것이다.

정원에 들어서면 물이 철철 넘치는 분수대가 있다. 분수대 위로 동녘 하늘을 쏘아보는 노老목자의 석상이 장엄하나, 1세기 목자들은 대부분 십대였다. 날개 달린 청동천사가 부착되어 묵직한 예배당 문을 지그시 밀고 들어선다. 원형 돔 아래로 백색 기둥들이 말갛게 내려와 바닥에 닿았다. 피부처럼 흰 벽에는 예수 탄생(눅 2:2-14)을 알리는 라틴어 돌판이 박혀 있다. 그 사이로 여러 개의 벽화가 있다.

벽화에는 밤하늘에서 쏟아지는 광휘와 하강하는 천사를 보고 놀라는 목자들의 생생한 얼굴이 나타나 있다. 또 다른 벽화에는 은빛이 내리는 곳에 누운 어린 예수와 마리아와 요셉, 그리고 목자들이 그려져 있다. 벽화에 뿔박이

암소가 그려진 것은, 아마 근세 외양간의 영향인 것 같다. 1세기의 베들레헴에서 소를 키우지 않았다는 사실을 화가가 몰랐던 것이다. 또 하나의 인상적인 그림은 들녘에서 양을 몰고 오는 목동들과 올리브순을 꺾어 춤추며 걸어가는 소년의 해학이다.

이 예배당 아래에는 목자들이 지낸 동굴이 있다. 동굴 안에 들어서니 여러 개의 촛불이 켜 있다. 벽은 시커멓게 그을렸고, 바깥에서 순례객들이 부르는 찬송이 동굴로 흘러든다. 동굴 천장에는 전깃불로 빛나는 큼직한 별이 붙어 있어, 그날 밤의 일을 재현한다.

이 지역을 발굴한 결과 이곳에 교회가 5개 세워졌음을 알았다. 4세기 초엽 자연동굴교회, 5세기경 동굴교회, 5세기경 복원 교회당, 6세기경 성당, 7세기경 수도원 교회 등이다. 모두 목자들의 들녘에서 발굴되었다. 최근 목자들의 들판은 건축 붐으로 들판 일부가 사라지고 있다. 예배당 바깥에는 전혀 어울리지 않는 아파트들이 우후죽순 세워지고 있다.

메시아의 탄생 소식을 전한 목자들은 누구였는가? 1세기의 목자들은 평판이 매우 나빴다. 특히 시급제 아르바이트 목동(성경의 삯군 목자)에 대해서는 더욱 부정적이었다. 랍비 문서 여러 곳에서 그들의 부조리가 발견된다. 시간제 목동들은 새끼 양과 양털, 젖을 주인 몰래 팔아넘겼다. 자주 이런 일이 있었기에, "목동과 세리가 회개하는 것은 결코 쉽지 않다"라는 기록이 남아 있다(유대 문서 미쉬나의 Baba Qam-

★ 역사 고고학적인 이야기 – 목자들의 동굴은 어떻게 찾았는가?
원래 이 동굴은 로마와 헤롯 시대에 주거지와 쉼터로 사용된 곳이다. 이곳에 살던 1세기 주민들이 사용한 밀을 찧던 방아 도구와 올리브 압착기와 무덤 매장소 등을 남겨 두었다. 4세기에 이르러 1세기 터전 위에 물저장고, 빵 굽는 터, 모자이크 깔린 방과 예배실을 세웠다. 이 예배실은 지하동굴에서 가장 오래된 초기 비잔틴 시대의 것으로, 헬레나에 의해 세워졌다. 이런 정황들은 이곳이 '목자들의 생생한 들판'임을 믿게 한다. 지금도 목자들의 들판 주변에는 2천 년이 넘은 올리브나무들이 생존해 있다.

ma). "정육업자들은 아무리 착해도 반드시 지옥으로 떨어진다"는 기록도 있다(Qidduschin). "목동은 가장 천시받던 직업"이라고 기록한 곳도 있다(미드라쉬 Ps 23). 목동들은 돼지를 양 틈에 몰래 숨겨 키운 후에, 헬라인들에게 팔아넘기기도 했다. 돼지는 유대인에게 부정한 짐승이었기에 그런 목자에 대해 매우 배타적이었다(토셉타 Baba Mecia의 기록).

이런 사회적 분위기 속에서 베들레헴의 목동들은 어떤 사람들이었는가? 그들은 노동시장에 팔려 왔으나, 밤새도록 들녘을 배회하는 이리와 늑대를 쫓으며 성실하게 주인의 양 떼를 지켜 준 자들이다. 밤에 지켜보는 주인은 없다. 다만 하늘의 하나님이 주목하신다. 가난 속에서도 정직했기에 이들은 천사를 영접하고 평화의 사신이 될 수 있었다. 그들의 이름은 알 수 없으나, 그들의 선행은 빛을 발한다. '선한 마음이 최고의 재산이다'라고 말한 유대 랍비 요하난 자카이의 말이 시퍼런 별빛에 스치운다.

> "보라 내가
> 온 백성에게 미칠
> 큰 기쁨의 좋은 소식을
> 너희에게 전하노라
> 오늘 다윗의 동네에
> 너희를 위하여
> 구주가 나셨으니
> 곧 그리스도
> 주시니라."
>
> (눅 2:10-11)

★ 헤롯 왕은 모두 여섯 명

신약에는 모두 여섯 명의 헤롯 왕이 소개된다. 헤롯 가문이 다스리던 주전 37년부터 주후 70년까지를 헤로디안 시대Herodian Peorid라고 칭한다. 여섯 명의 헤롯은 다음과 같이 성경에 등장한다. 1) 헤롯 대제(B.C. 39~B.C. 4)-베들레헴 유아 학살을 명함(마 2:1), 2) 헤롯 아켈라우스(B.C. 4~A.D. 6)-가장 잔혹한 통치자(마 2:22), 3) 헤롯 안티파스(B.C. 4~A.D. 40)-여우라 불렸으며 세례 요한을 참수하고 예수를 심문함(눅 13:32), 4) 헤롯 빌립(B.C. 4~A.D. 34)-북갈릴리 지역을 다스린 자(마 14:3), 5) 헤롯 아그립바 1세(A.D. 41~A.D. 44)-야고보를 살해한 후 벌레에 먹혀 죽은 자(행 12:20-25), 6) 헤롯 아그립바 2세(A.D. 44~A.D. 70)-바울의 전도를 받았으나, 끝까지 거부하고 회개의 기회를 잃은 자(행 25:22-26).

모유
동굴
교회

이집트 피난 시에 머물던 곳

요셉이 마리아와 아기 예수를 데리고 이집트로 피난할 때, 이곳에서 젖을 먹이고 갔다는 전승에 따라 모유 동굴 교회가 세워졌다. 유난히 아름다운 하늘 아래 아늑한 교회당이 서 있다. 교회의 내부 동굴에는 수유하는 마리아의 그림이 있다. 동굴 내부의 불규칙한 모습과는 달리 부드러운 느낌을 준다. 마리아가 이곳에서 수유할 때에 모유가 바닥에 떨어지며 하얗게 변하였다는 이야기가 있다(아마도 이것은 꾸며 낸 이야기일 것이다). 후에 순례자들은 이

"주의 사자가 요셉에게 현몽하여 이르되
헤롯이 아기를 찾아 죽이려 하니
일어나 아기와 그 어머니를 데리고 애굽(이집트)으로 피하여
내가 네게 이르기까지 거기 있으라."

(마 2:13)

곳 동굴 바위에서 떠낸 부드럽고 하얀 암석을 '동정녀 마리아의 모유'라고 해서 유럽 교회로 가지고 갔다.

동굴 안 요셉과 마리아가 어린 예수를 안고 피난 가는 상이 동굴에 얽힌 또 다른 전승을 말

해 주는데, 유아 학살을 피해 이집트로 도망가기 전에 숨은 동굴이라 전해진다(마 2:13-19). 이 동굴에 헤롯의 칼에 죽어 간 어린 유아들을 장사한 장소가 있다(성 캐슬린 교회 안에도 있다). 예수님의 가족은 불붙는 시내 광야를 지났을 것이다. 왜 이집트였을까? 구약의 예언 성취를 위함도 있겠지만, 당시 이집트 알렉산드리아의 인구 절반이 유대인일 정도로 유대인이 많았다. 이집트는 당시 헬레니즘 문명이 가장 발달한 곳으로, 유클리드, 아르키메데스, 플로티누스, 천문학자 프톨레미 등을 배출했다. 그야말로 당대의 가장 왕성한 문명대국이었다. 그뿐 아니라 70인역 헬라어 성경(LXX)도 그곳에서 번역되었다. 이집트는 이미 유대교와 헬레니즘의 문화적 융합이 뿌리내린 곳이었다. 예수님은 헤롯 아켈라우스가 축출되기 전까지, 어린 시절을 이집트에서 보냈다.

★ 역사 고고학적인 이야기–모유 동굴 교회
비잔틴 시대, 모유 동굴에 최초의 예배당이 세워진다. 동굴의 경사진 곳의 십자가 모자이크가 그 시대를 변증한다. 이 건물은 베들레헴에 살던 성 폴라가 세웠고, 그녀는 404년에 이곳에서 사망했다. 교회는 동정녀 마리아에게 봉헌되었으며, 14세기에는 성 니콜라스 교회로 알려졌다가 프란시스칸 관리하에 1872년 지금의 예배당을 지어 오늘에 이르렀다.

헤로디움

로마 세계에서 세 번째로 큰 궁전이
베들레헴에 세워지다

헤로디움은 헤롯 대제가 건설한 여러 개의 별
궁 가운데 하나다. 헤롯은 맛사다, 헤로디움,
현 요르단의 마케루스, 여리고뿐 아니라, 지중
해의 가이사랴 항구와 예루살렘 성전과 바깥
으로는 안디옥과 아테네와 스파르타, 로도스
에 신전과 원형극장을 건설했다. 또한 올림픽
게임을 위해 거액을 지불하여 로마 황제의 마
음을 사로잡았다. 헤롯의 건축 프로젝트에서
정치적 횡포가 드러난다. 신약의 사람들이 왜
가난에 시달렸고, 세리들이 왜 난폭했는지. 건
축에 들어간 엄청난 혈세로 시민들은 몸살을
앓았다. 그중 하나가 헤로디움이며, 이는 1세
기의 문화적 재료들을 고스란히 담고 있다.
헤로디움에 올라 아래를 바라보니 자동차 하
나가 먼지 속을 질주해 온다. 왼쪽으로 주차
장에 차를 세운 후 사람들이 산 정상을 향한
다. 매표소 직원은 드물게 찾아오는 방문객에
게 일일이 다가가 관람료 도장을 찍는다. 입구
를 통과해 300미터 정도를 올라오면 분화구같
이 생긴 곳에 다다른다. 바로 헤로디움의 정상

겨울철 풀이
돋아난
산 아래에서 본
헤로디움의
전경.

에 온 것이다. 싱싱한 바람이 피부에 찰랑거리고 구름은 포근하다. 예루살렘에서 지내는 동안, 헤로디움은 늘 나에게 큰 도움을 준 곳이다. 지금도 이곳을 회상하면 늘 그립고 마음이 따뜻해진다. 헤롯의 유적지들이 신약성경을 파악하는 절대적인 자료가 되어 주기 때문이다. 헤롯 가문을 이해하면 신약의 절반을 이해할 수 있다.

헤로디움은 예루살렘 중심에서 남쪽으로 12킬로미터 떨어진 드고아 평원에 위치한다. 헤롯 대제는 주전 23년부터 여름 별장으로 쓸 헤로디움 공사에 착수했다. 헤롯은 유대 역사 가운데 가장 '광대한 건축가'the greatest builder in Jewish history로 평가된다. 인간이 거주하기 어려운 광야마다 헤롯의 화려한 별장이 들어섰

다. 두려움 때문이었을까? 사람들이 닿지 않는 깊숙한 광야에 세운 별궁 성채가 이상하다. 헤로디움은 기존의 산 위에 인공산을 덧대어 이중벽을 설치한 후, 7층 건물을 올린 특이한 구조로 건설했다. 지금은 폐허가 되었으나 그 기초가 상세히 남아 있다. 헤로디움은 그리스 양식으로 지어졌는데, 헤롯이 헬레니즘의 양식을 좋아했기 때문이다. 당시 헤로디움은 로마에서 세 번째로 큰 45에이커(약 4만 평 규모)의 궁성이다. 헤롯의 광기 어린 눈매는 흐뭇한 미소로 번들거렸을 것이다. 여러 명의 아내와 황태자들을 대동하고 바람 부는 꼭대기로 올라왔을 것이다. 안티파스, 아켈라우스, 빌립 그리고 살해당한 아들들이 이곳에서 함께했으리라.

지금은 처절히 무너진 분화구의 원형처럼 보

히브리대 네쩨르 교수가 헤로디움에서 발굴한 헤롯 왕의 석관.

★ 역사 고고학적인 이야기–헤롯의 무덤이 헤로디움에서 발굴되다

유대 역사가 요세푸스는 주전 4년에 사망한 헤롯의 장례 행렬에 대한 상세한 기록을 남겼다. "헤롯의 관은 보라색 천으로 싸여 운구되었고, 그의 시신은 다채로운 색상으로 수놓은 홍포에 눕혔고, 그의 오른손에는 왕홀이 들려져 있었다. 관 안에는 금괴와 장식용 보석들이 채워져 있었다. 여리고에서 헤로디움까지의 장사 행렬은 실로 장관이었다." 히브리대 네쩨르 교수는 1972년부터 헤로디움을 단독 탐사했다. 그는 요세푸스의 저작을 신뢰했던 것 같다. 헤롯대제가 헤로디움에 장사되었다는 사료를 믿고 무려 36년이나 무덤을 찾아 헤맸다. 2008년 드디어 그는 헤롯의 석회암관을 찾아냈다. 전 세계의 스포트라이트가 그의 탐사물에 비쳐졌다. 최장기 미결 탐사로 남겨지는 듯했으나, 불굴의 의지로 헤롯의 무덤을 찾아냈다. 석관의 장식이 오직 왕에게만 사용하는 문양임이 확인되어 헤롯의 것으로 판명되었다. 신약성서의 기록이 역사적임이 증명되는 순간이었다. 이 발굴로 이스라엘 역사상 가장 위대한 고고학적 미스테리가 해결되었다.

그런데 헤롯의 관은 부서진 채로 발굴되었다. 이는 66~72년의 대로마 항쟁 때 누군가 묘를 파괴한 것으로 보인다. 헤로디움은 71년 로마군에 의해 붕괴된 후 지금까지 방치되어 있었다.

헤로디움 지하에 설치된 물저장고로 내려가면서.

ארמון ההר
MOUNTAIN PALACE

מנהרות בר־כוכבא
BAR-KOKHBA TUNNELS

분화구처럼 생긴 헤로디움으로 올라가는 유일한 길.

이나, 1세기에는 요새와 같은 기능을 가진 궁이었다. 헤로디움은 서쪽과 동쪽으로 나눠 설계되었다. 동쪽은 헤롯의 광장으로 꾸며졌고, 서쪽은 헤롯의 거실과 오수를 즐기던 침실 그리고 식탁을 갖춘 공식 접견실과 연회장으로 꾸며졌다. 또한 호화로운 목욕시설이 들어섰다. 사우나탕, 냉탕, 온탕을 오고 갈 수 있는 구조였다. 사우나탕의 벽돌을 만져 보면 헤롯의 알몸이 슬쩍 감지되는 듯하다.

헤로디움에서 가장 멋진 곳은 바깥쪽에 세워

진 4개의 원형 탑이다. 탑마다 20개의 방이 있었다. 그중 동쪽 탑eastern tower이 가장 크고 중요했다. 이 동쪽 탑에는 헤롯의 별관이 설치되어 있었다. 적의 침공을 대비하기 위해, 동쪽 탑을 더 크고 높게 쌓고 외부와 완벽히 차단시켰다. 왕족만이 초호화 파티를 할 수 있도록 동쪽 탑에 비밀 방들을 만들어 놓았다. 동쪽 탑은 푸른 사해가 보이는 최상의 경관을 지녔다. 헤롯은 또한 큰 물저장고와 정원과 갤러리를 설치했다. 자신의 경주용 말들도 이곳에서 뛰놀게 했다. 이보다 더 놀라운 것은 내부 깊숙이 숨겨진 물저장고 시스템이다. 좁은 지하 통로로 계속 내려가면 거대한 물저장고에 다다른다. 그 엄청난 규모를 보면 감탄

사가 절로 나온다. 고대 세계에서 어떻게 이 산중 높은 곳까지 물을 끌어올 수 있었을까? 가히 놀라운 공법이다. 근처 솔로몬 연못에서 이 산중까지 헤롯의 목욕물을 옮기느라 수백 명의 얼굴 없는 노예들이 짐승처럼 혹사당했을 것이다.

34년간 통치한 헤롯 대제는 거대한 건축물을 남겨 대제the great로 불렸다. 오랜 병마에 지친 그는 여리고에서 사망하여 헤로디움에 장사됐다. 베들레헴의 유아 학살이 있은 지 1년 후의 일이다. 하나님은 1년간 회개의 시간을 주셨으나 그는 뉘우치지 않았다. 결국 그는 무죄한 유아를 죽인 죗값으로 주전 4년에 저 세상으로 끌려갔다.

The Tomb of Rachel
라헬의
무덤

유대인들의 제3의 명소

라헬은 유대인의 기도문에 늘 언급되는 아름다운 여인이다. "우리의 딸들을 라헬과 레아처럼 축복해 주시고"라는 기도로 유대의 딸들을 축복한다. 라헬은 베들레헴의 에브랏 길에서 베냐민을 낳다가 사망했다. 베냐민의 원래 이름은 베노니(슬픔의 아들)로, 가족들의 슬픔이 헤아려진다. 무덤은 베들레헴 초입 오른편에 보존되어 있다. 그녀의 무덤은 창세기의 역사적 내용을 증언해 준다.

가끔씩 베들레헴을 가다 보면 종교 유대인들이 구름 떼처럼 몰려오는 것을 보게 된다. 자기 머리 세 배 크기의 털모자를 눌러쓰고 검은 양복을 입고 무리 지어 다니는 종교 유대인들을 보면 긴장하게 된다. 검문소를 넘어 팔레스타인 영으로 불쑥 들어오니 이스라엘 군병들도 긴장한다. 많은 유대 참배객이 와서 기도하며 성경을 읽는다. 유대인의 제1명소는 통곡의 벽이고, 제2명소는 막벨라 굴이며, 제3의 명소는 라헬의 무덤이다. 특히 아이 못 낳는 유대 여인들이 와서 한나의 심정으로 기도한다.

1620년 오토만제국이 이곳에 첫 건물을 세웠다. 1860년 몬테 피에로 경이 이곳을 확장했고, 최근에는 더욱 견고한 성채로 리모델링을 했다. 현재 라헬의 무덤은 가묘로 검은 우단으로 고이 싸여 있다. 내부의 11개 돌은 야곱의 아들들을 의미한다. 베냐민을 낳다 죽었기에 애석하게 그의 돌은 없다. 여러 세기 동안 그 바위들이 아치 형태의 돔 안에 보존됐다.

신명기에는 이스라엘 조상에 대한 특이한 기록이 있다. "내 조상은 방랑하는 아람 사람으로서 애굽에 내려가 거기에서 소수로 거류하였더니"(신 26:5). 히브리인들이 왜 자신들을 아람인(시리아의 조상)이라고 했을까? 그것은 북시리아의 하란과 연계되어 있기 때문이다. 이스라엘 열두 지파의 조상이 되는 11명의 자녀가 북시리아 하란에서 태어났다. 이는 창세기 29-31장의 배경이 되는 장소다. 하란은 북메소포타미아에서 가장 광대한 토지를 가진 곳이다. 아브라함이 가나안으로 이주하기 전까지 오랫동안 살던 곳이다(창 11:31). 현재의 하란은 터키 남동부의 시리아 국경에 위치한다. 이스라엘의 어머니들(라헬과 레아)과 할머니(리브가)가 하란 출신이기에, '방랑하는 아람 사람'이라는 표현을 쓴 것이다. 항간에 갈대아 우르(현재 이라크 남부)를 하란으로 착각하는 신학자들이 있는데, 이는 명백한 지리적 오류다. 이 두 지역은 서로 다른 곳에 있고 지명도 다르며, 창세기에서도 명백히 밝히고 있다 (창 11:28-31).

"라헬이 죽으매
에브랏 곧 베들레헴 길에
장사되었고 야곱이 라헬의
묘에 비를 세웠더니
지금까지 라헬의 묘지라
일컫더라."

(창 35:19-20)

솔로몬의
연못

1세기 예루살렘의 식수를 여기서 공급했다

1세기 당시 수로를 연결할 때 사용된 돌 수도관의 모습.

베들레헴 근교의 거대한 물 저장 시스템을 갖춘 곳이다. 42킬로미터나 떨어진 예루살렘에 물을 공급하기 위해 이곳에서 물을 끌어갔다. 이 고대 세계의 수도시설이 어떻게 도시의 기능을 유지시켰는지 가늠하게 한다. 1세기의 헤롯은 절기마다 예루살렘으로 밀려드는 순례객과 제물을 세척할 용수를 이곳에서 공급했다. 후에 본디오 빌라도는 솔로몬의 연못에서 예루살렘에 이르는 대규모 수도공사를 통해 39킬로미터나 추가했다.

베들레헴 남쪽 알타스 계곡에 3개의 큰 물저장고가 있다. 이를 솔로몬의 연못이라고 칭한다. 물 공급을 위한 이 저장고는 성경 이해를 위해 필요한 배경을 제공한다. 솔로몬은 전도서 2장 6절에서 "나를 위하여… 못들을 팠으며"라는 말을 남겼다. 고대 성서 세계의 주민들이 어떻게 물을 이용했는지 솔로몬의 연못에 와볼 것을 추천한다. 요세푸스에 의하면 이 집수처는 솔로몬이 만든 것은 아니지만, 그가 물이 풍부한 아름다운 알타스 계곡을 자주 찾아왔다고 한다. 그의 이름을 따서 솔로몬의 연못으로 지은 것이다. 3개의 연못 수로 중 하나는 동예루살렘 프랭크 산과 연결되었고, 나머지 두 개의 수로는 예루살렘과 연결됐다. 헤로디움의 물저장고를 채운 물도 이 솔로몬 연못과 연결한 것이다. 예루살렘 성전에 연결된 수로는 42킬로미터에 이른다. 신구약 중간기와 1세기의 대규모 수도 공사를 통해 이곳의 물을 예루살렘까지 끌어갔다.

"냉수 한 그릇이라도 주는 자는… 결단코 상을 잃지 아니하리라"(마 10:42). 물 한 그릇에 큰 가치를 부여하는 말씀이다. 고대 이스라엘의 물 공급이 얼마나 절박하게 이뤄졌는지 깨닫게 한다. 솔로몬의 연못은 길이 100미터, 너비 65미터, 깊이 10미터 정도의 규모다. 고대 솔로몬의 연못은 여러 세기 동안 물을 집수하고 공급해 주었다. 주전 2세기 마카비 시대에 처음 설치된 이후, 헤롯 대제가 성전을 증축하면서 이곳에서 물을 끌어왔고, 본디오 빌라도가 근처 아룹 샘까지 연결하여 39킬로미터 수도관 공사를 벌였다. 신약에는 기록되지 않았으나, 정황을 통해 당시 사람들의 생활상을 파악할 수 있다.

헤브론

헤롯이 막벨라 굴의 족장들의 무덤을 개축하다

헤브론은 족장들의 무덤이 있는 곳이다. 아브라함이 아내 사라를 위해 마므레 동쪽 막벨라 땅의 동굴을 구입해 그녀를 매장한 곳이며(창 23:19), 후에 아들 이삭과 이스마엘이 아브라함을 이 굴에 장사했다(창 25:9).

과자가 된 기분이다. 팔레스타인 사람들은 더 심한 검문을 당한다. 이스라엘 군병들은 모멸감이 느껴지도록 그들을 심하게 다룬다. 그들은 우리와 다른 문으로 끌려가다시피 이동한다. 우리는 동편에서 저들은 서편에서, 아브라

막벨라 굴 위로 보존된 아브라함의 가묘-무슬림들은 이스마엘을 선조로 믿기에 아브라함을 그들의 아버지로 받아들인다.

헤브론에 갈 때마다 마음이 무겁다. 싱그러운 산들바람을 뚫고 달려가지만, 언제나 긴장 상태다. 골목마다 이스라엘 병사들이 삼엄하게 경계를 서고 있다. 구불거리는 골목을 돌아 마을로 들어서면 족장들의 무덤으로 이어진다. 1세기의 헤롯은 막벨라 굴에 지금의 건물을 세웠다. 유대인들의 정서를 고려해 조상의 묘지를 듬직하게 보호한 것이다. 물론 유대인들에게 환심을 사기 위한 정치적 속셈이다.

건물에 다다르니 동생 같은 이스라엘 군병들이 거나한 모습으로 막아선다. 모든 소지품을 체크포인트 데스크 위로 쏟아 놓으라고 으름장을 놓는다. 주머니마다 열어 보고 온몸을 수색한다. 막벨라 굴로 들어설 때마다 마치 전

함의 묘를 가운데 두고 철장 너머 침통한 눈빛을 서로 교환한다. 아브라함의 가묘는 녹색 비단보에 싸여 천수를 누리는 듯하다. 건너편 무슬림들이 무표정하게 아버지의 가묘를 바라본다. 무슨 생각을 할까? 아랍식 무덤에 실내 장식도 이슬람 양식이라 반가운데, 저들에게는 아브라함이 마치 새아버지 같다. 한참을 바라보다가 이상한 참배를 마치고 조용히 다른 문으로 빠져나간다.

헤브론에서는 팔레스타인과 이스라엘 사이에 충돌이 자주 일어난다. 헤브론은 두 민족의 분노의 계곡이다. "꿀을 얻기 위해 벌통을 차지 말라" 했는데, 이스라엘이 꿀을 독차지하기 위해 팔레스타인이라는 벌통을 후려쳤다. 마구

쏘아 대는 벌 떼와 전쟁을 하느라 생고생이다. 팔레스타인 주민들은 조상 대대로 헤브론에서 살아왔다. 어릴 적부터 족장들의 무덤가에서 놀며 거기서 숙제도 했을 것이다. 1세기 헤롯이 지어 준 이 건물에 와서 자리를 깔고 팔라펠을 떼어 먹으며 피크닉을 즐겼을 것이다. 1948년 이스라엘에 독립 후 유대인들이 점령해 오자, 이들은 들짐승처럼 쫓겨났다. 끝내 막벨라 굴의 영유권이 이스라엘에게 넘어가자 팔레스타인은 유네스코에 고발했다. 잃어버린 영지를 되찾아 달라며 세계에 애원한 것이다. 하나님조차 유대인의 철가면을 벗기기 어려우니, 누가 무쇠 같은 가슴을 제련한단 말인가? "바보에게 감사해야 잘 살게 된다"라고 했던 마크 트웨인의 조언을 버린 유대인들은, 오늘도 집 잃은 말벌들에게 시달리며 해마다 전쟁이다.

헤브론은 구약의 족장들이 묻힌 곳이다. 유대인들은 헤브론을 예루살렘 다음으로 중요한 장소로 본다. 637년 헤브론을 점령한 무슬림들은 메카, 메디나, 예루살렘에 이어 헤브론을 4대 성지로 공포했다. 전 세계 무슬림이 헤브론을 중시하는 것은 이곳에 묻힌 아브라함을 독차지해야 하는 정체성 때문이다.

헤브론은 히브리어로 '친구'라는 뜻이며, 아랍어 '알칼릴'도 같은 의미다. 헤브론은 예루살렘에서 남쪽으로 32킬로미터 떨어진 웨스트 뱅크의 최대 도시다. 정착 유대인 500명과 팔레스타인 16만 5천 명이 살고 있고, 해발 930미터 높이로 중앙산악지대에서 가장 높은 곳이다.

풍부한 강수와 비옥한 농경지, 온화한 기후로 젖과 꿀이 흐르는 곳으로 불렸다(민 13:27). 예부터 헤브론의 포도는 최고의 품질로 이집트에 수출되었고 신선한 과일이 넘쳐났다. 도기 제조와 대리석 가공이 뛰어난 석공들의 도시이기도 하다.

또한 헤브론은 4천 년의 역사를 가진 마을이다. 최근 고고학적 발굴을 통해, 주전 3300년부터 주전 2200년까지 헤브론은 돌성벽을 두른 마을이었음이 밝혀졌다. 아브라함이 이곳에 도착했을 때, 헤브론은 이미 성벽을 갖춘 마을 도시였을 것이다. 이 성벽 마을은 주전 2200년부터 주전 1550년까지 지속됐고, 힛타이트(헷) 족속의 지배를 받았다. 아브라함은 그들로부터 동굴을 매입하고 그곳에 장사되었다.

'기랏 아르바'로 불린 헤브론은(수 14:13) 구약에 78회나 등장하나, 신약의 기록은 없다. 12명의 정탐꾼이 머물렀고(민 13:22), 이곳 가까이 에스골 골짜기에서 베어 낸 포도송이를 가져와 모세의 눈을 번쩍 뜨게 했다. 80세의 노구 갈렙은 헤브론의 세세, 아히만, 달매 등을 섬멸했

★ 역사 고고학적인 이야기 - 막벨라 굴에 얽힌 사연
오늘날 막벨라 굴 건물은 주전 37년부터 3년간 헤롯 대제가 세운 것이다. 그 안에 족장들의 무덤이 보존되어 있고, 6개의 가묘가 나란히 정렬되어 있다. 그중 2개의 동굴에는 아브라함, 이삭, 야곱과 그들의 아내들이 묻혀 있다. 아브라함의 가묘는 전체적으로 초록색 천으로 덮여 있고, 이삭과 리브가의 가묘에는 짙은 초록색 지붕이 씌워져 있다. 비잔틴 시대 유스티니안 황제(527~564년)는 이 막벨라 굴 위에 예배당을 세웠다. 그후 614년 페르시아의 침공으로 교회는 무너졌고, 7세기에는 베두인들이 이곳에 큰 시장을 만들었다. 지금의 헤브론 올드시티는 그때부터 유래했다. 12세기의 십자군 시대에 '성 아브라함의 마을'로 개명되면서 크게 확장됐다. 12세기 말 아유비드와 맘루크가 통치할 때는 '알칼릴'로 다시 바뀌었다. 1260년 막벨라 굴에 미나렛이 세워졌다. 16세기 오토만제국 통치 시 흑인 계열의 세파딕 유대인들이 대거 헤브론으로 이주하여 회당을 세웠고 랍비의 가르침도 시작됐다. 1823년에는 루바비치 유대 정통파들이 헤브론에 공동체를 세운다. 그러나 헤브론은 오랫동안 베두인과 이슬람 문화가 지배적이었다. 6일 전쟁이 발발한 이후 유대인 정착촌이 솟으며 헤브론에 들어가면서 유혈 사태로 치닫고 지금까지 삼엄한 도시가 되었다. 막벨라 굴 안에는 유대 회당과 모스크가 함께 공존한다. 제2의 유대인 성소로 추앙되는 이곳에도 아브라함을 경배하러 무슬림들이 매일 찾아온다.

다(수 15:13). 이후 다윗은 이곳에서 기름 부음 받고 7년간 임시수도로 세웠다(삼하 2:1-4). 다윗이 헤브론을 선택한 것은 유다 지파에 속한 남부 안전지대로, 족장들의 신앙을 전수할 수 있는 유익 때문이었을 것이다.

주전 5세기경부터 에돔 족속이 슬그머니 들어와 차지했다. 주전 167년에는 유다의 마카비가 헤브론을 재탈환했다. 주후 135년에 이르러 유다가 발코크바 항쟁을 일으켰다 실패하자, 헤브론의 건장한 유대인들은 노예시장의 매물로 나오고 말았다.

★ 갈렙은 왜 "이 산지를 내게 주소서"라고 하였는가?
헤브론은 갈렙이 정착한 도시다. 80세의 노인이 된 갈렙은 정착을 위해 농경지나 목축지를 구해야 함에도, 쓸모없는 산지를 구했다. 헤브론은 중앙산악지대에서 가장 높은 곳이다. 산꼭대기에는 먹을 것이나 농경지나 유실수가 없다. 너무 높아 사람도 거주하지 않는다. 물도 그늘도 동네도 사람도 없다. 그런데 왜 그는 산지를 구했을까? 이스라엘 산의 가장 높은 곳에는 미스바(히브리어로 미즈페)가 있다. 각 지파는 높은 산에 미스바, 즉 군사 전망대를 두었다. 갈렙은 적의 동태를 살필 수 있는 산지의 전망대를 구한 것이다. 노년에도 끝까지 이스라엘을 지키겠다는 각오를 한 것이다. 갈렙이 사는 동안 그 땅에 전쟁이 그쳤다는 말은, 갈렙이 죽기까지 산꼭대기 전망대에서 이스라엘을 지켰다는 의미다.

갈렙이 구했던
헤브론
산지의 모습.

Chapter 4
예루살렘

예루살렘

구원의 환희를 열방에 비추다

예루살렘은 유대 종교인으로 가득하다. 강렬한 여름 태양에도 검은 코트를 길게 내려 입고, 시베리아에서나 쓸 법한 쟁반같이 둥그런 털모자를 쓰고 길을 나선다. 일 년 내내 입어 윤기로 반들거리는 옷에 모자마저 두툼하다. 길게 내린 옆머리가 양 볼에서 찰랑거린다. 율법에 머리를 둥글게 깎지 말라 하여 앞머리는 반들거리도록 깎지만 옆머리는 고이 땋아 내린다. 이 어색한 모습은 이방인이 알지 못하는 그들만의 양식이다. 유대 여인들도 똑같은 모습이다. 맞춤 교복 같은 하얀 블라우스와 검정 치마를 입고는 한여름에도 살을 드러내지 않는다. 어떤 여인들은 머리카락을 깎고 보자기로 동여매고 다닌다. 하나님이 주신 머리칼

> "이는 율법이 시온에서부터
> 나올 것이요
> 여호와의 말씀이 예루살렘에서부터
> 나올 것임이니라." (사 2:3)

> "The law will go out form Zion,
> the word of the Lord from Jerusalem." (Isaiah 2:3)

이 유혹의 도구가 된다는 생각에서다. 그런가 하면 라마단이면 예루살렘 올드시티는 아랍인들의 자동차로 홍수를 이룬다. 황금 사원에 도열한 무슬림들이 일제히 메카를 향해 무릎을 꿇은 모습에서 두려움이 느껴질 정도다. 예루살렘은 세계 3대 종교의 발원지다. 유대인은 통곡의 벽에서, 무슬림은 황금돔 사원에서, 그리스도인은 갈보리에서 신앙을 강화한다. 지리적으로 무슬림은 빛나는 중심에, 유대인은 눈물 젖은 성전 외벽에, 그리스도인은 성문 밖 무덤에 자리했다. 그러나 영원한 구속을 위해 제물이 되신 그리스도는 예루살렘 성소에서 죽으셨다(히 9:12).

173

황금의
예루살렘

청동같이 빛나는 황금의 예루살렘이여!

예루살렘은 40번이 함락되고 32번 무너지고 26번이나 주인이 바뀌었다. "하나님이 열 가지의 기쁨 중 아홉을 예루살렘에 주셨고, 하나는 세상에 주셨다. 열 가지의 고통 중 아홉은 예루살렘에 주시고, 하나는 세상에 주셨다." 바빌로니아 탈무드에 나오는 내용이다. 예루살렘은 기쁨과 슬픔으로 가득한 곳이다. 유대인의 환희와 팔레스타인의 고통이 교차하는 이 도시를 유대인들은 '황금의 예루살렘'이라고 불렀다.

예루살렘의 밤은 풍부한 달빛에 안겨 있다. 멀리 다윗의 성채는 달빛에 따라 몸을 움직이고, 차가운 나목들은 스치는 바람에 웃음을 퍼트린다. 유대인이 노래하는 '예루살라임 쉘 자합'(황금의 예루살렘)은 도시의 운명을 담은 전설적인 민요다. 어느 날 밤 유대인 한 무리가 통곡의 벽을 찾아와 밤새 찬양을 했다. 그 광경은 너무도 격렬하고 진지하여 다가가 "아템 노쯔림 뵈 아템 베타하임 에트 하 예슈아(당신들은 예수를 믿는 자들입니까)?"라고 물어보았다. 그중 한 사람이 자신의 입술에 손을 갖다 대며 조용히 하라며 윙크를 보냈다. 무슨 뜻인지 알 수 없었으나 그들은 황금의 예루살렘을 노래했다. 7세기 이슬람 팽창기 이후 이삭이 바쳐진 모리아 산은 사라져 버렸다. 621년에 무함마드가 이곳에서 승천하여 밤하늘을 유영하며 낙원을 보았다고 말하자(코란 17장 Al-Isra), 그 후 황금 오마르 사원이 무함마드의 승천 장소로 변경되었다.

이처럼 종교적인 갈등은 예루살렘의 또 하나의 풍경이다. 어느 날 예루살렘의 벤예후다 길에서, 저주를 퍼붓는 한 유대인을 보았다. 그는 한국에서 온 기독교인들이 찬양하는 것을 보더니, "마리아 창녀를 믿는 멍청이들아! 아우슈비츠에 가서 죽어라"라며 주변을 아수라장으로 만들었다. 기독교인을 저주하는 것이 하나님에 대한 믿음인 것이다.

통곡의 벽에서 만난, 키파를 쓴 유대 청소년은 나에게 "'예수 메시아!' 그 말은 하지 마세요. 그것은 세상에서 가장 불결한 말입니다. 토라

포도주처럼 맑고, 솔 내음이 가득한 산자락의 공기는
종소리처럼 적요하게 바람에 흘러가누나
졸음에 겨운 나무와 돌은 예루살렘의 꿈에 사로잡혔고
고독과 깊음에 잠긴 성벽이 도시에 서 있구나
청동처럼 빛나는 황금의 예루살렘이여!
나는 너를 위해 수많은 노래로 수금이 되었구나
어찌하여 물 저장고는 말라 버리고 장터는 텅 비었는고
옛 도시 위의 성전산을 찾는 이들은 사라졌고
불어오는 바람만이 바위 속 동굴을 울리고는 사라지누나
여리고길을 따라 사해로 내려가는 곳은 인적이 끊어졌다네
청동처럼 빛나는 황금의 예루살렘이여
나는 너를 위해 수많은 노래로 수금이 되었다네 - '황금의 예루살렘'

★ 예루살렘은 왜 그렇게 변화를 겪어야 했는가? 정착과 유리의 4천 년

"성을 쌓기 시작하는 순간, 멸망이 시작된다"는 징기스칸의 말은 옳았다. 1년에 176일을 공휴일로 즐겼던 로마는, 긴 번영과 나태와 방탕의 블랙홀에 빠져들며 쇠퇴하였다. 브랜드 로마가 사양길에 접어든 것이다. '히브리'는 '유프라테스 강을 넘어온 자들'이라는 뜻으로, 유랑자라는 의미다. 이라크 남부(우르)에서, 가나안에서, 이집트에서, 시나 사막에서 유리하다가 가나안에 정착했다. 지난 2천 년간 유대인은 전 세계를 유랑했다. 이 세상 어떤 민족이 불붙는 광야에서 40년을 살아남았던가? 유대인은 유리의 달인이다. 그렇게 세상을 떠돈 이유가 무엇일까? 하나님의 부르심 때문이다. 세계를 유랑하며 하나님의 뜻을 전할 사명이 있었다. 유대인은 유랑을 하며 살아야 했다. 그러나 그들은 유랑에 뜻을 박고, 정착에 짐을 풀었다. 정착을 해도 유랑을 잃지 말았어야 했다.

기드론 골짜기와 힌놈의 골짜기 사이에 예루살렘 성전 건축 허가를 냈다. 하나님도 허가하셨으니, 목적이 있는 정착이다. 하나님은 선교적 유랑을 예루살렘에서 준비하셨다. 이사야는 이것을 바르게 포착했다. "내가 또 너를 이방의 빛으로 삼아 나의 구원을 베풀어서 땅끝까지 이르게 하리라"(사 49:6). 하나님은 예루살렘을 세계 선교 도시로 계획했다. 성전은 하늘의 임재이며, 동시에 땅의 호소이다. '평화의 도시'라는 뜻의 예루살렘은 하나님이 주신 사명으로 온 세상에 평화를 선포하고 하나님의 체온을 느끼게 할 복음의 도시였다. "땅의 만민이 주의 이름을 알고 주의 백성 이스라엘처럼 경외하게 하시오며"(대하 6:33). 예루살렘 성전이 완공되자, 솔로몬은 온 열방이 주님께 돌아오길 간절히 기도했다. 그런 예루살렘에 이상 징후가 포착됐다. 제1차 예루살렘 성전은 '도둑의 소굴'이 되었고(렘 7:11), 제2차 성전도 '강도의 소굴'이 되었다(눅 19:46). 모태의 사명을 받은 예루살렘에 죄가 누룩처럼 번졌다. 사명을 버리고 죄의 본능과 놀아나더니 예루살렘 성이 파멸에 휘말렸다. 악에 중독되고 성[性]에 감전되고 물질주의에 오염되더니 사망에 이른 것이다. 전쟁이 발발하고 화염에 휩싸였으며 사람들은 끔찍한 혈흔을 보며 건물과 집기가 부서진 길을 헤치고 달아나야 했다. 결국 징기스칸의 예언은 맞아떨어졌다.

(율법)는 오직 유대인에게 주어졌고, 구원도 오직 유대인에게만 있을 뿐, 이방인들과는 상관 없어요"라며 두 눈을 부릅뜨고 대들었다. 그리스도는 예루살렘에서 처형당해 인류의 속죄물이 됐지만 이 도시에서 철저히 부정되고

금기시되며 사람들은 복음을 거부하고 있다. 일부 유대인들은 하나님께서 폐하신 성전을 다시 세우려고 한다. 주님은 "이 성전을 헐라. 내가 사흘 만에 세우리라" 하셨다. 성전 파괴는 하나님의 심판이 아니던가? 옛 선지자들이

눈물로 남겨 놓은 정의와 윤리를 행치 않는 유대인이 과연 유대인일까? 언젠가 경상도에서 오신 목사님이 지나가는 나를 붙들고 이렇게 하소연했다. "아이고, 말도 말아요. 저 검은 옷 입은 종교인들에게 영어로 말 붙였다가 대꾸도 안 하는 모습에 내 충격 받았다 아입니까." 예루살렘은 아직도 스산한 바람이 부는 곳이다. 그리스도는 예루살렘에서 마지막 유언을 던지셨다. "죄 사함을 받게 하는 회개가 예루살렘에서 시작하여 모든 족속에게 전파될 것이 기록되었으니"(눅 24:47). "성령이 너희에게 임하시면… 땅 끝까지 이르러 내 증인이 되리라"(행 1:8). 예루살렘에 머물지 말고, 세계를 향해 나가라고 말씀하셨다. 선교 유랑의 바통을 교회에게 넘기신 것이다. 히브리인들이 실패한 것을 교회에 다시 주셨다. 교회는 선교의 길을 가야 한다. 교회가 정착하기 시작하면 소멸하기 시작한다. 교회가 세속화되지 않으려면 세상을 품고 자신을 버려야 한다. 교회는 열방을 주께 데려오는 사환임을 잊어선 안 된다. 교회여! 정착을 버리고 유랑을 택하라. "너희는 온 천하에 다니며 만민All nations에게 복음을 전파하라"(막 16:15). 선교 유랑을 명하신 이가 누군가? 그는 바로 우리의 주님이 아닌가?

거대한 예루살렘 성이 내 앞에 서 있다. 유대교와 공생하는 이슬람 황금 사원을 바라다보면 불안한 평화로 헐떡이는 숨소리가 들린다. 팔레스타인과 늘 불편한 이불을 덮고 잠들어야 하니 이 얼마나 모진 고문인가?

★ 예루살렘은 안식일의 도시

유대인들은 매주 금요일 저녁부터 토요일 저녁까지 24시간을 안식일로 지킨다. 오후 3시부터 모든 가게와 공공기관은 문을 걸어 잠근다. 거리는 한산하다. 금요일 저녁에는 가족과 만찬을 하고, 토요일 아침은 회당에서 예배를 드린다. 안식일이 끝나는 토요일 밤이면 사람들은 구름같이 거리로 몰려온다. 한번은 식사를 하기 위해 토요일 아침에 식당에 갔다. 여느 때처럼 식빵을 굽기 위해 전기오븐을 찾았으나 보이지 않는다. 왜 오븐이 보이지 않는지 물으니 안식일라 치워 버렸다는 것이다. 그럼 이 아침에 에어컨은 어떻게 틀었는지 물으니 자동 조절되는 것이라고 한다. 음식도 어제 미리 만들어 둔 것이라 자랑스레 말한다. 예루살렘에서 맞이하는, 노동이 최소화된 안식일 아침은 오히려 푸근하다. 그 고요함과 구별됨이 하나님의 품 안에 쉬는 것 같다. '샤바트'의 원래 뜻은 '일을 멈추고 않는다'는 의미다. 일상에서 벗어나 앉아서 가족과 이야기하고, 문학에 심취하고, 음식을 나누고, 예배를 드리는 것이다. 휴식은 인간에게 치유를 가져온다. 이스라엘에서 가장 아름다운 날은 토요일 아침 동터 오는 광야에서 솟아오르는 평화다. 안식이 있었기에 예배가 있었고 가정이 되살아나고 민족이 하나가 되었다. 안식일은 언제나 축복이다. 우리가 지키는 주일도 안식일처럼 행복한 날이다.

예루살렘의
지리적
변천의
역사

오스만튀르크가 다스리던 예루살렘-지금의 올드시티가 이때 완성됨.

예루살렘은 지리부도를 보듯이 자세히 살펴야 한다. 볼품없는 돌덩이들의 집합소로 보이는 예루살렘에는 여러 제국이 칼로 벤 흉터들이 남아 있다. 먼저 예루살렘의 올드시티Old City 부터 시작하자. 평방 1킬로미터 정도의 올드시티에는 성경의 예루살렘 이야기가 압축되어 있다. 예루살렘은 여러 개의 닉네임이 있었는데 우루살림, 우루솔리마, 살렘, 모리아 산, 여부스, 시온, 다윗의 마을, 아리엘(사자Lion) 등이다. 예루살렘은 20명의 유다 왕이 주전 979년에서 주전 586년까지 다스렸다(왕상 12:1-2, 대하 10:1-36:21).

예루살렘에 오면 누구나 길을 잃어버린다. 예루살렘은 4천 년의 시간이 녹아 스며든 집성체이기 때문이다. 복합기호 덩어리 같은 건축물은 암호를 풀듯 해독해야만 파악할 수 있다. 처음 예루살렘에 도착했을 때 욥바문 근처에서 피뢰침 같은 초승달이 뜬 다윗의 망대를 바라보며 연대에 대한 혼선을 겪었다. "저렇게 새것 같은 건물이 3천 년 전 다윗 시대 것인

179

가?" 다윗의 성채David Citadel라는 표지가 붙은 것을 보고는 적잖은 혼동을 했다. 순례자라면 누구나 그러할 것이다.

여러 시대를 겪은 만큼 여러 얼굴을 가지고 있다. 족장 시대, 철기시대, 왕정 시대, 아시리아와 바빌로니아, 페르시아 시대, 헬라 시대, 하스모니안 시대, 로마 시대, 비잔틴 시대, 초기 아랍 시대, 십자군 시대, 맘루크 시대, 오토만 시대 등으로 이어지는 역사와 함께했다. 이런 연유로 예루살렘의 대부분 건축물에는 여러 시대의 문화가 복합적으로 섞여 있다.

앞의 모형은 현재 예루살렘의 올드시티의 모습이다. 사각형 구조물 같은 이 도성은 오토만 제국 술탄 술레이만에 의해 세워진 것으로, 성벽은 500년 정도 되었다. 이 올드시티 안에 성경의 예루살렘이 담겨 있다. 예루살렘의 변천사를 살펴보자.

1. 다윗 시대의 예루살렘
(B. C. 1000~B. C. 960)

다윗 시대의 예루살렘은 매우 작았다. 첫 예루살렘은 올드시티의 바깥 남쪽 외곽 지대에 위치했다. 지금도 이 지역을 다윗의 도시City of David라고 부르는데, 현대 지명은 실로암에서 유래한 실완이다. 이곳에는 팔레스타인 사람만이 산다. 과거 이 지역은 여부스 족속이 살던 곳이었으나 주전 11세기에 다윗이 이 산성을 공격하여 새롭게 성벽을 두르고 자신의 왕국을 세운 후 시온이라고 이름 붙였다(대상 11:4-9). 다윗의 예루살렘은 현재 올드시티에서 떨어진 작은 반원형 마을이었다. 이 작은 곳에서 밧세바 간음, 압살롬 반역 등 다윗의 사건들이 발생했다.

2. 솔로몬 시대의 예루살렘
(B. C. 960~B. C. 931)

솔로몬 재위 시 예루살렘이 확장된다. 다윗이 구입한 아리우나 타작마당에 제1차 성전이 완공됨으로써 예루살렘은 다윗의 도시에서 위쪽으로 넓어졌다. 13년 동안 솔로몬의 궁전이 건축되었는데, 다윗의 도시와 1차 성전 사이에 있는 오펠에 세워졌다. 이로써 다윗의 도시가 예루살렘 성전터와 연결되며, 도시가 조금 더 커졌다.

3. 열왕 시대의 예루살렘
(B. C. 931~B. C. 586)

이 시기에 예루살렘 남서쪽 부분의 상당한 지역이 도시로 편입되었다. 이 부분을 예루살렘 제2구역으로 불렀다. "그날에 어문Fish Gate에서는 부르짖는 소리가, 제 이 구역에서는 울음 소리가… 일어나리라"(습 1:10). 요시야 왕 때에 예루살렘에 제2구역이 있었다는 기록도 도시의 확장을 증거한다. 여선지자 훌다가 제2구역에 살았다. "살룸의 아내라 예루살렘 둘째 구역에 살았더라"(대하 34:22).

4. 예수님 시대의 예루살렘
(B. C. 37~A. D. 70)

올드시티 내의 타이페론 골짜기와 윗동네The Upper City와 아랫동네The Lower City 그리고 성전산Temple Mount까지의 경계가 예수님 당시의 예루살렘이다. 예루살렘 북쪽의 제3의 성벽Third Wall은 주후 41년에 헤롯 아그립바 1세가 증축했기에, 예수님 때는 존재하지 않았다. 그곳은 모두 무너져 오늘날도 현존하지 않는다. 다만 예루살렘 한인 교회 앞길에 주유소가 하나 있는데, 그 앞을 끼고 도는 곳에 기념 지표석이 하나 남아 있다. 그 돌이 유일하게 제3의 성벽이 있었음을 보여 준다. 지금의 골고다(성묘 교회)는 예수님 당시에는 성 바깥에 있었는데, 제3의 성벽이 세워지는 도시 계획 이후 성 안으로 들어오게 되었다.

루살렘은 계속 확장되어 나갔고, 서쪽으로는 세례 요한의 엔 케렘까지 들어오게 되었다. 구舊예루살렘에 올드시티가 보존되어 있다. 예루살렘은 올드시티를 기준으로 서부, 북부, 남부 등으로 확장된다.

5. 비잔틴 시대의 예루살렘
  (A. D. 330~A. D. 640)

비잔틴 시대는 기독교 시대다. 예루살렘은 로마풍의 도시로 바뀌었고, 수많은 장소에 기독교 유적지가 세워졌다. 특별히 남북을 잇는 로마식 중앙도로인 카르도가 생겨났고, 남쪽 분문과 북쪽 다마스쿠스문을 연결시켰다. 이때부터 기독교의 건축물이 예루살렘에 가득 들어차게 되었다.

6. 오스만튀르크 시대의 예루살렘
  (A. D. 1299~A. D. 1923)

오스만튀르크 시대에 세워진 예루살렘 성벽이 오늘날 올드시티 성벽이 되었다. 술탄 술레이만 대제는 지금의 예루살렘 성벽을 쌓았다. 수많은 건축물에 이슬람 문양이 추가되었다. 기존의 기독교식 건물에 이슬람식 건축양식이 덧대진 것이다.

7. 오늘날의 예루살렘
  (A. D. 1948~)

이스라엘 독립 이후 예루살렘은 본격적으로 개발되어 올드시티와 뉴시티로 나뉘었다. 예

Old City
올드시티

고대 예루살렘의 모든 사건이 일어난 구시가

올드시티의 상징 중 하나인 다윗의 탑.

힌놈의 골짜기와 기드론 골짜기 사이 산 중턱에 위치한다. 옛 성벽으로 둘러싸였고 네 개의 구획으로 나뉘어 있으며 여덟 개의 성문이 있다. 성경에 나오는 예루살렘 이야기는 거의 모두 이 안에서 일어났다. 이곳에는 골고다, 십자가의 길, 빌라도 법정, 베데스다, 마가의 다락방, 헤롯 성전, 1세기 성벽, 헤롯의 왕궁터, 다윗의 무덤 등의 유적이 총집결되어 있다.

올드시티의 여덟 문

현재 올드시티의 몸체를 부드럽게 감싼 성벽은 오토만제국 술레이만 대제의 작품이다. 그는 1537년 옛 예루살렘 성벽을 개축하여 1541년에 지금의 성벽을 완성하였다. 그런데 이상하게도 성벽 건축 과정에서 시온문이 제외되었다. 공사가 끝나고 이 사실을 알게 된 술레이만은 대로하여, 건축 책임자 두 사람을 문책한 후 목을 베었다. 그들의 무덤이 욥바문 여행정보센터 뒤에 남아 있다. 올드시티 성에는 원래 11개의 문이 있었는데, 현재 7개만 통행 가능하며 황금문은 돌로 막아 놓았다.

올드시티를 제대로 보고 싶다면 예루살렘 성벽길 투어를 권유한다. 욥바문 여행정보센터에 관람소가 있다. 약간의 비용을 지불하면 성벽길을 투어할 수 있다. 높은 성 위를 걸으며 그 아래로 펼쳐진 예루살렘 전역을 볼 수 있다. 약 한 시간 정도 걸리니 해가 떨어지는 5시쯤 올라갔다가 욥바문 쪽으로 내려와 기독교 구역에서 저녁식사를 하면 좋다.

욥바문 Joppa Gate

가장 시원하게 열려 있는 문으로, 1538년에 완성되었다. 욥바문을 통과해 들어오면 왼편은 기독교 구역, 오른편은 아르메니안 구역이다. 길이 끝나는 곳에서 아랍 시장이 시작된다. 시장을 따라 계속 직진하면 왼편으로 기독교와 무슬림 구역이 있고, 오른편으로 유대인 구역이 있다. 길이 미묘해서 주의해야 한다. 특히 통곡의 벽, 성전산, 성묘 교회 등에 간다면 사람들에게 묻는 것이 좋다. 옛날 지중해 욥바에서 올라오는 생선을 이곳에서 팔곤 했기에 욥바문이라 했다.

헤롯문 Herod Gate

북동쪽에 위치하며, 외곽으로 공동묘지를 볼 수 있다. 아랍어로는 '밥에스 사히라'라고 부르는데, '공동묘지의 문'이란 뜻이다. 묘지를 뜻하는 단어와 꽃의 발음이 비슷해 12세기 십자군은 '꽃의 문'이라 불렸다. 묘지 근처라 주거지가 없이 한산하다. 로마 가톨릭 전승에 따르면, 헤롯 안티파스의 집이 근처에 있었다고 한다.

다마스쿠스문 Damascus Gate

팔레스타인계 상인들이 집결한 북쪽에 위치하며, 북쪽 다마스쿠스를 향해 나가는 문이다. 이 문에 들어서면 아랍 상점과 값싼 모텔이 많아 배낭여행 온 한인 청년들을 심심치 않게 만난다. 주후 100년경 로마인이 이 문을 만들었다. 히브리어로는 '샤알 쉐켐', 즉 '세겜문'이라는 뜻이다. 입구 왼편을 자세히 보면 135년에 침공한 하드리아누스 황제의 건물 잔재를 확인할 수 있다. 아랍어로는 '밥엘 아무드'라 하는데, '기둥의 문'이라는 뜻이다.

사자문 Lion Gate

매주 금요일이면 감람산에서 출발하는 수난의 길 행렬은 기드론 골짜기로 내려와 사자문을 통과해 올드시티로 들어선다. 십자가를 메고 비아 돌로로사(십자가의 길)를 지나 골고다로 간다. 십자가 사건을 재현하는 이 행진은 오랫동안 이어져 왔다. 십자군은 이 문을 '스테판 게이트'라 불렸다. 근처 기드론 골짜기에서 순교한 스테판을 기념한 것이다. 이 문은 동쪽에 위치하고, 현재 동예루살렘의 무슬림 지역과 이어진다. 좀 더 들어가면 비아 돌로로사가 시작되는 기독교 구역이 나타난다. 아랍인은 이 문을 '밥엘 사스밧' 즉 '지파들의 문'이라 불렸다. 이스라엘 열두 지파가 들어온 문이기 때문이다.

황금문 Goldern Gate

동쪽에 위치하며, 감람산에서 정면으로 보인다. 무슬림 지역에 있는 이 문은 돌벽으로 막혀 있다. 원래는 시민이 왕래하던 문으로, 예수 시대에는 감람산에서 성전으로 들어갈 때 이용했다. 유대교 전승에 따르면 메시아가 감람산에 오신 후 황금문을 통해 성전으로 들어오실 것이라 하여 술레이만 통치 시절 (1520~1566년) 무슬림들이 성문을 돌로 막아 버렸다.

시온문 Zion Gate

올드시티 남서쪽에 위치하며 시온 산의 다락방과 다윗의 무덤으로 인도하는 문이다. 아랍인은 이 문을 '다윗의 문'David's Gate이라 불렀다. 이 문은 특이하게 L자 모양인데, 적의 침공을 어렵게 만들기 위함이다. 끓는 물이나 기름을 채우는 구멍이 나 있는데, 이 역시 같은 목적에서 만들어 둔 것이다. 16세기 성벽 건축 때, 다윗의 무덤이 시온문 바깥에 있는 것을 안 술레이만은 다시 성벽을 쌓으라고 명하고는 두 건축가의 목을 베었다. 오늘날도 무슬림 순례객들은 그의 무덤에 들러 꼭 침을 뱉는다. 다윗 왕을 성 바깥에 둔 무례함 때문이다.

분문 Dung Gate

통곡의 벽으로 연결된다. 예루살렘 고고학 파크나 유대인 구역도 분문을 통하게 되어 있다. 성경의 분문은 이미 무너져 내렸지만, 지금의 장소와 가까운 곳에 있었다. 성서시대에는 이 문을 통해 예루살렘의 분뇨와 쓰레기를 내다 버렸다. 예수 시대에 분문 근처에 살던 사람들은 매우 천시받았다. 대부분 직조일을 했기 때문이다. 직조는 주로 여성의 직업이었기에 더 천시받았다. 문 앞에 큰 주차장이 있는데, 다윗의 도시와 실로암을 관람할 때 이곳에 주차하면 편리하다. 1980년 탐사 때 분문 근처에

서 중세에 만들어진 피혁공의 문Tanners Gate이 발굴되어 복원되었다. 예수 시대에 수공업자 길드가 있던 곳이다. 로마식 길과 시민의 삶을 그린 그림들을 볼 수 있다. 이는 예수님 당시 예루살렘의 풍경을 제공하는 작품이다.

뉴게이트 New Gate

올드시티 서북부에 작게 난 문이 뉴게이트다. 히브리어 이름인 '샤알 하다쉬', 아랍어로는 '밥 엘 제딛'이라고 하는데, 모두 '새 문'New Gate이라는 뜻이다. 이 문은 1887년 오토만제국 술탄 아베드에 의해 지어져 새로 열렸다. 성 밖에 살던 기독교인들이 물건을 훔쳐 가는 일이 있었기에 기독교 구역에서 성묘 교회로 바로 통행하게 하기 위해 새로 축조한 것이다.

예루살렘의
네
구역

기독교인 구역

기독교인만 거주하는 구역으로, 신약의 대부분의 사건이 일어난 곳이다. 골고다 성묘교회가 대표적이다. 걸어서도 충분히 둘러볼 수 있으며, 신약시대의 현장을 생생히 목격할 수 있다.

유대인 구역

유대인들이 모여 사는 구역으로 유대인의 생활상을 총체적으로 볼 수 있다. 1세기 헤롯 시대의 돌포장도로와 히스기야의 성벽과 하스모니안 시대의 물저장고 등이 고스란히 남아 있다. 유대교에 관련된 많은 자료가 집적되어 있으며, 유대인 종교학교 예쉬바가 있다. 가장 놀라운 곳은 단연 통곡의 벽이다.

무슬림 구역

무슬림 구역은 북동쪽에 있고, 네 구역 중 가장 크다. 올드시티 주민 3분의 2가 이곳에 산다. 다마스쿠스문 성벽 위로 늘 삐딱하게 베레모를 쓴 이스라엘 병사가 지키고 있다. 매의 눈초리로 누런 총알을 만지작거린다. 그 아래로 가난한 팔레스타인 민초들이 강물처럼 흘러간다. 성문은 갯벌처럼 밀물과 썰물을 들이키며 토해 놓는다. 허술한 물건들이 좌판에 수북하게 널려 있고, 그 옆에는 아랍 고물차들이 손님을 태우려는 간절함으로 낙타처럼 목말라 있다. 이 지역이 무슬림 구역으로 정해진 것은 맘루크 시대(1267~1517년)다. 지금 이곳에 있는 허름한 게스트하우스와 모스크, 미드라사(종교학교)는 모두 맘루크 시대의 것이다. 유명한 이슬람풍 건축물이 학개 길Hagai street에 줄지어 서 있다. 이 길에는 아랍식 커피와 팔라펠 굽는 냄새가 진동해 마치 요술 피리처럼 사람들을 이끌어 간다.

아르메니안 구역

다윗의 성채Tower of David가 있는 곳으로, 욥바문을 통해 들어간다. 막다른 곳에서 오른쪽으로 올라가는 길이 보이는데 그곳에 역사박물관이 있고 다윗의 성채도 보인다. 여기서부터 아르메니안 구역이다. 타이어 자국으로 번들거리는 길 위로 수도사들이 무거운 발걸음으로 지나간다. 차들은 골목길을 이리저리 쑤시고 달린다. 아르메니안 구역은 네 구역 중 가장 작다. 핸드메이드 가게 몇 곳이 보일 뿐이다. 아르메니아 사람들은 주후 286년 공식적으로 기독교를 받아들였고, 1세기부터 올드시티에 정착했다. 14세기부터 아르메니안 구역을 공식화했다. 지금은 약 2,500명 정도가 이 구역에 산다. 12세기에 세워진 예수의 동생 야고보의 이름을 딴 성 야고보 교회가 자리하고 있으며, 초대교회 대표였던 야고보의 무덤을 볼 수 있다는 점이 매우 특별하다. 야고보는 성전 벽에서 밀쳐져 추락한 후 곤봉에 맞아 숨졌다. 이 구역에는 1915년 터키에 의해 저질러진 대학살을 고발하는 내용이 곳곳에 나붙긴다.

도미시안
수도원

시온의 영광이 빛나는 저녁

"건축물은 응고된 음악이다." 이는 마치 도미시안 수도원을 두고 한 말 같다. 시온 산이 아름다운 것은 이 수도원 덕분이다. 저녁 햇볕이 온 예루살렘을 감싸 안을 때면 도미시안 몸체는 핑크빛으로 변한다. 그 웅장함과 섬세함이 예루살렘을 압도한다. 이 수도원은 동정녀 마리아의 영면을 기념하여 세워졌다. 도미시안은 '동정녀 마리아의 거룩한 잠'Holy Sleep of Virgin Mary을 줄인 것으로, 사람들은 도미시안 수도원이라 불러 왔다. 도미시안 수도원에는 예쁜 종탑이 나란히 있다. 종탑 위로는 갈리칸투 교회 문양인 수탉을 세워 두었는데, 이는 시온 산 근처에서 예수를 부인한 베드로를 기억하라는 의미. 기독교인은 보면서 기억하고, 유대인은 먹으면서 기억하고, 무슬림은 말로 기억하는 듯하다.

수도원 내부로 들어서면 어린 예수의 손에 "나는 세상의 빛이니"(요 8:12)라고 쓰인 책이 들려 있다. 그 아래로 "보라 처녀가 잉태하여 아들을 낳을 것이요 그의 이름을 임마누엘이라 하리라"(사 7:14)라는 구절이 라틴어로 쓰여 있다. 수도원 안에는 6개의 작은 채플이 있고, 채플

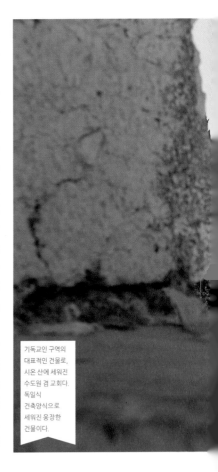

기독교인 구역의 대표적인 건물로, 시온 산에 세워진 수도원 겸 교회다. 독일식 건축양식으로 세워진 웅장한 건물이다.

벽마다 독특한 모자이크 장식이 있다. 동방박사부터 세례 요한의 요르단 강까지 다양한 모습이다. 지하로 내려가면 둥근 방이 나타난다. 6개의 기둥이 있고, 상아와 체리나무로 만든 관에 마리아가 누워 있다. 일종의 가묘다. 천정에는 하와, 에스더, 룻, 야일, 유딧, 그리고 미리암이 고요히 빛나는 얼굴로 마리아의 관을 내려다본다. 가장 인상적인 것은 마리아의 영면 장면이 그려진 천정의 프레스코화다. 그녀는 누워 잠들어 있고, 운구하는 자들은 울적해 보인다. 평안히 누인 마리아는 날마다 시온 산의 시중을 받고 있는 듯하다.

★ 역사 고고학적인 이야기 – 진짜 마리아의 무덤인가?

지금의 교회 자리에 5세기 비잔틴 시대의 성 마리아 시온 수도원Hagia-Maria-Sion Abbey이 세워졌다. 시온 산에 몇 개의 교회가 더 있었는데, 그중 하기아 시온(거룩한 시온) 교회가 동정녀의 죽음을 기념하는 교회이다. 이곳은 예수님의 최후 만찬 장소와 아주 가깝다. 이 교회는 7세기에 아랍의 침공으로 무너지나, 12세기에 십자군이 재건했다. 이후 무슬림이 다시 무너트렸고, 19세기 오토만제국이 이 영지를 독일인에게 기부했다. 1898년 독일의 빌헬름 2세가 도미시안 수도원 설립식을 거행했다. 1906년에 수도원의 기초석이 놓였고 하인리히 레낼드의 디자인으로 1910년 수도원이 세워졌다. 이 수도원은 마리아의 영면을 기념하여 세워졌으나, 마리아는 요한과 터키의 에베소에서 여생을 보냈기에, 그녀의 무덤은 확실하게 알려져 있지 않다.

Cenacle, Upper Room
마가의
다락방

1세기 예루살렘 교회터가 발굴되다

도미시안 수도원의 보드라운 석회석길에 들어서면 마치 수도사가 된 듯하다. 건물 사이에서 불어오는 바람이 시원하다. 수도원 안의 기념품 가게를 지나면 마가의 다락방에 다다른다. 그리스도가 제자들에게 최후의 만찬을 베푼 곳이고, 후에 120명의 신자들이 기도하며 1세기의 예루살렘 교회를 태동시킨 곳이다.

예수님 당시의 마가의 다락방은 지금과 다른 구조물이었을 것이나 2천 년이 지난 지금도 같은 장소에 보존되어 있다.

1세기경 팔레스틴 지방의 식사 방식은 눕거나 기대서 먹는 것이었다. 요한이 예수님의 품에 안겼다는 것은 함께 누워 쉬면서 식사했음을 말한다. 근사한 식탁보가 드리워진 식탁에서

★ 역사 고고학적인 이야기 – 어떻게 마가 다락방임을 알아냈는가?
1948년 고고학자 자콥 핀커펠트Jacob Pinkerfeld는 지금의 다윗 왕의 무덤을 수리하게 되었다. 우연히 그 자리에서 12세기경 십자군 시대의 바닥을 발견했다. 그곳에서 45센티미터를 더 파 내려가자 5세기경 비잔틴 시대의 모자이크 바닥이 나타났다. 10센티미터쯤 더 파내니 이번에는 1세기 말엽 로마 시대의 바닥과 1세기경 회당 건축물이 나타났다. 이 회당은 1세기 후반에 초대 그리스도인이 세운 것으로 여겨졌다. 건물 벽에 남겨진 낙서 때문이다. 초대 기독교인들은 헬라어로 NCBI(conquer 정복자, savior 구세주, mercy 자비)라는 표식을 즐겨 남겼다. 또 특이한 것은 건물의 기초가 예루살렘 성전을 향하지 않고 골고다(성묘 교회)를 향해 있었다. 이는 그곳이 교회였다는 결정적인 증거물이었다. 유대인은 회당을 지을 때 반드시 예루살렘 성전을 향해 지으나 기독교인들은 골고다를 향해 지었기 때문이다. 오늘날 다윗 왕의 무덤이 있는 곳 위로 마가의 다락방이 놓인 것은 무덤과 초대 기독교인들의 회합 장소가 같은 자리였기 때문이다. 이곳이 최후의 만찬 장소요, 1세기 예루살렘 교회가 모이던 장소다.

"그들이 유하는
다락방으로 올라가니…
여자들과 예수의 어머니 마리아와
예수의 아우들과 더불어
마음을 같이하여
오로지 기도에 힘쓰더라."

(행 1:13-14)

화려한 옷을 입고 의자에 앉아 식사하는 중세의 최후의 만찬 그림은 1세기 전통과 어긋난다. 올리브유 등잔 하나를 켠 실내는 매우 어두웠을 것이고 제자들은 바닥에 눕거나 쿠션에 몸을 비스듬히 걸쳤을 것이다. 상은 매우 낮았기에 누워서도 음식을 집어 먹을 수 있었다. 이 다락방을 제공한 마가의 집은 매우

부유했다. 그의 집은 거부들이 모여 살던 예루살렘 윗동네Upper City에 있었다. 마가의 부모는 자신의 집이 세계 선교를 위한 그리스도의 첫 교회로 사용된 것을 알았을까? 초대교회는 비교적 부유한 가정집에서 시작되었다.

★ 최후의 만찬에서 왜 가룟 유다는 그 정체가 드러나지 않았을까?
"나와 함께 그릇에 손을 넣는 그가 나를 팔리라"(마 26:23). 예수께서 최후의 만찬에서 이렇듯 명확히 말씀하셨으나 제자들은 그가 누구인지 알지 못했다. 어째서 제자들이 그릇에 손을 넣는 유다를 발견하지 못했을까? 누워서 먹는 당시 문화 때문이다. 당시에는 ㄷ자 형태의 낮은 식탁을 두고, 가장 편한 자세로 기댄 채 음식을 먹었다. 제자들은 각자 편하게 누웠고, 요한은 예수님의 품에 기대 누웠다(요 13:23). 그렇게 누운 상태로 손을 뻗어 상에 놓인 빵을 집어 먹었다. 가룟 유다는 예수와 가까운 곳에 누웠고 그릇에서 손이 부딪혔을 것이지만, 등잔불이 희미해 그 상황을 파악하기 힘들었을 것이다. 성서시대 사람들은 산을 넘어 다녔기에 따가운 햇볕에 늘 지쳐 있었다. 그래서 누워 쉬면서 먹는 식탁 문화가 형성되었다(막 14:17-21, 눅 22:21-23, 요 13:21-30).

Tomb of David
다윗의
무덤

사라졌던 무덤을 십자군이 발견하다

벨벳에 싸여 있는 다윗 왕의 가묘. 왕관과 바이올린, 뿔나팔과 수금 등이 수놓여 있고 그가 지은 시편이 기록되어 있다.

예루살렘 시온 산에는 두 곳의 유서 깊은 장소가 있다. 하나는 마가의 다락방이며, 또 한 곳은 다윗의 무덤이다. 매력적인 이들 장소는 정원 같은 도미시안 수도원 캠퍼스에 위치한다. 순례객들은 시온 산의 마가 다락방과 다윗의 무덤을 찾아온다. 웅장한 도미시안 수도원에 들어서면 화사하고 부드러운 길로 마음이 따뜻해진다.

돔형 건물에 들어서면 유대인 안내원이 종이 키파를 일일이 나누어 준다. 유대교의 유적지에서는 키파를 착용해야 하기 때문이다. 다윗의 가묘는 군청색 벨벳에 싸여 있다. 수많은 유대인 참배객이 다윗에게 기도를 드린다. 관 표면에는 히브리어로 '다뷔드 멜렉 이스라엘 하이 붸카얌'(이스라엘 왕 다윗은 살아 계시며 서 계시다)라고 쓰여 있고, 왕관과 두루마리 토라, 수금, 바이올린 등이 예쁘게 새겨져 있다.

다윗의 묘가 3천 년간 예루살렘 한복판에 보존된 것은 매우 경이로운 일이다. 열왕기상 2장 10절은 "다윗이 그의 조상들과 함께 누워 다윗 성에 장사되니"라고 기록한다. 구약시대에는 그의 묘가 예루살렘 성에 있었음을 밝혀준다. 신약시대에도 그의 묘는 그 자리에 그대로 있었다. 요세푸스의 기록을 보면 1세기 헤롯 대제가 다윗 왕의 묘를 도굴하려다 실패하자 죄책감에 그곳에 기념비를 세웠다고 한다. 베드로는 오순절 설교에서 '다윗의 묘지'를 언급한다(행 2:29). 신약시대에 다윗의 묘가 예루살렘에 있었음을 알 수 있는 기록이다. 그런데 주후 135년 유다의 발코크바 전쟁 이후 다윗의 무덤은 그 행방이 묘연해졌다. 지금의 다윗 묘가 오늘날의 시온 산에 정착한 것은 12세기 무렵이다. 십자군이 이 지역을 복원하다가 사라졌던 다윗의 무덤을 발견한 것이다. 그 후 성지로 지정하여 지금까지 다윗 왕의 무덤으로 보존해 왔다.

1948년 독립전쟁 이후 이 지역을 차지한 유대인은 다윗 왕의 무덤을 정비해 순례객에게 오픈하였다. 오늘날 다윗의 무덤 처소에는 미니 박물관도 있고 율법학교인 예쉬바도 있고 2,100년이나 된 옛 우물도 있다. 많은 유대인이 이곳에 와서 기도하고 우물의 물을 마시면 기도의 응답을 받는다고 믿기에 너도나도 이 오염된 물을 마신다.

다윗은 이곳에 잠들어 있지만 그의 믿음은 지금도 시온 산에서 퍼져 나간다. 시온의 언덕에 서면 목회자가 되길 소망했던 시인 헤르만 헤세가 생각나곤 한다.

"슬퍼하지 마라. 곧 밤이 오리라. 그러면 우리들은 지쳐 버린 산 위에서 몰래 미소 짓는 것처럼 시원한 달을 보리라. 그럴 때면 손을 잡고 안식하리라. 슬퍼하지 말자. 곧 때가 오리니….". -헤르만 헤세의 '방랑의 길'에서

"다윗이 죽어 장사되어
그 묘가 오늘까지
우리 중에 있도다."

(행 2:29)

다윗의 무덤 근처에 있는 우물-종교인들은 이 우물의 물을 먹으면
기도가 응답된다고 해서 오염수임에도 한여름날 꿀물 마시듯 들이킨다.

★ 역사 고고학적인 이야기-어떻게 다윗왕의 묘를 찾아냈는가?

다윗의 묘가 유대인 구역에 보존되기까지 역사적으로 수많은 노력이 있었다. 3천 년이나 흐른 지금까지 어떻게 다윗의 무덤이 존재할 수 있었을까? 혹시 이곳으로 옮겨진 것은 아닌가 의구심마저 든다. 성경은 다윗 왕의 매장지 근처에 묘실을 만들었다고 밝힌다(대하 32:33). 바빌로니아 포로기 후에도 다윗의 매장지는 그 자리에 있었다(느 3:16). 1173년 십자군 시대에 다윗 왕 무덤 곁에 세워진 비잔틴 시대 교회 터를 복원하다가 다윗 왕의 묘지를 발견했다. 십자군은 다윗 왕의 무덤을 그대로 보존해 놓았다. 1948년 이스라엘 정부가 현재의 모습으로 복원한 이래 1967년 통곡의 벽이 이스라엘령이 되기 전까지 다윗의 무덤은 유대인의 제1순례 명소였다.

Church of Saint Peter in Gallicantu

갈리칸투
성 베드로
교회

베드로를 위해 닭이 세 번 울다

예수께서 포박당해 아래 감옥으로 내리워진 구멍에 비잔틴 시대에 새겨진 3개의 십자가가 남아 있다.

시온 산 동편 기슭에 차분한 조형미를 갖춘 교회당이 있다. 베드로가 예수를 세 번 부인한 곳에 세워진 '갈리칸투'라는 이름의 교회다. 라틴어로 '수탉이 울다'라는 의미다. 예수님이 체포되어 폭력배에게 구타당하시고 사형을 언도받고 새벽까지 갇히셨던 지하 암굴 자리다.

언덕 위로는 저녁놀에 씻긴 황금알이 마왕처럼 버티고 있고, 교회 뜰에는 그로테스크한 베드로의 동상이 서 있다. 예수께서 심문당하시던 그 밤의 모습을 재현한 동상이다. 베드로는 숯불에 몸을 녹인다. 그때 로마 병정과 여종이 다가와 힐책한다. "너도 나사렛 예수와 함께 있었도다." 그 순간 늙은 수탉 한 마리가 새벽 공기를 헤치고 휘적거리며 등장하고

베드로는 두 팔을 벌리며, "나는 그 사람을 알지 못하노라"라고 항변했다. 동상 아래 'Non Novi Illum' 곧 '나는 그를 알지 못하노라'라는 뜻의 라틴어가 새겨져 있다. 그리스도를 세 번이나 부정하는 베드로가 수탉과 함께 그날 밤의 일을 재현해 주고 있다. 그날 새벽, 세 번의 닭 울음소리를 듣고 베드로는 자신의 비겁함에 통곡하고 말았다.

갈리칸투 교회의 육중한 청동문에는 파란 옷 입은 예수님과 붉은 옷 걸친 베드로가 새겨져 있다. "네가 오늘 밤 닭 울기 전 세 번 부인할 것이다"라는 주님의 말에 베드로는 "다른 자는 다 버려도 저는 버리지 않습니다"라고 대답한다. 문 위의 라틴어 'Dominus custodiat introitum tuum et exitum tuum'은 '여호와께서 너의 출입을 지켜 주시리라'라는 뜻이다. 5세기에 첫 비잔틴 교회가 세워질 때도 똑같은 내용을 바닥에 새겨 넣었다. 출입을 지켜 달라는 성구를 새긴 것은 베드로처럼 실수하지 않게 해달라는 의미임을 사료에서 읽은 적이 있다.

묵직한 문을 조심스레 밀고 들어서니 비잔틴 모자이크 바닥이 보인다. 옛 기초 위에 지금의 예배당을 세웠음을 알 수 있다. 예배실은 윗교회Upper Church와 아랫교회Lower Church로 나뉘어 있다. 윗교회 천정에 화려한 모자이크로 새겨진 거대한 십자가 문양은 자연 채광의 빛을 쏘이고 있다. 그려진 화상이 얼마나 강한지, 예수께서 그림을 뚫고 테레핀유 냄새를 풍기며 걸어 나오실 것 같다.

아랫교회에는 대제사장 가야바의 집무실이 있다. 예수가 체포된 후 심문당한 곳이다. 가야바는 비싼 예복을 아낌없이 찢어 가며 예수를 사형에 해당한 자로 정죄했다(막 14:63). 그

의 아내는 찢긴 예복을 수선하느라 무척 고생했으리라. 사형수 예수는 새벽까지 이곳 지하 암굴 감옥에 갇히게 된다.

갈리칸투의 아랫교회에는 감옥이 있는 고대 동굴이 보존되어 있다. 가야바의 법정에는 특별한 감옥이 있었는데, 주로 특수강도가 구금되는 곳으로, 위에서 묶인 죄인이 달려 내려지는 형태다. 예수님도 밧줄에 묶인 채 천장 구멍을 통해 아래로 내려졌다. 예수님은 새벽이 오기까지 그곳에서 춥고 외로운 밤을 지냈을 것이다. 예수께서 내려진 구멍에는 3개의 비잔틴 십자가가 새겨져 있다. 지하 동굴은 감옥 외에도 방, 술저장고, 물저장고, 목욕장으로도 사용되었다.

교회 뒤편에는 기드론 골짜기와 연결되는 계단이 있는데, 이는 예수님 당시의 것이다. 1세기 로마식 계단으로 지금까지 잘 보존되어 있다. 예수와 제자들은 이 계단을 통해 기드론 시내로 내려가 감람산으로 향했다(마 26장, 막 14장).

"베드로가 예수를 멀찍이 따라
대제사장의 집 뜰 안까지 들어가서
아랫사람들과 함께 앉아 불을 쬐더라."

(막 14:54)

★ 역사 고고학적인 이야기－가야바 법정을 어떻게 찾아냈는가?

1888년 고고학자 게메르 두란이 이곳을 발굴하기 시작했다. 여기서 1세기의 계단과 비잔틴 시대의 교회, 길과 가옥들, 바위를 뚫고 만든 목욕터와 수로 등이 출토됐다. 이 현대적인 교회당은 그 안에 고대의 유물을 수장하고 있다. 교회당 아래로 내려가면 제2성전 시대의 바위 굴이 여러 개 있다. 이 가야바의 법정에는 예수께서 잡히시던 밤에 투옥되었던 감옥도 있다. 최초의 교회가 457년 비잔틴 시대에 베드로의 통곡과 뉘우침을 기념하여 이 자리에 세워졌다. 그러나 1010년 파티미드 왕조의 칼리프가 이 교회를 무너뜨렸다. 그 후 1102년 십자군이 들어와 예배당을 복원하고 성 베드로의 갈리칸투St. Peter's Gallicantu라고 이름했다. 1320년에 이 교회는 다시 한 번 무슬림에 의해 무너졌으며, 1931년 지금의 교회로 신축되었다. 라틴어로 갈리칸투는 '수탉이 울다'cock crow라는 뜻으로, 교회 지붕의 금색 수탉이 그날 밤의 일을 고백하는 듯하다.

Via Dolorosa
비아
돌로로사

십자가를 지고 골고다까지 가신 길

예수의 죽음 이후, 빛나던 고대 도시 예루살렘은 참혹한 전쟁을 치렀다. 헤아릴 수 없이 많은 시민이 살육당하고 예루살렘의 주인은 로마인으로 바뀌었으며 유대인은 예루살렘 성벽 근처에 오는 것조차 금지당했다. 그러나 오랜 시간이 흘러 4세기, 콘스탄티누스 대제가 기독교를 공인하자 로마제국 내 기독교인들은 봇물 터지듯 성지를 찾아왔다.

비잔틴 시대가 열리면서 성지들이 지정되기 시작했다. 이때 '수난의 길'도 복원됐다. 오늘날 비아 돌로로사는 비잔틴 시대의 루트에서 기원한다. 라틴어로 '비아 돌로로사'는 '슬픔의 길'이라는 의미다. 후에 가톨릭 교회는 성경에 근거하여 비아 돌로로사 14개 처소를 지정했다(마 27장, 막 15장, 눅 23장, 요 19장).

비아 돌로로사를 지나려면 번잡스러운 아랍 상점들 사이를 통과해야 한다. 하지만 조용한 새벽 시간에 이곳을 걸으면 처형장으로 향하던 주님의 슬픔을 느낄 수 있다. 언젠가 중국 신학생들에게 비아 돌로로사에 대해 설명해 주니 그들은 의아해했다. "예수님께서 십자가를 지고 가신 길이 500미터라니요, 저희는 20킬로미터쯤 되는 줄 알았습니다." 십자가의 길은 처형장으로 가는 길이었다. 비아 돌로로사를 함께 걸어가 보자.

제1처소 사형 선고를 받다
알 오마리에 초등학교 Al Omariye School

2000년 전 예수는 안토니아 성채에서 사형을 언도받았다. 그곳은 빌라도의 법정이었다. 성전의 북서쪽이었고 죄수들을 가두는 감옥도 있었다. 바라바는 그곳에 구금되었을 것이다. 비아 돌로로사의 교회 지하에서 지금도 그 감옥을 볼 수 있다. 어느 더운 여름날 나는 이 감옥 바닥에 누워 열을 식힌 적이 있다. 빛이 한 줄기도 들어오지 않는 곳이었다. 옛 빌라도 법정, 즉 안토니오 요새에는 오늘날 알 오

마리에 초등학교가 세워져 있다. 대문이 파란색인 가정집 같은 학교로 수업 중에는 문이 잠겨 있지만 금요일 오후에는 열린다. 이곳 작은 운동장에서 죄 없는 예수님이 사형 선고를 받으셨다. 이 운동장에 다시 서보니, "십자가에 못 박으소서" 하는 수많은 인파의 무지한 소리가 들린다. 바라바는 석방되고 예수가 결박된 현장이다. "이 사람의 피에 대하여 나는 무죄하니 너희가 당하라 백성이 다 대답하여 이르되 그 피를 우리와 우리 자손에게 돌릴지어다"(마 27:24~25).

195

제2처소 사형이 집행되고 채찍질당하신 곳
프란시스칸 수도원 The Churches of the Flagellation and Condemnation

제3처소 예수께서 넘어지신 곳
학개 길의 폴란드 교회 The Armenian Catholic Church

제2처소는 제1처소 바로 앞의 프란시스칸 수도원에 있다. 벽에는 둥근 철방패로 II Station이라 새겨져 있고, 그 수도원 안에 두 개의 교회가 있다. 하나는 사형 집행 교회이며, 또 하나는 채찍질 교회다. 채찍질 교회에는 빌라도가 손을 씻는 장면이 있고, 사형 집행 교회에는 예수님에게 십자가가 지우는 그림이 있다. 그는 어린 양처럼 이곳에서 구타와 채찍질을 당하셨다. "군인들이 예수를 끌고 브라이도리온이라는 뜰 안으로 들어가서 온 군대를 모으고 예수에게 자색 옷을 입히고 가시관을 엮어 씌우고 경례하여 이르되 유대인의 왕이여 평안할지어다 하고 갈대로 그의 머리를 치며 침을 뱉으며 꿇어 절하더라"(막 15 :16-19).

제2처소인 프란시스칸 수도원에서 나와 제3처소로 가는 길에 에케 호모Ecce Homo라는 이름의 작은 아치가 하늘에 걸려 있다. 빌라도가 군중을 향해, "보라 이 사람이로다"(요 19:5)라고 말한 곳이다. 1세기 유적지에 에케 호모 교회가 서 있고, 그 안에는 로마식 박석(리트로스트라토스)과 옛 아치가 그대로 보존되어 있다. 이 아치는 135년 하드리아누스 황제가 예루살렘을 탈환한 기념으로 세운 것이다.

제3처소는 왼편으로 급히 꺾어지는 곳에 있다. 예수께서 십자가를 지고 가다 첫 번째로 넘어지신 장소다.

바닥에는 울퉁불퉁한 로마식 포장 돌이 깔려 있다. 15세기에 아르메니아 가톨릭교회가 기념 예배당을 세웠는데, 1947년에 지금의 교회로 확장되었다. 교회 입구 벽은 십자가를 등에 메고 지쳐 쓰러진 모습을 보여 준다. 작은 채플실 내부에도 천사들이 쓰러진 그리스도를 애처로이 바라보는 그림이 전시돼 있다. "자기의 생명을 사랑하는 자는 잃어버릴 것이요 이 세상에서 자기의 생명을 미워하는 자는 영생하도록 보전하리라"(요 12:25).

196

제4처소 마리아를 만난 곳
학개 길의 아르메니안 교회 Armenian Church of Our Lady of the Spasm

제5처소 구레네 시몬이 대신 십자가를 진 곳
구레네 시몬 프란체스코 수도원 예배당 Franciscan Church Dedicated to Simon the Cyrenian

이곳은 제3처소에서 매우 가깝다. 성경 기록은 없으나, 전승에 의하면 이곳에서 어머니 마리아를 만났다고 전한다. 아르메니안 교회 모자이크 바닥에는 샌들이 그려져 있는데, 마리아의 것이라 한다. 거리에는 비잔틴 시대의 붉은색 돌포장이 깔려 있는데, 이 길은 분문과 다마스쿠스문을 연결하는 카르도의 일부였다. 이 도로는 1세기의 옛 로마길 위에 다시 깐 것이다.

이제 비아 돌로로사는 서쪽으로 향한다. 그리고 점차 높아지면서 복잡한 아랍 상점의 길로 들어선다. 구레네(리비아) 사람 시몬이 예수의 십자가를 대신 졌던 그곳에 작은 예배당이 있다. 로마 군병은 예수가 더 이상 십자가를 지기 어렵다고 판단했는지 유월절 축제에 왔던 리비아계 유대인 디아스포라 시몬에게 강제로 십자가를 메게 했다. "시몬이라는 구레네 사람이 시골에서 오는 것을 붙들어 그에게 십자가를 지워 예수를 따르게 하더라"(눅 23:26).

제6처소 베로니카 여인이
손수건으로 닦아 준 곳
거룩한 얼굴교회 Church of the Holy Face

제7처소 예수께서 두 번째 넘어지신 곳
아랍 마켓과 연결되는 곳의 프란시스칸 채플
The Franciscan Small Chapel on Khan es-Zeit

언덕을 향해 좀 더 오르면, 제6처소가 나타난다. 이곳에 12세기의 십자군 수도원이 있었다. 1953년 건축가 바를루치가 이 자리에 거룩한 얼굴 교회를 건축했다. 14세기 전승에 따르면, 예수님 얼굴의 피땀을 베로니카라는 여인이 손수건으로 닦아 드렸는데, 그 수건에 예수님의 얼굴 형상이 나타났다고 한다. 이 수건은 현재 이탈리아 성 베드로 성당에 보관돼 있다. 어떤 이는 이 여인을 12년 동안 혈루증을 앓다 치료받은 여인으로 보기도 한다(눅 8:43-48). 베로니카는 헬라어 '베라 니카'Vera Nika에서 온 말로, '참된 형상'true image이란 뜻이다.

예수께서 이 지점에서 두 번째로 쓰러지셨다. 예수께서 메고 가신 십자가는 올리브나무로 만들어졌고, 십자가 형태가 아니라 횡목 형태였다. 예수님은 횡목을 메고 나무로 된 죄패를 목에 걸고 가시다가 쓰러지셨다. 아담한 프란시스칸 예배당의 문은 거의 닫혀 있다.

제8처소 여인들에게 말씀하신 장소
그리스정교의 성 카라람보스 수도원
Monastery of St. Charalambos

제9처소 세 번째 넘어지신 곳
콥틱 족장 교회 The Coptic Patriarchate Church

제8처소는 북적거리는 아랍 상점들 사이에 위치해 있다. 28개의 돌계단을 올라가면 제8지점이 나타난다. 예수께서 이 지점에서 예루살렘의 여인들을 위로하셨다. "예루살렘 여인들이여 나를 위해 울지 말고, 너희와 너희 자녀들을 위해 울라." 이는 장차 다가올 전쟁의 날을 예견하신 것이다. 그 처참한 전쟁에서 유대의 연약한 여인들이 당할 성폭행과 유아 학살, 죽임과 추방을 아시고 최후의 말씀을 남기셨다. 그는 죽음의 길을 가면서도 긍휼의 마음을 베푸셨다 "보라 날이 이르면 사람이 말하기를 잉태하지 못하는 이와 해산하지 못한 배와 먹이지 못한 젖이 복이 있다 하리라"(눅 23:29).

성경에는 기록되어 있지 않지만, 이곳에서 세 번째로 넘어지셨다. 콥틱 족장 교회 기둥에는 예수께서 세 번째로 넘어지신 곳이라고 각인되어 있다. 이제 사형장인 골고다에 다가선 것이다. 그의 눈앞에는 '해골'이라 불리는 처형장이 보였을 것이다. 에티오피아 콥틱 교인들은 부활절에 이곳에 와서 나뭇가지를 들고 순례한다.

제10처소 예수의 옷이 벗겨진 곳
성묘 교회 입구에서 안쪽으로 들어와
오른쪽 계단 정상 The chapel of the Franks in the
Church of the Holy Sepulcher

제10처소부터 제14처소는 성묘 교회 내부에 있다. 교회로 들어와 오른쪽 좁은 계단으로 오르면 예수의 옷이 벗겨졌던 제10처소다. 예수님은 로마군에 의해 옷이 벗겨졌고, 나체가 되었다. 당시에는 죄수에게 극도의 수치심을 주기 위해 옷을 모두 벗겼다. 요한만 이를 정확하게 기록했다. 예수는 겉옷은 물론 속옷까지 벗겨졌다고 했다(요 19:23). 하나님의 아들, 우주의 창조자께서 벌거벗은 채 수욕의 십자가를 받으신 것이다. "예수께서 이르시되 아버지 저들을 사하여 주옵소서 자기들이 하는 것을 알지 못함이니이다 하시더라 그들이 그의 옷을 나눠 제비 뽑을새"(눅 23:34). "그의 옷을 취하여 네 깃에 나눠 각각 한 깃씩 얻고 속옷도 취하니 이 속옷은 호지 아니하고 위에서부터 통으로 짠 것이라"(요 19:23).

제11처소 십자가에 못 박히신 곳
성묘 교회 계단 위층 라틴 갈보리
Latin Calvary

성묘 교회 안 위층에 갈보리가 있다. 예수님은 이곳에서 쇠못에 사지가 뚫어지고 십자가에 박히셨다. 가져온 횡목에 양손이 박히고 일으켜 세워져 기둥으로 옮겨진 후 기둥에 양발이 못 박혔다. 목에 걸고 온 나무 죄패는 십자가 위에 박았고, 사람들은 그분을 조롱했다. "때가 제삼시(오전 9시)가 되어 십자가에 못 박으니라 그 위에 있는 죄패에 유대인의 왕이라 썼고"(막 15:25-26).

제12처소 십자가에 달리신 곳
성묘 교회 내 그리스정교회의 골고다 바위
Rock of Golgotha in the Greek Orthodox Calvary

제13처소 예수의 몸이 십자가에서 내려진 곳
성묘 교회 내의 붉은 돌판
The Stone of the Anointing

제12처소는 예수께서 십자가에 달리신 골고 다이다. 그는 죽어 가면서도 홀어머니 마리아를 요한에게 부탁했다. 요한은 자신의 어머니 처럼 마리아를 자기 집으로 모셨다. 예수님은 "다 이루었다"라는 마지막 말을 남기고 숨을 거두셨다. 주님은 여섯 시간 동안 십자가에 달려 사투를 겪으셨다. 낮 12부터 오후 3시까지 예루살렘은 흑암에 휩싸였고, 예루살렘 성전 휘장은 두 갈래로 처연하게 찢겨졌다. 하나님의 아들이 못 박힐 때, 유대교도 막을 내린 것이다. "제육시(정오)가 되매 온 땅에 어둠이 임하여 제구시(오후 3시)까지 계속하더니 제구시에 예수께서 크게 소리 지르시되 엘리 엘리 라마 사박다니 하시니 이를 번역하면 나의 하나님, 나의 하나님 어찌하여 나를 버리셨나이까 하는 뜻이라"(막 15:33-34).

이곳은 예수의 몸이 십자가에서 내려지고 기름으로 씻겨진 장소다. 골고다 2층에서 내려오면 바로 보인다. 예루살렘에서만 볼 수 있는 붉은 석회암판이 놓여 있고, 순례객들은 이돌을 자기 몸처럼 쓰다듬는다. 그 앞에는 예수님의 죽음에 대한 그림이 그려져 있다. 돌판은 12세기에 십자군이 지정했는데, 지금의 돌판은 1810년에 놓였다. 아마도 이 근처에서 요셉에 의해 예수의 시신은 내려졌고 기름 발린 후 세마포에 싸여 운구되었을 것이다. "저물었을 때에 아리마대의 부자 요셉이라 하는 사람이 왔으니 그도 예수의 제자라 빌라도에게 가서 예수의 시체를 달라 하니 이에 빌라도가 내주라 명령하거늘 요셉이 시체를 가져다가 깨끗한 세마포로 싸서"(마 27:57-59).

성묘 교회 내 비아 돌로로사 제12처소인 골고다.

비아 돌로로사
제13처소에
위치한 붉은 돌판-
예수의 시신을
내린 곳으로
12세기에
지정되었다.

제14처소 예수의 시신이 놓였던 무덤
성묘 교회의 작은 무덤 Rotunda

예수의 시신이 안치된 아리마대 요셉의 무덤 자리다. 라틴어로 '에디쿨레'Edicule라고 부른다. 이 안에는 두 개의 방이 있는데, 하나는 천사들이 나타난 곳이며 안쪽은 예수께서 묻히신 곳이다. 너무도 현대적인 모습으로 변화되어 1세기의 무덤을 상상하기 어렵지만, 이곳

을 찾아낸 다음 그리스도의 시신을 눕혔던 바위 자리라고 결정했다. 이를 '로툰다'Rotunda라고 부르는데, 성묘 교회 정중앙 하늘에서 빛이 비치는 곳 바로 아래에 위치한다. 성묘 교회에 들어서서 뚫린 천정을 마주하면, 그 아래 무덤이 있는 것을 볼 수 있다. "요셉이 세마포를 사서 예수를 내려다가 그것으로 싸서 바위 속에 판 무덤에 넣어 두고 돌을 굴려 무덤 문에 놓으매"(막 15:46).

★ 예수님에게 드린 쓸개 탄 포도주에는 쓸개가 없었다

유대인은 코셔에 따라 동물의 쓸개를 절대 사용하지 않는다. 마태복음에 기록된 헬라어 '코레'는 '기분 나쁜 맛'을 뜻하는데, 이는 아르테미시아Wormwood라는 쑥과 식물을 가리킨다. 이 식물은 고통 완화와 마취 효과가 있어 신 포도주에 섞어 사용했다. 전쟁에서 부상당한 병사들에게 이 쑥과 식물을 섞은 포도주를 먹이곤 했다. 초기 마취제라 할 수 있는 이 음료를 예수님께 드린 것이다. 어떤 학자는 아편의 원료인 양귀비를 신 포도주에 섞었다고 주장한다. 양귀비는 깊이 잠들게 하는 식물로 마취 효과가 있다. 청동기시대에 지중해 국가들은 아편 사업을 크게 확장했다. 예루살렘 출신 마가는 몰약Myrrh을 탄 포도주(막 15:23)로, 마태는 쓸개 탄 포도주라고 기록했으나 모두 고통을 완화하는 식물을 섞은 포도주다. "쓸개 탄 포도주Mixed with gall(NIV)를 예수께 주어 마시게 하려 하였더니 예수께서 맛보시고 마시고자 하지 아니하시더라"(마 27:34).

The Church of the Holy Sepulcher
성묘 교회

흙 속에 묻힌 골고다가 세상에 나타나다

예루살렘 골고다 위에 세워진 성묘 교회 전경.

골고다 성묘 교회 앞에 서면 전율이 느껴진다. 종교 권력의 사악한 횡포가 연약한 살과 뼈에 금속 못을 박은 곳이 아닌가? 그의 처참한 십자가를 글썽이는 눈으로 바라보는 연약한 무리가 있었다. 하지만 두툼한 예복을 입은 '종교 마초'들은 십자가 앞을 어슬렁거리며 조롱과 야유를 쏟아 냈다. "십자가서 내려오면 믿겠노라… 엘리야가 와서 구원하는지 한번 보자…" 이런 모욕 속에서도 그리스도는 그들을

위해 기도하셨다. 여섯 시간의 사투로 죄와 벌을 대신하고 절명의 순간을 맞으셨다. 죽음의 물감이 하늘로 터지더니 메시아는 운명했다. 지성소의 거대한 붉은 휘장은 순간 두 조각으로 찢겨 나갔다(막 15:37). 유사 이래 이런 일은 없었다. 유대인의 자존심이 망국적으로 훼손된 것이다. 이는 곧 닥쳐올 2천 년 간 유리방황에 대한 불행의 서곡이었다.

휘장이 찢어지는 그 순간부터 유대교 성전은

사실상 무너지기 시작한다. 유대교를 향한 마지막 회개 촉구였다. 검은 구름이 휘몰아치고 대지진이 예루살렘을 강타하면서 장례식을 마치고 밀봉한 무덤들이 부서졌다. 죽은 자들이 그 속에서 살아 나오는 초유의 사건이 발생했다(마 27:52). 그때 부서진 바위가 성묘 교회 안에서 그날의 사건을 지금까지 증언하고 있다. 그리스도는 어떻게 죽음을 맞이했을까? 그의 사형 방식은 얼마나 끔찍했던가? 34~57킬로

른 것은 유월절 연휴를 보내기 위해 시신을 빨리 훼손시킨 것이라는 주장은 설득력이 있다. 당시 사형장 골고다는 예루살렘 성 밖에 있었다. 41년 헤롯 아그립바 1세가 성벽 확장 공사를 하면서 골고다가 성 안으로 편입됐다. 성묘 교회가 성 안에 있는 것은 이 때문이다. 이후 1537년 술레이만 대제가 예루살렘 성벽을 재건했다.

그리스도의 승천 후 유대에는 예수를 믿는 자

예수의 무덤(제14처소)이 있는 성묘 교회 내부.

그램의 횡목을 어깨에 메고 죄패를 목에 걸고는 채찍에 맞으며 골고다까지 맨발로 걸어간다. 사형 처소 바위 홈에는 나무기둥이 세워져 있다. 먼저 손목에 못을 박아 십자가에 고정한 후, 기둥목에 발꿈치를 대고 못을 박았다. 로마인들은 13~18센티미터 길이의 대못을 사용했다. 십자가형은 그 고통을 상상할 수 없는 극형인데, 며칠씩 죽지 않으면 다리를 부러트려 죽였다. 로마 병사가 예수의 옆구리를 찌

가 수만 명이었고(행 21:20), 이들은 골고다에 와서 정기적으로 예배하였다는 기록이 남아 있다. 135년에 발코크바가 일으킨 제2차 유대 항쟁이 실패로 끝나자, 예루살렘을 진압한 하드리아누스는 대대적인 도시 수정을 감행했다. 예루살렘에서 유대적 잔재를 척결한다는 이유에서였다. 그는 당시 예수의 무덤과 십자가 처소에서 예배하는 그리스도인들을 보았다. 그는 골고다를 흙으로 메워 버리고, 그 위에

비너스(아프로디테) 신전을 세웠다. 135년부터 시작된 도시 계획으로 예루살렘이라는 이름도 사라졌다. 대신 자신의 이름인 '알리아 카피톨리아'로 바꾸고, 국호도 이스라엘의 주적이던 '팔레스틴'(블레셋)으로 변경했다.

200여 년의 시간이 흐르고, 325년 콘스탄티누스 대제는 골고다 위에 세운 비너스 신전을 제거하라는 명령을 내린다. 그리고 흙속에 묻혀 있던 골고다를 복원하여 지금의 성묘 교회를 세웠다. 이듬해 콘스탄티누스의 어머니 헬레나는 이곳에서 처형 장소와 무덤을 목격했다. 그중 한 무덤에서 진짜 십자가True Cross로 보이는 형틀이 발견됐다. 유세비우스는 이곳이 예수의 무덤이라고 밝혔다. 326년 헬레나는 드디어 골고다 위에 교회를 세우기 시작했다.

성묘 교회는 복잡하다. 1세기 골고다에 세워진 성묘 교회는 현재 여섯 개 교단이 공동으로 관리한다. 성묘 교회 안은 가톨릭 전통과 중세적 요소로 북새통을 이룬다. 1세기의 골고다는 소멸었고, 마치 중세 교회를 방문한 느낌이다. 언젠가 이곳을 방문했을 때, 한 수사가 화려한 예복에 고깔모자를 쓰고는 흰 연기를 모락모락 풍기며 향불을 이리저리 휘휘 돌렸다. 개신교도들에게는 매우 생경한 모습이 아닐 수 없다. 웅장한 교회 안에는 여러 유적이 파편처럼 흩어져 있어 누구라도 성묘 교회에 오면 길을 잃기 쉽다. 그러나 변함없는 것은 이곳이 골고다였으며 인류를 위해 속죄하신 예수께서 부활한 장소라는 사실이다.

★ 역사 고고학적인 이야기-성묘 교회의 흥망성쇠

325년 소아시아(오늘날 터키) 니케아에서 종교회의가 열렸다. 당시 헬레나는 이 회의에서 예루살렘에서 온 마카리우스를 만난다. 마카리우스는 그리스도의 유적지에 대한 증언을 헬레나에게 전하며 보존해 줄 것을 간청했다. 그녀는 이듬해 성지를 방문했다. 마카리우스가 안내한 성지를 찾아내고 성묘 교회를 건축했다. 333년 첫 교회가 골고다 위에 완성되었다. 614년 페르시아가 쳐들어와 성묘 교회를 파괴했다. 638년에 아랍 무슬림이 그나마 작은 교회로 회복시켰다. 예수의 묘지만 겨우 복원되었다. 그 후 1010년 칼리프 알하킴이 다시 파괴했다. 이 사건은 십자군 전쟁을 촉발시킨 원인 중 하나였다. 1149년에 십자군은 지금 모습의 성묘 교회로 복원하였다. 그 후 아랍 살라딘 군대가 들어와 이 교회를 장악했다. 제3차 십자군의 성묘 교회 장악 실패(1189~1192년) 후에 십자군과 살라딘 사이에 평화조약이 체결되어 기독교 순례객이 찾아왔으나 제5차 십자군이 재장악에 실패하고 만다. 당시 성묘 교회는 아나스타시스(부활) 교회라고도 불렸다. 1244년에 성묘 교회는 다시 이슬람이 장악한다. 무슬림은 성묘 교회의 오른쪽 문을 돌로 막고, 한쪽 문만 사용케 했다. 1555년에 프란시스칸 교단이 성묘 교회를 재건한 후 그리스정교와 공유하게 된다. 1808년에 심각한 화재가 발생했고, 1870년에 성묘 교회 꼭대기에 돔을 씌워 오늘에 이르렀다. 이곳은 현재 프란시스칸, 그리스정교회, 동방정교회, 아르메니아교회, 콥틱정교회, 시리아정교회 등이 공동 관리한다.

성묘 교회
예수의 무덤
아래로
비치는
자연 채광.

예수 처형 시 사용한 쇠못을 복원한 모습(길이는 13~18cm).

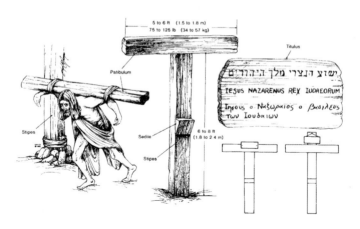

주전 6세기부터 행해진 십자가형은 페니키아와 카르타고에서 기원한다.
이 그림은 그리스도께서 지신 십자가를 가장 정확히 표현한 것이다.
참고 http://www.frugalsites.net/jesus/crucifixion.htm

리티스트라토스(박석)

예수가 재판받은 곳

예수께서 이 돌에 서서 빌라도에게 심문당했다.

그리스도가 사형을 선고받았을 때 서 계시던 돌바닥이 고스란히 남아 있다. '리티스트라토스'라는 생소한 단어가 신약에 등장한다. 로마인이 깐 도로의 박석(도로를 포장하기 위해 바위를 넓게 깎은 것)을 이른다. 이 박석이 비아 돌로로사에 지금도 남아 시온 수녀원 안에 보존되어 있다. 예수님은 이 돌 위에서 재판을 받았다(요 19:13).

예수 그리스도를 처형한 로마군은 고향에서 먼 유대 땅으로 배치받아 온 혈기 왕성한 젊은이들이었다. 고국을 떠난 그들은 고향 생각이 문득문득 났을 것이다. 그리고 시간을 때우기 위해 고향에서 즐기던 주사위 놀이를 하곤 했을 것이다. 그 주사위 놀이판의 흔적을 리티스트라토스에서 볼 수 있다. 유대인 구역에 가면 1세기 로마인들이 깔아 놓은 '카르도'라는 도로에서도 주사위판의 흔적을 볼 수 있는데, 로마군이 갔던 곳마다 이 주사위판이 바닥에 새겨져 있다.

The Garden Tomb
가든
툼
고든의
갈보리

그리스도의 무덤으로 추정되는 또 다른 장소

1842년 성지는 여전히 을씨년스러웠다. 한 영국인이 예루살렘성 북쪽을 서성이다가 이상하게 생긴 돌출 바위 앞에서 멈춰 섰다. 바위는 마치 해골 같았다. 그곳을 처음 발견한 사람은 오토 테니우스다. 그 해골 바위는 다마스쿠스문에서 북쪽으로 약 230미터 떨어진 곳에 있었다. 예부터 이곳은 죄수들을 돌로 쳐 죽이던 사형 장소였다.

그는 서둘러 안쪽으로 들어가 살피기 시작했고 이내 바위를 파낸 묘실 무덤을 발견했다. 곧 영국 출신 고든 장군에게 알려졌고, 고든은 이곳을 골고다 언덕이라고 말하기 시작했다. 당시 성묘 교회 자리는 골고다가 아니라는 이견이 있었다. 1세기의 유대 랍비가 남긴 말 때문이었다. 예루살렘은 지중해의 서풍이 불어오기에 서쪽에 묘지가 있으면 시체 썩는 냄새가 성전으로 흘러들어 오므로 서쪽에 묘지가 있어서는 안 된다고 했다. 그러나 예루살렘은 동풍의 마른바람도 불어오는 곳이기에, 이 논리는 부정확하다.

콘스탄티누스 대제는 기독교로 개종한 후, 밀라노 칙령(313년)을 통해 기독교를 공인하였다.

325년 니케아에서 골고다를 발굴하기 위한 조사단을 결성하였다. 이 임무는 마카리우스 주교에게 맡겨졌다. 그는 예루살렘의 비너스 신전이 있는 곳을 발굴 지점으로 정했다. 신전을 제거하고 묘들을 발견했다. 그곳에서 동쪽 방향으로 85미터 지점의 물저장고 안에서 세 개의 십자가가 나왔다.

이는 그리스도의 처형 당시 세 사람의 것으로 그중 하나가 그리스도의 십자가라고 추정했다. 그 중간에 갈라진 사각형 돌덩이가 있었는데, 이를 골고다의 바위로 공인하였다. 그리고 그 위에 지금의 성묘 교회를 세우게 된다.

그러나 가든 툼은 뒤늦게 세상에 알려졌다. 이곳이 예수의 무덤이라는 증거가 몇 가지 있다. 특별히 이곳은 초대 기독교인들이 모여 예배했던 곳이고 옛 성에서도 가까운 장소이며 공공 사형 장소가 바로 여기에 있었다. 또한 바위 표면에는 초대 기독교인들이 남겨 놓은 로고들이 표기되어 있다. 이상의 증거물이 이곳이 기독교인들의 모임 장소였고 무덤과 관련이 있는 골고다라는 증명 자료로 제시되었다. 또한 돌을 파낸 묘실은 신약에 기록된 예수의

바위의 생긴 모습이 해골 같다.

돌벽을 파내고 그 안에 묘실을 만들고 입구를 막았던 돌.

★ 가룟 유다는 왜 자살 전에 은 30냥을 성소에 던졌을까?

유대 문헌 미쉬나에 따르면, 계약을 맺고 돈을 받은 후 마음이 변하여 상대방에게 해약을 요구하였는데 상대가 돈을 돌려받지 않으려 할 때는 돈을 성소로 가져가 계약을 파기할 수 있다는 법이 있다. 가룟 유다는 양심의 가책을 느껴 은 30냥을 대제사장에게 돌려주려 했다. 그들이 거부하자 성전에 돈을 던져 약속을 파기한 것이다. 끝까지 계약을 취소하려 한 유다의 노력을 엿볼 수 있는 대목이다. 탈무드에 보면 소유자를 알 수 없는 돈이나 부당한 돈은 절대 성전 금고에 넣을 수 없다는 법이 있다. 따라서 유다의 돈은 입금될 수 없었다. 그럴 경우 결정권은 제사장에게 있었다. 유다의 돈은 예루살렘에 순례를 왔다가 불현듯 사망한 자들을 위한 묘지 구입에 쓰였다(행 1:17-19).

211

무덤 형태와 거의 일치한다.

성경을 좀 더 살펴보자. 누가복음 23장 33절에 보면 예수의 처형 집행 장소를 해골(크라니온)이라고 하였고, 요한복음 19장 17절도 해골(골고다)로 명기했다. 누가복음이 기록한 크라니온이 라틴어로 번역되면서 칼바리아Calvaria가 되었고, 여기서 갈보리Calvary라는 이름이 나오게 되었다. 골고다Golgotha라는 명칭은 아람어로, 요한복음 19장 17절에서 기인한 것이다. 가든 툼에서 가장 멋진 곳은 바위를 파 만든rock-cut tomb 예수님의 무덤이다. 원래 아리마대 요셉 부부가 안치되려고 했던 묘실에 예수님의 시신을 둔 것이다. 그러나 이미 묘실은 비어 있다.

가든 툼에는 언제나 맑은 기운이 흐른다. 예루살렘의 복잡함을 피해 이곳 벤치에 앉으면 온 영혼이 세정되는 신비로움을 느낀다. 큰 물저장고와 포도즙 짜는 틀이 있고, 햇볕을 피할 그늘이 있다. 새들과 다람쥐는 사람들이 던져준 바게트를 양식 삼아 살아간다. 늘 조용하며 예배와 묵상이 이뤄지는 곳이다. 가끔 안식일에 종교 유대인들이 가족들과 함께 피크닉을 나온다. 올드시티의 다마스쿠스문에서 걸어나와 직진하여 나불루스 길Nablus Road을 따라 올라가면 오른쪽에 정문이 있다. 각국어로 된 가든 툼 설명서를 받아 볼 수 있다. 지치고 힘들 때면 이 정원이 위로가 되니 꼭 가보길 권한다. 이곳에서 예배는 드릴 수 있지만 취식과 휴대전화 사용은 금지되어 있다.

"돌이 무덤에서 굴려 옮겨진 것을 보고 들어가니
주 예수의 시체가 보이지 아니하더라
이로 인하여 근심할 때에
문득 찬란한 옷을 입은 두 사람이
곁에 섰는지라."

(눅 24:2-4)

통곡의
벽

2천 년간 눈물을 쏟은 불멸의 성벽

유대인
구역을
대표하는
통곡의
벽.

통곡의 벽은 2천 년간 침묵해 왔다. 벽 하나가 무너지지 않고 고요히 견디더니 기도의 용광로가 되었다. 이곳에 서면 지나간 세월에 저들이 얼마나 고통스러웠는지, 그대로 전달된다. 이 벽은 유대인의 상징이며, 예루살렘의 심장이다. 유대인들을 울게 하고, 춤추게 하고, 응집하게 한다. 움직임 없는 벽 하나가 수많은 메시지를 담고 있다. 실로 2천 년간 유대인의 세계관을 휘저은 슬픔이며 종점 없는 고난이다. 70년 예루살렘이 초토화될 때 서쪽 벽만이 유일하게 무너지지 않았다. 그때부터 유대인들은 히브리어로 '코텔 하 마아라비', 즉 서쪽 벽이라고 불렀다. 이후 유대인 금지 구역이 되었다가 비잔틴 시대에 와서 개방되었다. 이때부터 유대인들이 이 벽에 와서 눈물로 기도하면서 통곡의 벽이라는 이름이 생겨났다.

유대인들은 이곳에서 기도를 쏟아붓는다. 마른 눈을 가지고는 천국에 들어갈 수 없다는 말은 어디서 들었는지 애처롭게 얼굴을 벽에 부비며 기도로 뒤엉킨다. 그 너머 황금 바위돔이 초조한 빛으로 하얗게 변하고, 누가 부르지 않아도 기도의 행렬은 밀물처럼 밀려든다. 제각기 벽을 향해 흩어져 벽과 밀착되더니 다시 밀려가기를 반복한다. 외로운 빗줄기가 흩날리는 날도, 터진 구름 사이로 광휘가 쏟아지는 날도, 숨 막히는 한여름의 태양에도 검은 옷을 입은 수많은 유대인이 말 없는 성벽에 매달린다. 그리고 이곳에서 눈물이 된다.

총을 메고 온 군인, 잡상인, 가정주부, 관광객, 대학생, 예쉬바의 꼬마… 누구 할 것 없이 자석처럼 붙어 기도한다. 정통파들은 앞머리를

★ 역사 고고학적인 이야기 – 통곡의 벽

통곡의 벽을 히브리어로 '하 코텔 하 마아라비'라고 부른다. 원래는 서쪽 벽이라 불렸는데, 유럽인들에 의해 통곡의 벽Wailing Wall이라 불리기 시작했다. 유대인들은 수세기 동안 이 벽에 와서 무너진 성전을 한탄하며 울며 기도했다. 통곡의 벽 앞에는 광장Western Wall Plaza이 있고, 남자와 여자가 따로 입장하도록 중간에 나무 방호벽이 있다. 왼편으로 남자들이, 오른편으로 여자들이 들어간다. 남자들은 반드시 키파(혹은 모자도 가능)를 쓰고 입장해야 한다. 로마의 침공으로 70년 예루살렘 성전이 무너질 때 서쪽 성벽만이 유일하게 남았다. 4세기까지 유대인들은 이곳에 들어오는 것을 금지당했다. 유대인들은 감람산에 올라 무너진 성을 바라보며 울면서 기도했다. 16세기 오토만 시대부터 이 성벽은 유대 순례객에게 절대적인 장소가 되었다. 수세기 동안 통곡의 벽의 규모는 단지 12피트 정도로 적은 수의 순례객만 유치하였다. 그러나 1967년 6일 전쟁 이후 지금의 통곡의 벽 광장으로 넓혔다. 2006년에는 통곡의 벽 지하를 공개하여 당시의 서쪽 벽 전체를 볼 수 있도록 했다.

싹둑 밀어 낸 후 옆머리만 길게 꽈배기처럼 내리고 검정 모자를 쓴다. 모자를 들추면 또 하나의 자그마한 모자가 보인다. 치렁치렁한 옷을 입고 구두마저 새까만데 벽 앞에 서서는 일제히 시계추처럼 흔들며 박자에 맞춰 기도한다. 때로는 벽에 머리를 대고 마치 벌 받는 것같이 기도한다. 벽에 입을 맞추고, 눈물을 흘리고, 기도문에 얼굴을 파묻고, 기도를 적

은 종이를 돌 틈에 압박하여 끼우고는 세찬 기도를 올린다. 간곡히 호소하듯 몸부림치는 이들의 손에는 책이 들려져 있다. 테힐림, 즉 시편이다. 그 감동적인 다윗의 시편을 읽으면서 기도한다.

통곡의 벽 앞에 서려면 키파를 반드시 써야 한다. 키파가 없는 자들은 입구에서 종이 키파를 빌릴 수 있다. 한번은 바람에 키파가 날아

간 적이 있다. 주변 사람들이 떨어진 키파를 보더니, 일제히 내게 호통을 쳤다. 키파를 함부로 해선 안 된다는 걸 알았다.

사람들은 기도 쪽지를 벽 틈에 끼워 넣는데, 그러면 저절로 응답된다고 믿기 때문이다. 매일 여기서 시편 전권을 암송하며 기도하는 유대인들도 있다. 때로는 '바르 미츠바'라는 성인식을 거행한다. 매년 7~8월 성전 파괴일에는 하루 종일 금식하며 돌바닥에 주저앉아 예레미야 애가와 장송예전liturgical dirges을 암송한다. 통곡의 벽은 유대인의 실존을 보여 주는 감독 없는 무대다.

저 멀리 건물 위로 여섯 개의 다윗의 별이 유리관에서 타오른다. 600만의 학살을 추모하기 위해 세운 랜드마크다. 그 위로 히브리어가 쓰여 있는데, '용서는 하되 잊지는 말자'라

통곡의 벽 틈에 끼워져 있는 기도 제목들-너무 많이 꽂혀 있어 어떤 날은 바닥에 떨어지곤 한다.

★ 왜 유대인은 유월절에 삶은 달걀을 먹을까?
유월절은 노예에서 해방된 날이다. 만세를 부르며 잔치해야 하는 날에 쓴 나물을 먹는다. 과거의 고통을 잊지 않고 고스란히 기억하기 위해서다. 딱딱한 무교병 맛자를 먹는다. 딱딱한 빵은 원래 노예들이 먹는 음식으로, 종으로 살던 과거의 삶을 잊지 않기 위해서 먹는다. 삶은 달걀을 먹는 이유도 비슷하다. 달걀은 삶을수록 단단해지는데 인간은 고난을 받을수록 단단해진다는 것이다. 세상은 축제일을 기념하나 유대인은 패배일을 기념한다. 유월절 식사를 마칠 즈음에 최후 승리를 의미하는 포도주 '알라차'를 마신다.

는 뜻이다.

통곡의 벽 오른편에 바클레이 게이트라고 불리는 곳이 있다. 1세기의 헤롯 때의 것이다. 남쪽 가까이에 붙어 있는 로빈슨 아치는 헤롯 당시 성전으로 들어가던 육교식 계단으로, 무너진 흔적이 고스란히 남아 있다. 1세기 성전의 흔적은 대단한 관심을 불러일으킨다. 통곡의 벽 터널Western Wall Tunnel은 광장 북쪽에 있

는 남자 화장실과 공중전화 사이에 있다. 입구를 통해 들어가면 통곡의 벽과 연결된 서쪽 벽 전체를 바로 볼 수가 있어 정말 감동적인 곳이다.

"여호와께서
딸 시온의 성벽을 헐기로 결심하시고…
성벽과 성곽으로 통곡하게 하셨으매."

(애 2:8)

Western Wall Tunnel
통곡의
벽
터널

예수님 당시 성전 벽이 세상에 공개되다

예수께서 거니시던 예루살렘 성전의 자취를 볼 수 있다면 얼마나 감격적일까? 통곡의 벽 왼편 아래쪽에는 서쪽 성벽 전체가 지하에 묻혀 있다. 1967년 6일 전쟁이 끝나자, 이스라엘 종교국은 이 지역에 대한 전면적인 발굴에 나섰다. 사실 이 지역은 무슬림 구역에 속한 곳이고, 서쪽 성벽 전체가 땅 아래 묻혀 2천 년의 세월이 흘렀다. 위에 살고 있는 무슬림이 전혀 눈치채지 못하도록 고고학자들과 탐사 대원들은 몰래 땅 속을 뚫고 들어갔다. 그렇게 20년에 걸쳐 복원에 성공했다. 이 발굴 덕분에 금세기 최고의 고대 예루살렘 성벽이 복원된 것이다. 출토된 성벽을 보니 정교하게 테두리가 깎인 1세기 헤롯 스타일이었다.

오랜 세월 감춰져 있던 1세기 예루살렘 성전

의 서쪽 성벽이 통곡의 벽과 이어져 2006년부터 시민에게 공개됐다. 발굴된 성벽에는 헤롯 시대의 길과 물저장고 성벽을 세우면서 막았던 하스모니안 시대의 수로까지 고스란히 발견됐다. 사실 19세기에 워렌과 윌슨이 이미 이곳을 탐사했으나 오토만제국하에 자유로이 공개할 수가 없었다. 6일 전쟁 후 본격적으로 지하 탐사가 이뤄진 것이다. 서쪽 벽 전체 길이는 488미터이며 가장 큰 돌은 570톤으로 미니버스 크기만 하다. 헤롯 시대의 건축적 특성을 고맙게도 그대로 보존하고 있다.

출구는 비아 돌로로사 제1지점 근처인 무슬림 지역과 연결된다. 유대인들이 몰래 진행한 발굴에 반발해 팔레스타인들은 유혈 항쟁을 벌이기도 했다.

1지점-비밀 통로

Secret Passage

아치 형태의 70미터 초입길로 성벽을 향해 들어간다. 요세푸스는 이 아치형 다리가 70년 티투스의 공격으로 부서졌다고 기록했다. 그 후 2~3세기 무렵 다시 복원됐다. 이 아치형 다리는 7세기의 아랍 통치 때에 다시 수리되어 성전산과 도심을 이어 준다.

2지점-제2 성전 시대의 계단

Second Temple Period Stairs

아직도 발굴이 진행 중이며, 제2 성전 시대에 사용한 계단이 이곳에 있었다.

3지점-큰 홀과 성전 모델

Large Hall and Model

윌슨 아치와 다리 북쪽으로 큰 지하 공간이

있는데, 이곳을 큰 홀이라고 칭한다. 높은 천장은 감춰져 있던 서쪽 벽의 웅장함을 보여 준다. 이곳에 제2 성전 모델이 전시되어 있다. 이 성전 모델에는 전기 장치가 있어 여기저기를 누르면서 1세기 성전 곳곳을 파악할 수 있다. 제대로 알지 못했던 이스라엘의 뜰, 여인들의 뜰, 이방인의 뜰, 빌라도 법정(안토니우스 요새), 지성소, 제단, 솔로몬의 행각 등을 살필 수 있다.

4지점-서쪽 벽 부분

Western Wall-section

큰 홀을 통과하여 동편으로 조금 더 걸어 들어가면, 헤롯이 세웠던 서쪽 벽 전면이 나타난다. 이곳의 성벽의 기초석들은 엄청난 크기로, 길이가 14미터, 무게는 600톤이다. 돌의 무게와 크기, 모양을 정확하게 계산해 만든 성벽은 시멘트 없이도 2천 년이 지나도록 무너지지 않았다. 성벽에는 벽돌 같은 구멍이 파여 있는데, 이는 중세시대 이곳에 살던 자들이 판 것이다. 이 지역을 물저장고로 사용하려고 벽마다 회반죽을 칠해 넣을 직사각형의 구멍을 판 것이다.

5지점-지성소와 맞닿을 수 있는 워렌 게이트

Warren's Gate(facing the Holy of Holies)

현재 이 문은 봉인되어 있으며 윌슨 아치에서 직선으로 40미터 북쪽에 위치한다. 이 입구는 성전산 아랫부분에 해당한다. 예수님 당시에는 길거리였다. 이곳은 1867년 워렌에 의해 발굴되었다. 봉인된 문에는 두 개의 유리판이 부착되어 있어 옛 지성소로 들어가던 곳임을 밝혀 준다. 이곳에 오면 유대 여성들이 벽에 붙어 울며 기도하는 모습을 늘 볼 수 있다.

6지점-중세 물저장고

Medieval Cistern

서쪽 벽을 따라가다 보면 중세 때 사용한 물저장고가 있다. 중세에도 이곳에 사람들이 살았고 사람들은 물이 절박하게 필요했기에 이 저수조를 만든 것이다. 이것은 1세기 것이 아니다.

7지점-서쪽 벽 터널

Western Wall Tunnel

탐사가 진행되는 동안 위쪽 도시가 무너지지 않도록 벽을 따라서 터널을 뚫고 기둥석을 댔다. 로마 시대의 거대한 돌들이 깔린 바닥을 볼 수 있다. 이 돌들은 원래 성전 내부에 있었는데 로마 군병들이 이곳에 버렸고 그것을 가져다 이곳 바닥 재료로 사용했다. 남서쪽 벽을 탐사하면서 이 사실을 밝혀냈다.

8지점-다듬어진 암반

Dressed Bedrock Begins

북쪽에 보면 암반을 깎아 낸 곳이 있다. 북서쪽은 지형적으로 높았으므로 수평을 맞추기 위해 이 작업이 필요했을 것이다. 또한 성전을 짓기 위해 여기서 돌을 캐어 사용했다.

9지점-하스모니안 시대의 물저장고

Hasmonean Cistern

이곳에서 하스모니안 시대의 물저장고가 나타났다.

10지점-고대 방어벽

Ancient Guardrail

옛 거리의 끝자락에 거대한 돌이 방어용 벽으로 사용된 흔적이 드러났다. 이 방어벽은 사람들이 떨어지는 것을 막기 위해 세웠으며 빗물을 유도하기 위한 목적으로도 사용되었다.

11지점-제2 성전 시대의 거리

Second Temple Period Street

헤롯 시대의 포장도로를 볼 수 있다. 예수님도 이곳을 밟고 지났을 것이다. 북쪽과 남쪽을 이어 주는 길이다. 이 길은 부분적으로만 드러났다. 여기에 기둥 한 쌍이 놓여 있는데 카르도(로마인이 깔아 놓은 길)가 여기에도 건설되었음을 알 수 있다.

12지점-하스모니안 시대의 수로

Hasmonean Water Tunnel

하스모니안 시대의 수로가 있다. 북쪽에 있는 하스모니안 시대의 물저장고는 도시의 북쪽에서 물을 끌어와 집수했다. 이 수로는 헤롯 시대에 성전이 북쪽으로 확장하면서 막아 버렸다. 발굴을 통해서 다시 볼 수 있게 되었다.

13지점-고대의 집수장

Ancient Pool

놀라운 것은 아직도 지하에 물이 모여 있다는 것이다. 이것을 참새의 못Struthion Pool이라고 불렀다. 겨울비를 모아 건기인 여름에 사용했다. 이 물저장고는 하스모니안 시대에 세워졌는데, 요세푸스의 기록에도 있다. 2세기에 이 집수장은 로마에 의해서 지붕이 덮였다. 원래 이 참새의 못은 에케 호모 수도원Notre Dame e Sion의 지하와도 연결되어 있다. 이곳을 빠져나가면, 비아 돌로로사 제1지점과 만난다.

예루살렘의
고고학
파크

분문 근처 1세기 헤롯 성전의 잔재가 남겨진 곳

고향에 돌아가 호적을 하라고 지시했던 옥타비아누스·
그의 명령으로 그리스도가 베들레헴에서 탄생했다.

통곡의 벽에서 연결되는 예루살렘 성전 남쪽 지역에 이 고고학 파크가 있다. 누가복음 2장 1절에 나오는 가이사 아구스도 곧 옥타비아누스는 "짐은 진흙투성이던 로마를 물려받았으나, 대리석의 로마를 너희에게 전수하노라"라며 대대적인 공사를 통해 로마제국을 건설했다. 그의 건축 비전을 물려받은 헤롯 대제도 예루살렘 성전을 두 배로 확장했다. 성전 공사 프로젝트는 주전 20년(혹은 18년)에 시작하

여 주후 64년에 완공됐다. 모든 헤롯 왕들은 성전 공사에 사력을 쏟아부었다. 그러나 완공되고 얼마 지나지 않아 새 성전은 비참하게 무너진다. 예루살렘 고고학 파크는 이 모든 역사적 흔적을 전시하고 있다. 이 성전의 잔재를 통해 예루살렘에서 행하신 그리스도의 교훈을 되새길 수 있다.

이곳에는 당시 성전으로 올라갔던 훌다의 문과 계단, 로빈슨 아치의 길이 있다. 성전 마당

의 주랑 사이에는 솔로몬의 행각이 있었고, 그 아래에서 태양을 피해 쉬고 있던 순례자들이 있었을 것이다. 각지에서 온 유대인들은 저마다의 행색을 하고 성전에 찾아와 구석구석을 두리번거렸을 것이다. 동전을 바꾸느라 줄지어 선 자들과 비둘기를 사고팔며 말다툼을 하는 자들도 있었을 것이다. 그 소란 중에 양 떼가 도살되어 번제단에 태워지는 냄새가 풍겨 오고 제사장의 뿔나팔 소리가 들려 왔을 것이다. 그뿐 아니라 수십 일간 광야의 길을 걸어온 무리가 성전터 한 구석에서 앉아 쉬기

의 실제를 알아가는 열쇠다. 오래전 파괴된 돌이 기특하게 예수께서 흘리신 땀과 발자취의 사연을 읽어 달라고 아우성치듯 지키고 있다. 석회암을 파서 만든 미크베(정결 예식소) 안에는 푸른 물이 고여 있고, 성전으로 올라가던 계단과 여선지자 훌다의 문이 가깝다. 1세기 시민들이 이 남쪽의 훌다문을 통해 성전으로 들어왔고 예수님과 제자들도 이 문을 자주 이용했을 것이다. 그러나 현재 훌다의 문은 무슬림들이 돌로 막아 버렸다. 제1차 성전도 선지자 미가의 예언처럼 파괴되었고 제2차 성전도

예수님 당시 성인 남자들은 절기마다 두로산 주화로 바꾸어 성전세를 내야 했다. 동전을 바꿀 때 분명히 환전 수수료를 받았을 것이다. 예수님은 이들의 동전통을 뒤집어 쏟아 버리셨다.

도 했을 것이다. 그리스도가 죽던 해, 유월절에 왔던 이들은 성전의 붉은 휘장이 둘로 찢겨져 나간 초유의 사태를 목격했을 것이다. 이곳의 자료들은 성경을 더욱 실감나게 읽을 수 있도록 한다.

이스라엘 여행에서 중요한 것은 그리스도의 행적을 찾는 일이다. 덤프트럭으로 실어다 부어 놓은 문화의 돌 틈 속에서 예수님 당시의 흔적을 발견하고 성경과 대조하는 일이 성경

그렇게 되어 버렸다. 그 이유는 무엇일까? "시온을 피로, 예루살렘을 죄악으로 건축하는도다"(미 3:10). 결국 죄가 무너뜨린 것이다. 유대인들은 이 무너져 버린 돌벽 사이에서 바르 미츠바(성인식)를 거행한다. 부러운 것은 민족의 슬픈 역사를 부끄러워하지 않고 그 교훈을 세대를 이어 학습한다는 사실이다.

예루살렘 남쪽 성벽의 3개의 훌다 게이트-그러나 무슬림들이 돌로 막아 버렸다.

"너희로 말미암아
시온은 갈아엎은 밭이 되고
예루살렘은 무더기가 되고
성전의 산은 수풀의 높은 곳이 되리라."

(미 3:12)

★ 역사 고고학적인 이야기-예루살렘의 남쪽 성벽 잔재

1838~2000년에 이곳에서 탐사가 있었다. 로빈슨, 찰스 워렌, 케넌, 벤자민 마자르 등의 유수한 고고학자들이 이곳을 발굴해 냈다. 이곳은 여러 층으로 덮여 있는데, 7세기 비잔틴 시대의 건축물도 발굴되었다. 1986년에는 고고학자 마자르의 딸이 발굴에 참여하여 1994년에 가장 중요한 유물들을 발굴·수집해 놓았다. 첫 고고학자였던 로빈슨의 이름을 따서 예루살렘 고고학 파크가 조성되어 있다.

Burnt House

번트
하우스

예루살렘 함락과 1세기 대제사장들의 저택

1970년 예루살렘 윗도시를 탐사하다가 우연히 전소된 집을 발견하였다. 주후 70년 예루살렘을 침공한 로마군에 의해 붕괴된 것이었다. 이곳을 번트 하우스Burnt House라고 이름 지어 1세기에 참극의 현장을 공개했다.

이 번트 하우스는 유대인 구역에서 일어난 옛 사건을 보여 준다. 입장료 6세켈을 내고 들어서니, 아이들이 부모와 함께 앉아 재잘거린다. 잠시 후 들어온 문이 스르르 닫힌다. 캄캄한 어둠 속에서 12분짜리 영상이 둘둘거리며 돌아간다. 70년에 이 집에서 실제로 일어난 일을 보여 준다. 이 집 식구로 보이는 여성의 부러진 뼈와 로마군이 휘두른 쇠창이 눈에 띈다.

집이 불화살에 맞더니 맹렬한 화염에 휩싸여 잿더미가 되는 모습으로 영상은 끝난다.

1970년 초 고고학자 아비가드 교수는 2천 년간 땅속에 숨어 있던 이 집을 발굴하였다. 이 과정에서 놀라운 증거물이 출토되었다. 집 한 구석에서 발견된 돌추stone weights에서 "카트로스 아들에 속함"belonging to the son of Kathros이라고 적힌 아람어 문구가 발견됐다. 이것은 이 집이 당시 예루살렘의 대제사장이었던 카트로스의 집이라는 것을 증명하는 자료다. 이 증거물은 예수를 처형하기 위해 혈안이 되었던 대제사장들이 어떻게 살다가 최후를 맞았는지 보여 준다. 화려한 거실과 가족 사우나

70년에 로마군의 공격으로 불에 탄 예루살렘의 대제사장의 집터에서 발견된 로마군의 창.

탕과 정결 욕조탕이 그대로 보존되어 있다. 고운 모자이크 바닥까지 깔려 있는 것을 보니 식구들은 안락한 생활을 한 것 같다. 그러나 "돌 위에 돌 하나도 남김없이 무너지리라" 하신 주님의 말씀처럼 그 부유함은 끝이 있었다. 주님의 말씀은 언제나 진리다.

대제사장 카트로스는 당시 예루살렘 성전에 향품을 봉헌한 가문이었다. 이 카트로스 가문은 바빌로니아 탈무드에 이름이 기록될 만큼 유명했다. 대제사장이었던 그는 부패했고 피지배 계층에 군림하기를 좋아했다. 탈무드 바

로 참극을 면할 수 없었다. 칼에 살육되고 집은 불에 타고 무너져 버렸다.

탐사 결과 그 집 내부는 부엌, 미크베(정결 예식소)를 포함한 화장실과 네 개의 방으로 구성됐고, 식기, 동전, 식구들의 이름이 새겨진 돌추와 밤을 밝히던 등잔과 80리터 용량의 석회암 돌항아리가 발굴되었다. 석회암 돌항아리는 부유한 집에서만 사용하던 특별 용기다.

권력과 물욕, 명예욕에 사로잡혔던 1세기 대부호 제사장들은 예수님이 가르침을 듣고 회개했더라면 심판의 칼을 피할 수 있었을 것이

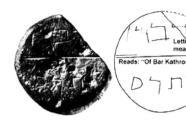

번트 하우스에서 발굴된 추로,
로마군에 의해 불탄 집이 당시 대제사장 카트로스의
아들의 집인 것을 밝히는 자료다.

브리 페사힘Talmud Bavli, Pesachim 57, I에 남긴 기록을 보면, "카트로스 가문으로 인해 나 자신에게 화있을진저 그들의 펜에는 독이 묻어 있고 그들은 대제사장들이며 그의 아들들은 돈궤를 맡았으며 그들의 손자들은 고관직의 권력을 가졌으며, 그의 종들은 막대기로 사람을 족치는 자들이었다." 예수를 처형하는 데 적극 찬성했던 카트로스 가문은 70년까지 이 웅장한 주택에서 떵떵거리며 살았다. 세마포 예복을 입고 비단요 위에서 양고기를 씹고 모자이크 바닥으로 된 목욕탕에서 목욕을 하며 호사를 누렸던 것이다. 결국 예수님의 말씀대

다. 자식에게 물려줄 재산을 불리며 가난한 이들 위에 군림하다 사망의 그물에 포박당한 것이다.

> "백성이 다 대답하여 이르되
> 그 피를 우리와 우리 자손에게
> 돌릴지어다 하거늘."
>
> (마 27:25)

오울
고고학
박물관

헤롯 시대 가옥의 모습

오울 박물관 역시 1세기 예루살렘의 생활양식을 보여 주는 곳이다. 신약 전체를 이해할 수 있는 헤롯 시대의 유물들이 전시되어 있다. 건물 위층은 유대교 신학교가 있다. 윗도시에 살며 성전을 관리한 대제사장의 가족들과 헤롯의 고관들과 사두개인들의 생활이 그대로 드러난다.

헤롯 시대에 실제 가옥터가 오울 고고학 박물관에 그대로 보존돼 있다. 목욕탕, 별도의 정결 예식터인 미크베, 석회암 항아리, 모자이크 바닥, 고운 석회가루를 발라 색깔 넣은 벽, 널찍한 응접실과 침실 등을 통해 집의 내부 구조를 엿볼 수 있으며, 예수와 헤롯 시대에 유행하던 기하학적인 패턴을 바닥 모자이크를 통해 알 수 있다. 프레스코 벽들은 자연 재료를 사용했고 유리그릇과 가정용품 등은 당시 예루살렘의 부유층의 모습임을 알게 한다. 웨스턴 하우스라 불리는, 박물관 초입에 있는 집터에서 개인용 미크베를 상세히 볼 수 있다. 신약시대의 정결법을 이해할 수 있는 자료다. 두 번째 장소에는 불에 그을린 목재가 그대로 남아 있는 모자이크 바닥 방들이 있다. 로마군이 예루살렘을 공격했던 흔적이다. 그리고 헤롯 시대의 가장 크고 독특한 집들은 마지막 부분에 있다. 역시 불탄 장소와 정결 예식소가 있다. 오울 고고학 박물관은 번트 하우스 옆에 위치한다. 예수의 처형을 음모, 유도, 지지, 판결했던 대제사장들과 사두개인들과 헤롯당이 그렇게까지 지키려 하고 누렸던 생활 근거지를 포착할 수 있다. 신약의 줄거리가 시원하게 이해되어지는 곳이다.

227

올드시티
무슬림
구역을
걸어가는
아랍 노인.

Dome of Rock

황금 오마르 이슬람 바위 사원

성전산을 점유하다

예루살렘을 대표하는 곳으로, 솔로몬의 1차 성전과 스룹바벨의 2차 성전이 세워졌던 자리다. 7세기에 이르러 이슬람이 침공해 이 터에 지금의 오마르 사원의 기초를 세웠다.

에 들어가지 못한다. 사우디아라비아의 메카와 이란의 마샤드 사원과 같은 규정이다. 성전산은 시간을 잘 맞춰 방문해야 한다.

성전산은 주전 2000년경 아브라함이 이삭을

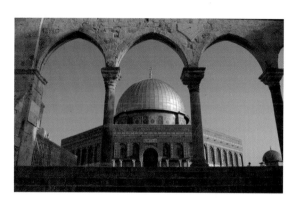

〈내셔널 지오그래픽〉지에 자주 등장하는 이슬람 사원은 마치 노란 튤립이 피어 오른 듯하다. 밤에 보면 황금달 반쪽이 도마 위에 오른 것처럼 보인다. 누구라도 그 산에 올라 고운 타일벽을 슬쩍 만져 보고 싶어진다. 반바지를 입고는 입장할 수 없다. 입구에 무릎을 감추는 치마 같은 옷을 준비해 두었다. 생경한 치마 복장으로 성전산을 다니다 보면 기분이 묘하다. 또 기도하는 아잔 시간이 오면 입장할 수 없다. 사실 무슬림이 아니면 오마르 사원

바치려 했던 모리아 산이다. '여호와 이레'라는 말이 이 사건에서 유래한다. 이레의 원래 뜻은 "여호와께서 지켜보실 것이다"라는 의미다. 그 후 이 산은 수백 년간 가나안 족속의 뒷동산이었다가, 훗날 이 산에 성전이 세워지게 된다. 헤롯 대제는 옛 스룹바벨 성전을 두 배로 확장하면서 시민들의 삶을 도탄에 빠트렸다. 그는 새 성전 문 꼭대기에 로마를 상징하는 황금 독수리상을 세웠는데 당시 유대인의 큰 분노를 자아냈다. 헤롯은 독수리 상징과 화살의

229

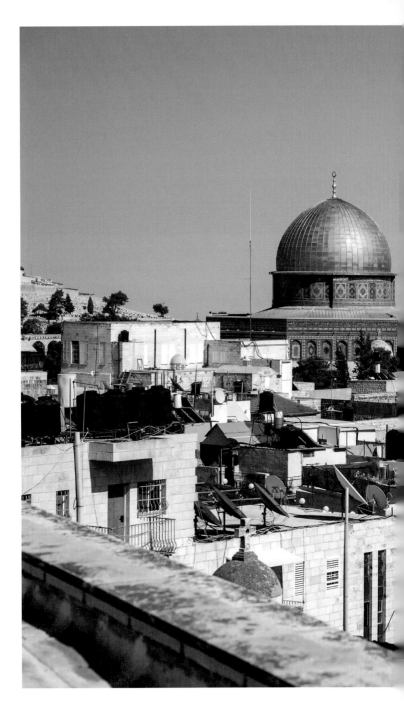

무슬림 구역은
기독교 구역과도
가깝다.

이미지를 담은 동전을 만들어 사용했다.

비잔틴 시대가 예루살렘에서 밀려나고 7세기에 이슬람이 들어오자, 이 성전산은 아랍어로 '하람-이쉬 샤리프'Haram-esh-Sharif라 불렸다. 성전산 사원은 8각형 목조 지붕 형태로 698년에 완공됐다. 당시 이슬람 우마야드 왕조의 칼리프였던 아베드 알말리크가 완공하였다. 그 후 예루살렘은 이슬람의 3대 성지로 지정됐다. 이곳에서 한 번 기도하면 다른 곳에서 기도한 것의 500번과 같다고 하여 무슬림 순례객이 즐겨 찾는다.

사원 안 기둥은 높이와 두께가 제각기다. 버려진 돌기둥들을 가져다가 세웠기 때문이다. 1994년 요르단의 후세인은 650만 불을 헌납해 황금돔 1,200장의 패널을 24K 금으로 도금했다. 금은 화학반응이 가장 적은 금속이라 변하지 않고 산소에도 반응하지 않는다. 이 성소에는 아랍어로 "알라는 셋이 아니라 하나며, 예수는 알라 그 말씀의 사도나 그의 아들은 아니다"라고 단단히 기록해 두었다.

7세기 이슬람은 유대교의 심장부를 차지했다. 무함마드는 유대교와 아주 불편한 관계 속에 623년에 사망한다. 그 후 칼리프(후계자)들이 예루살렘을 장악하고 옛 성전터를 점령했다. 그리고 그 위에 듬직한 바위 사원을 세웠다. 그러고는 천연덕스럽게 무함마드가 야밤여행Night Journey을 통해 이곳 예루살렘 하늘에서 승천했다고 했다. 이는 코란에도 쓰여 있다. 모든 무슬림은 그 말을 믿었다. 그 후 성전산 바위 사원은 이슬람의 제3성소가 되었다. 메카에서 시작된 종교가 예루살렘 한복판에 분점을 낸 것이다. 유대인의 성전은 흔적도 없이 사라지고 자존감은 땅에 떨어지고 말았다. 오늘날 극우파 유대인 중에는 이슬람 사원을

부수고 그 위에 '제3의 성전'을 세우려 한다. 몇 년 전 극우 유대인이 황금 사원을 폭파하려다 체포된 일도 있었다. 언젠가 통곡의 벽 언덕, 탈무드 학교에서 황금돔을 노려보며 기도하는 종교인에게 물었다. "무슨 기도를 그리 심각히 하십니까?" 그러자 "저 황금돔이 폭삭 주저앉고 유대인의 성전이 세워지길 기도하는 거요" 하고 저녁 햇살을 먹고 부드러워진 황금돔을 노려보며 서슴없이 쏟아냈다.

사원 내부에는 아브라함의 바위가 있다. 그 바위는 너비 12미터, 길이 18미터, 높이 2미터로 아브라함이 이삭을 번제로 바쳤던 장소로 본다. 무슬림들은 이 바위에서 무함마드가 승천했다고 믿는다. 무함마드는 이 바위에서 밤하늘을 비행하며 모세와 엘리야와 예수를 만났으며 이곳을 세상에서 가장 거룩한 곳이라고 말했다. 이 바위 아래에는 동굴과 연결되는 갱구가 있으며 옛 솔로몬 성전 자리를 표시해 둔 곳도 있다. 이곳에 들어가려면 신발을 벗어 비닐주머니에 넣어 옆구리에 끼고 입장해야 한다. 그 안에는 무함마드가 하늘에 오를 때 찍혔다는 발자국이 바위 위에 새겨져 있다. 얼마나 세차게 디뎠는지 바위가 움푹 패었다. 무슬림들은 그 바위를 향해 최대한 예의를 갖춘다. 음산한 느낌이 붉은 카펫 바닥에서 올라오며, 사원 내부는 침묵의 유랑으로 술렁인다.

초기 무슬림 순례객들은 무함마드가 하늘에 오를 때 디던 바위를 쪼아 파편을 가지고 갔다. 또한 돔 안에는 나무 캐비닛이 있는데 무함마드의 머리카락이 보관되어 있기에, 그 캐비닛도 귀하게 여겼다. 7세기 이후 예루살렘은 이렇게 무슬림의 성지가 되었다. 그 후 예루살렘을 차지했던 무슬림 왕조는 여러 차례 바뀌었다. 우마이드 왕조는 다마스쿠스를, 압바

스 왕조는 바그다드를, 파티마 왕조는 카이로를 수도로 삼아 근동 지역으로 퍼져 나갔다. 현재 이 성전산은 팔레스타인에 속한 동예루살렘이다.

12세기 성지 회복을 목적으로 십자군이 예루살렘을 공격했다. 걸어서 예루살렘까지 도착한 십자군은 3일 동안 단식기도를 드리고 맨발로 예루살렘 성을 돌았다. 맨발의 군병들은 예루살렘 주변에 자생하는 식물 가시에 찔렸을 것이다. 예루살렘 성은 쉽게 무너졌다. 십자군은 바위돔 안에 피신했던 300명의 무슬림 여성과 아이들을 산 채로 불태웠다. 유대인들도 잡아 사형에 처했다. 예수님을 못 박아 죽게 했다며, 인정사정없이 몰아쳤다. 그 후 골고다의 성묘 교회로 가서 탈환 감사기도를 올렸다. 십자군은 잔인했다. 1096년 교황이 십자군에 참가하면 원죄를 용서받고 천국에 간다며 모병을 하자, 부랑자, 홈리스, 여자들, 소년들이 너 나 할 것 없이 도구를 챙겨 몰려왔다. 십자군전쟁에 참가하면 모든 범죄를 면해 준다니 호적 세탁이 절실한 전 유럽의 전과자와 흉악범이 대거 십자군에 가담한 것이다. 그들은 제대로 된 기독교인들이 아닌, 깡패 집단이었다. 결국 십자군은 패전하고 마믈루크 무슬림이 장악하다가, 1517년에 이슬람 오토만 제국이 성지를 다스리게 된다.

"솔로몬이 예루살렘 모리아 산에
여호와의 전 건축하기를 시작하니
그곳은 전에 여호와께서
그의 아버지 다윗에게 나타나신 곳이요
여부스 사람 오르난의 타작마당에
다윗이 정한 곳이라."

(대하 3:1)

★ 역사 고고학적인 이야기-성전산

원래 성전산은 이삭을 제물로 드렸던 모리아 산이다(창 22:1-18). 다윗이 성전을 짓기 위해 사들인 아리우나의 타작마당이었다. 주전 966년에 솔로몬은 이곳에 제1차 성전을 세웠다. 이후 바빌로니아의 침공에 의해 주전 586년 완전히 파괴돼 버렸다. 그 후 페르시아에 의해 주전 515년부터 제2차 성전이 재건되었다. 주전 37년 헤롯 대제가 등극하면서 성전은 두 배로 확장됐다. 헤롯에 의한 성전은 거의 80년에 걸쳐서 지어졌을 만큼 거대했다. 66~70년에 유대인들의 1차 봉기가 일어났고 로마군의 장악으로 성전은 무너졌다. 이때 서쪽 벽이 유일하게 무너지지 않고 남았는데 그것이 오늘날의 통곡의 벽이다. 그 후 135년 제2차 유대인 항쟁이 발발하자 하드리아누스 황제가 예루살렘을 진압하고는 성전산 위에 아도니스Adonis 신전을 건설했다. 4세기 비잔틴 시대 기독교인들은 이 성전터를 그대로 남겨두었다. 유대인의 성건 재건에 대한 생각을 무마하기 위해서였다. 7세기 이슬람이 중동 지역을 휩쓸 때에 638년에 아랍인들이 이곳 성전산의 한 바위를 지정하여 무함마드가 승천했다는 전설을 만들었다. 그 바위를 보존하기 위해 685~691년에 압둘 말리크에 의해 성전터 위에 목조건물이 건축되었고 재건을 통해 디나르Dinar 금화 10 만 개를 녹여서 청동과 알루미늄을 합금하여 외부 돔에 48센티미터로 두께로 입혔으며 술레이만 대제 (1522~1566년) 때에 가서는 7년에 걸쳐서 터키의 이즈니크식Iznik 염색 타일을 사원 벽에 붙여 꾸미는 공사를 하여 오늘날의 모습을 갖췄다. 1958~1964년에 황금색 칠을 하여 황금 사원이라고 불리게 되었다.

St. Anne's Church, Bethesda Pool

베데스다
연못

헬라 신화에 빠졌던 38년 된 병자를 고치시다

베데스다 연못은 기적의 물로 치유받기를 소망하는 병자들이 모인 곳이었다. 그러므로 베데스다 주변에는 수많은 병자가 있었을 것이다. 냄새나고 지저분하고 노숙하는 이들로 허름한 풍경이었을 것이다. 왜 병자들이 연못에 모여 있었을까? 물이 움직일 때(솟아날 때) 먼저 들어가는 자가 치료된다는 전설 때문이었다. 당시 종교인들은 불결한 곳을 찾지 않았다. 이렇게 불결하고 버려진 인간들이 있는 곳을 찾아간 분은 그리스도였다. 그는 '자비의 집'이란 뜻의 '베데스다'에서 자비를 베푸셨다.

그 물에 신비로운 치유의 능력이 정말 있었을까? 베데스다 연못은 분천이었다. 곧 물이 솟구쳐 올랐다가 사라지는 샘이었다. 그곳에 38년이나 기다린 병자가 있었다. 솟구치는 분천을 보았으나 거동이 불편해 들어가시 못했다. 예수께서는 그의 잘못된 요행적 믿음을 보신 것 같다. 38년이나 그 자리를 끈질기게 지키고 있던 그를 누가 돌보았을까? 의식주는 어떻게 해결했을까? 그런 모습을 보고 예수는 "네 자리를 들고 일어나 가라"고 하시며 세 가지 명령형을 사용하셨다. 그리스도의 말이 병자를 움직였고, 그 언어의 힘으로 일어났으며,

말의 능력이 치유을 가져왔다. 병자에게 운명적으로 녹아든 헬라 신화적 생각을 사라지게 한 것이다.

베데스다 샘은 주전 8세기 무렵부터 유명했다. 이곳은 빗물을 저장하는 물저장고였다. 겨울철에 모인 물은 수로를 통해 예루살렘으로 공급됐다. 당시 예루살렘 시민들은 이 물저장고를 윗못Upper pool이라고 불렀다. 주전 200년경에는 남쪽에 두 번째 못을 만들었다. 이 집적수는 성전에 바칠 짐승을 세척하는 용도였다. 샘의 깊이는 13미터로 매우 깊었다. 이곳을 베데스다의 샘이라고 불렀다.

주전 1세기 이 샘 곁에는 두 개의 작은 동굴이 있었다. 후에 작은 목욕터가 되었다. 그 목욕터 중 하나는 치료의 신을 섬기는 곳이었다. 동굴을 개조한 이 목욕터가 치료의 신 아클레피우스Asclepius를 섬기던 장소였음을 유대 문헌 미쉬나가 밝힌다. 당시 안토니아 성채에 주

베데스다 연못 자리
-현재 무슬림 구역과 기독교 구역 사이에 위치해 있다.

둔한 로마군이 이 장소를 로마의 포투나For-
tuna 곧 행운의 여신을 믿는 장소로 바꾸었다.
이런 이교적인 숭배 문화가 예루살렘에 성행
하자, 과격파 유대인들은 이 연못을 없애려고
까지 했다. 이 38년 된 병자는 치료의 신 아클
레피우스에 대한 동경으로 긴 세월을 연못가
에서 낭비했던 것으로 보인다.

"병자가 대답하되
주여 물이 움직일 때에
나를 못에 넣어 주는 사람이 없어
내가 가는 동안에
다른 사람이 먼저
내려가나이다."

(요 5:7)

★ 역사 고고학적인 이야기 – 베데스다 연못

원래는 베데스다는 성 밖에 있었으나, 헤롯 아그립바 1세의 성벽 확장으로 성 안에 편입되었다. 135년 로마 황제 하드리아누스는 베데스다
를 신전 규모로 확장했다. 4세기 비잔틴 시대에 교회로 바뀌었다. 십자군의 통치가 시작되며, 주변에 교회 건물들이 세워졌다. 1138년에 베
데스다에는 지금의 성 안나 교회가 세워졌다. 성 안나 교회는 예수의 할머니인 안나가 태어난 동굴에 그녀를 기념해 세운 것이다. 살라딘이
예루살렘을 정복하자 이곳은 이슬람 학교가 되었다. 그 후 폐허가 되었다가 오토만 때에 와서 영국의 빅토리아 여왕이 베데스다를 사용할
수 있도록 요청하자, 오토만제국은 허가한다. 그 후 베데스다는 프랑스에 넘겨진다. 1856년 프랑스는 베데스다 유적지 남쪽에 성 안나 교
회를 재건하고 고대 유적지를 보존했다. 오늘날 베데스다 유적지를 방문하면 여러 돌무더기와 함께 작은 연못을 볼 수 있다. 이곳이 바로 베
데스다요, 치료의 신을 섬겼던 장소다.

예루살렘 역사 박물관과 다윗의 탑

예루살렘 역사가 집결된 곳

오늘날 다윗의 탑 안에는 1세기의 헤롯의 왕궁이 있었다.

원래 이곳은 1세기 헤롯 가문이 왕궁으로 사용한 곳이다. 예수는 마지막 이곳까지 끌려와 헤롯 안티파스와 대면하게 된다(눅 23:8).

아르메니안 구역이 시작되는 초입에 역사 박물관이 있다. 예루살렘 4천 년의 역사를 형성기부터 현대에 이르기까지 연대기적으로 구성했고, 연결된 홀마다 각기 다른 연대로 구성해 사료를 배치했다. 지루한 박물관이 아니다. 이곳을 관람하면 예루살렘을 이해하게 되고, 성경을 보는 눈도 달라진다.

사실 예루살렘은 너무 복잡하다. 길을 잃지 않기 위해서는 예루살렘에서 일어난 전체 역사를 일목요연하게 정리해 보는 것이 중요하다. 이 박물관은 현대에 이르기까지 역사를 연대기적으로 전시, 설명한다. 고대 가나안인과 히브리인, 헬라인과 로마인, 십자군과 무슬림, 투르크 족과 영국인, 유대인에 대한 자료가 풍부하다. 박물관 내의 성채의 탑을 따라 끝까지 올라가면 예루살렘의 전경도 볼 수 있다. 욥바문 바로 옆에 있으며, 이 건물은 1세기의 헤롯이 거주했던 성이기도 하다.

각 전시관에 들어가면 시대마다 달라진 예루살렘 모습이 구현되어 있다. 주전 2천 년경의 예루살렘이 어떠했는지 보여 준다. 다윗의 탑을

237

품고 있는 성채 자체가 고고학적인 자료다. 다윗의 탑이라 한 것은 다윗이 이곳을 이스라엘의 첫 수도로 삼았기 때문이다. 어느 날 새벽 다윗의 탑 근처 성벽터에 앉아 찬양하는 무리를 보았다. 힌놈의 골짜기가 내려다보이는 곳에 모여 예루살렘의 회복을 위해 기도하고 있었다. 그들은 매주 그렇게 찬양을 한다고 했다. 2천년 전 이곳은 헤롯 가족이 대대로 살던 터다. 헤롯 대제는 에돔 혈통으로 유대인의 왕이 되었다. 가문 때문에 콤플렉스가 있었을 것이다. 그는 처첩이 10명이었고 자식도 많았다. 그러나 자기 아들들은 물론 친족을 거침없이 죽였다. 죽기 직전에 남긴 유서에는 자신의 아내인 마카비 왕조의 딸 미리암네를 죽이라고 썼

다. 본인 사후에 그녀가 남의 아내가 된다는 것을 참을 수 없었기 때문이다. 아우구스투스는 헤롯의 만행을 보고, "헤롯의 아들이 되느니, 헤롯의 돼지가 되는 게 낫다"라는 말을 역사에 남겼다.

성채는 걸어서 이동하면서 볼 수 있다. 걷다 보면 헤롯의 왕궁에 들어와 있는 기분을 느끼게 된다. 박물관 측은 평화 축제 문화A Culture of Peace Festival 행사의 일환으로 매해 나사렛 오케스트라와 솔리스트를 초대해 유대인과 아랍 예술인들의 음악회를 연다. 여름에는 예루살렘 국제 재즈 축제를 통해 세계적인 재즈콘서트도 열린다. 이 박물관은 다임 비비안 뒤필드와 클로르 이스라엘 재단에 의해 세워졌다.

"헤롯이 예수를 보고 매우 기뻐하니…
헤롯과 빌라도가 전에는 원수였으나
당일에 서로 친구가 되니라."

(눅 23:8, 12)

★ 역사 고고학적인 이야기-다윗의 탑 발굴 역사

원래 이곳에는 히스기야가 아시리아의 침공을 막기 위해 쌓은 벽이 있었다(대하 32:5). 주전 2세기의 하스모니안 통치자들이 그 위에 성벽과 헬라식 건물들을 세웠다. 1세기의 헤롯은 이 지역을 요새화하여 성벽에 세 개의 큰 탑을 세웠다. 요세푸스가 이 사실을 기록으로 남겼다. 파사엘(헤롯의 형제), 히피쿠스(헤롯의 친구), 미리암네(헤롯의 아내)의 이름을 붙인 탑이다. 이중 하나가 지금까지 남아 있다. 이것이 바로 오늘날 다윗의 탑이다. 22미터 높이로 로마의 1차 침공 때 무너지기도 했다. 그 후 로마 10군단이 이곳에 주둔했는데, 이곳서 발굴된 진흙 토관에서 LXF(Legio X Fretensis)라는 로마 10군단의 이름이 나타났다. 비잔틴 시대에 무너진 다윗의 탑을 다시 세웠다. 그리고 수도사들이 이곳에 수도원을 세웠다. 당시 벽들과 물저장고, 십자가 표시 등이 발굴되었다. 초기 아랍인들도 이곳을 다시 재건하면서 아랍식 건축양식을 옮겨 놓았다. 그 후 12세기에 십자군이 와서 재건하면서 내부에 테라스를 세우고, 정원을 꾸미고, 보수공사를 했다. 1968~1969년에 아미란과 에이탄이 발굴에 참여, 1976~1980년에 히브리 대학교와 이스라엘 탐사회와 힐렐 게바가 발굴했으며, 다시 1980~1988년 시반과 솔라에 의해 탐사되어 오늘날에 이르렀다. 1934~1987년 사이에 고고학적인 조사가 처음 실시되었다. 방문객에게 소개하기 위해 1988년에 공식적으로 문을 열었다.

City of David
다윗의
마을

성서의 내용을 간직한 예루살렘

분문 앞 주차장에 차를 세우고 조금 내려가면 다윗의 마을이 나온다. 다윗이 즐겨 연주했던 수금이 정문에 전시되어 있다. 어린 올리브나무가 즐비한 뜰 안으로 들어가니 발 아래 쇠창틀을 깔아 3천 년 전 다윗 시대의 가옥터를 볼 수 있게 했다. 다윗의 마을은 언덕에 있는 작은 곳이다. 그러나 성경의 수많은 사건이 이 장소에서 일어났다. 밧세바와의 간통, 나단 선지자의 책망, 압살롬의 반역, 므비보셋과의 식사, 솔로몬의 등극 등이 바로 이 작은 산성에서 발생한 역사적 사건이다.

다윗은 이곳에서 죽었고 가까운 곳에 묻혔다. 다윗의 마을을 관람하는 동안 다윗의 소박함과 성실한 삶이 와 닿는다. 비스듬한 언덕, 이 불편한 곳에서 다윗은 평생을 보냈다. 왕이었지만 서민이었다. 솔로몬이 13년간 궁전을 쌓은 것을 보면 비좁았던 다윗 성에 대한 불만이 상당했던 것 같다. "왕처럼 화려한 집을 지은 자는 종처럼 살고, 종처럼 허술한 집을 지은 자는 왕처럼 산다" 했는데, 다윗은 진정 종같이 산 왕이었다.

사울 왕가의 몰락이 휘몰아친 후(삼하 1~4장), 뚜렷한 변화가 찾아왔다. 예루살렘이 이스라엘의 수도로 조정된 것이다. 다윗은 가나안 중심에 수도를 세우고 균형적 통치를 구축했다.

수도를 헤브론에서 중앙으로 이전하여 열두 지파의 결속을 이끌어 냈다. 예루살렘은 남북의 중간 지역에 위치해서 최북방 단에서부터 최남방 브엘세바까지 균형 잡힌 통치를 할 수 있는 최적의 좌표였다.

다윗은 7년간의 남쪽 헤브론에서의 삶을 청산하고 예루살렘으로 올라왔다. 그리고 여부스 Jebusite 족이 수백 년간 다스렸던 예루살렘 산성을 정복했다. 다윗은 이 산성의 지리적 약점을 알고 있었다. 여부스 족 성 안에 42미터의 지하 터널이 숨겨진 것을 알아냈다. 이 터널 끝에는 수직갱구(워렌 샤프트)가 연결된 것도 알았다. 이 수직갱구는 바깥의 기혼 샘과 연결되었고 이 루트를 통하면 성 내부로 쉽게 침투할 수 있었다. 다윗의 판단은 정확했다. 정예부대를 끌고 물 긷는 데로 올라가서(삼하 4:5) 성 안을 점령한 후, 단 하루 만에 정복한 것이다. 이 물 긷는 데는 여부스 성 내부의 13미터 수직갱구를 말한다. 이것을 워렌이 발견했기에 '워렌 샤프트'라는 이름이 생겨났다.

여부스 족을 몰아내고 성벽을 둘러 세운 다윗 성City of David에서 33년간을 통치했다(왕상 2:11). 최초의 예루살렘은 이렇게 시작되었다. 불멸의 여부스 족을 격퇴한 다윗은 동족에게 크게 인정받았다. 여부스 족의 산성을 재건한 후 왕궁으로 삼음으로써 민족적 존경까지 이끌어 냈다.

철계단을 타고 내려가면 옛 다윗의 궁전을 볼 수 있다. 궁이라고 해봐야 돌로 쌓은 비스듬한 돌담군인데, 그곳이 다윗의 첫 예루살렘이다. 다윗의 마을의 전경을 살펴본 후 옛 유다 왕정기 때 구조물을 보도록 한다. 왕이 사용한 성채와 성서시대의 가옥의 흔적도 볼 수 있다. 가나안 족이 두른 성채와 지하 물 공급처인 기혼 샘과 히스기야 터널까지 모두 이곳에서 볼 수 있다.

기혼 샘이 흘러가던 다윗의 도시 언덕에는 주전 3천 년경부터 정착민이 살았다. 그들은 직사각형 건물에서 살았는데 이는 전형적인 가나안 정착민의 가옥 형태다. 12~13세기에 와서 마을의 지형이 바뀌게 되고 성벽이 세워지면서 가나안-여부스 족의 성채가 생겨났다. 당시 기혼 샘의 물을 성벽 바깥으로 나가지 않더라도 떠올 수 있도록 내부에 돌벽을 42미터나 팠다. 다윗의 마을 남동쪽 언덕에 큰 구조물이 큰 돌로 둘러쳐 지어져 공공 건물로 사용된 것으로 보이는데, 이름은 아실라의 집이다. 또 하나의 집은 불탄 방burnt room이라 이름 지어졌다. 아히엘의 집Ahiel House이라고 일컫는 북동쪽 언덕에 네 개의 방을 있는 가옥이 발견되었다.

이 방에서 발굴된 항아리 파편에서 아히엘의 이름이 나왔기 때문에 지어진 이름이다. 이는 집주인의 이름일 가능성이 매우 높다. 이 집은 2층 구조로서 돌기둥으로 기초했고 50개 이상의 곡식 저장 항아리들과 석회석 변기가 발굴되었고 그 변기도 다윗 마을에 그대로 두었다. 인장의 집The Bullae House으로 불리는 집은 아히엘 집의 동편에 있다. 이곳에서 50개의 히브리어로 기록된 점토 인장을 발굴했다. 이 점토 인장들은 편지를 밀봉할 때 사용한 것이다. 사반의 아들 게말랴의 것도 출토되었다(렘 36:10). 그중에 바술의 아들 그달랴의 이름이 찍힌 점토 인장이 발굴되었다. 이 이름은 예레미야 38장 1절에 기록되었다. 세레마야후의 아들 예후칼의 이름도 나타났다. 이 사람은 유다의 마지막 왕 시드기야왕의 신하였다. 또한 질그릇과 화살촉과 제의용품이 출토되었다. 이는 철기시대 말엽의 것이다. 다윗의 마을 동쪽 언덕에서는 파괴의 흔적이 있는데 이것은 바빌로니아의 침공을 확인케 하는 상흔이다(왕하 25:8-10). 또한 이곳에서 성전에 드렸던 반 세겔도 발굴되었다. 유대인들은 성전 관리를 목적으로 주민들에게 성전세를 징수했다. 성전세의 유래는 주전 6세기 스룹바벨 때부터였다. 성전세는 물품 구입과 관리 및 수리 유지비로 사용되었다.

★ 역사 고고학적인 이야기 - 다윗 성 발굴

1967년 6월 전쟁의 승리로 이 지역이 유대인 지역으로 편입되면서 다윗 성 탐사가 본격화되었다. 히브리대 이갈 실로 교수가 탐사를 맡았다. 다년간의 탐사로 다윗 성은 많이 복원됐다. 다윗의 마을 속에 감춰진 42미터의 여부스 터널과 수직갱구의 비밀도 드러났다. 그 후 1986년에 이 장소에 대한 고고학적인 발굴과 관광 개발, 교육 프로그램, 환경 보존 등의 목적을 위한 재탐사가 실시되었다. 2007년 이스라엘 유물 발굴 협회Israel Antiquities Authority는 다윗의 마을에서 제2 성전 시대에 속하는 큰 건축물터를 발굴했다. 이 건축물터에는 거대한 기초와 벽을 포함했다. 물저장고와 미크베도 나타났다. 요세푸스의 기록들에 의하면, 이 건축물터는 하드야브Hadyab 가문이 세운 것이다. 매년 9월마다 이곳에서는 다윗의 마을 고고학 컨퍼런스가 히브리어로 열린다. The City of David Institute for Jerusalem Studies라는 연구소가 주관하는데 세계적인 석학들이 모인다. www.megalim.org.il에 들어가면 자세한 정보를 얻을 수 있다. 수많은 사람이 다윗의 마을 앞에 모여서 강의를 경청하는 모습이 매우 인상적이다.

실로암

1세기 예루살렘의 정결 예식처였던 곳

새로 발굴된 실로암의 모습-이 계단을 따라 시각장애인은 내려가 눈을 씻었을 것이다.

1세기 예루살렘의 최대 정결 예식터 실로암 못은 예수가 시각장애인의 눈에 발라 준 진흙을 씻고 오라고 보낸 곳이다.

요한복음 9장의 중심은 실로암이다. 실로암은 히브리어 '쏼라'에서 왔으며 '보냄을 받다'라는 뜻이다. 한 시각장애인이 실로암으로 보냄을 받아 눈이 밝게 된 이야기다. 최근 새롭게 발굴된 실로암 못은 예루살렘의 공동 미크베였음이 드러났다. 그렇다면 시각장애인이 찾아갔을 때 실로암은 수많은 사람으로 북적거리고 있었을 것이다. 실로암에서 눈이 밝아지는 기적은 자연스럽게 알려졌을 것이다. 그리스도는 이 사건을 통해 이사야 42장에서 암시된 메시아의 기적을 보였다.

5세기의 유도키아 황후는 이곳에 기념건물을 세웠다. 그러나 오랫동안 버려지게 되었고 옛 실로암의 잔재만이 어렴풋이 남게 되었다. 2004년에 다윗마을 재단은 실로암에 대한 재발굴을 시도해 이전 실로암 연못에서 50미터 정도에 떨어진 곳에 예수님 당시 실재했던 실로암을 발굴했다. 발굴된 못은 직사각형으로 생겼고 신구약 중간기 때의 동전도 발굴되었다. 이곳은 물이 풍부해서 예루살렘을 방문했던 순례객들이 쉬어 가기에 적합했다.

요한복음은 이 실로암이 미크베로 사용된 것을 암시한다. 만일 이곳이 미크베였다면 예루살렘에서 가장 큰 규모였을 것이다. 매년 절기마다 예루살렘에 몰려든 사람들은 반드시 정결 예식을 치룬 후 성전에 들어갔으므로, 지금의 실로암처럼 큰 정결 예식소가 필요했을 것이다. 기존의 실로암은 지금도 많이 순례객이 찾아온다. 서로 가까운 곳에 위치했기에, 두 곳을 다 볼 수 있다.

옛 실로암 못은 팔레스타인 주민이 관리했다. 그가 자물쇠를 따주면 계단을 내려가 1세기 기둥돌이 몇 개 박힌 반쪽짜리 연못을 둘러보곤 했다. 매주 목요일마다 한 종교 유대인이 작은 반탕에서 목욕을 해서 그가 목욕을 다 끝낼 때까지 기다려야 했다. "왜 이런 곳에 와서 목욕합니까?" 물어 보니 안식일을 거룩히 지키기 위해 자연수로 목욕을 한다고 대답한다. "집에 가서 씻으면 안 됩니까?" 물으니 "이 물로 해야 효과가 있기 때문이지요"라고 대답한다. 물속의 실거머리가 구불거리며 달려드는데도 여유롭기만 하다.

"실로암 못에 가서 씻으라 하시니
이에 가서 씻고
밝은 눈으로 왔더라."

(요 9:7)

히스기야
터널

주전 8세기의 대규모 터널 공법

주전 8세기 아시리아의 침공을 막기 위해 히스기야 왕이 판 실로암 터널.

열왕기하 20장 20절에서 히스기야는 저수지와 수도를 만들어 물을 성내로 끌어들이는 공사를 한다. 지금까지 남아 있는 히스기야의 터널은 당시 바위산을 뚫고 연결시킨 굴착 공사였다. 어떻게 이런 공사를 했을까 하는 놀라움이 앞선다.

잔인하기로 유명한 아시리아 군사들이 유다를 침입하자 무화과가 태풍에 떨어지듯 혼절했던 히스기야의 이야기가 이사야서에 있다. 아시리아가 예루살렘을 함락시키려 했을 때에 기혼 샘은 성 바깥에 있었다. 만일 기혼 샘이 아시리아로 넘어갈 경우 큰 위기를 당할 수밖에 없었다. 성내에 용수가 끊어지는 것을 막

기 위해 대규모 굴착 공사를 단행했다. 이 대규모 공사는 주전 701년에 시작되었다고 역사가들이 밝힌다.

기혼 샘에서 시작되는 물은 터널을 통과하여 533미터를 흘러가 마지막으로 실로암에 연결된다. 이 암석 터널을 들어가 걷다 보면 당시 공사하다가 떨어지는 돌에 맞아 급사한 유다의 노동자들이 있었겠다는 생각이 든다. 돌덩이를 따내느라 고생한 이름 없는 노동자들의 수고가 암벽에서 느껴진다. 이 엄청난 공사를 단행한 히스기야의 업적이 성경에 단 한 줄로 남겨졌다.

마하네
예후다
시장

예수 시대에도 열린 장터

'마하네 예후다'는 '유다의 장막'이라는 뜻이다. 예루살렘의 재래시장으로, 1세기부터 있던 시장이다. 이 시장은 성 바깥에 있었고, 예루살렘 주민들이 이곳에서 먹을 것을 구입했다. 제자들도 유월절을 치르며 여기서 장을 보지 않았을까? 근처에 목재 판매소도 있었다. 번제를 드려야 하니, 땔감이 많이 필요했을 것이다.

지금도 저렴한 가격에 각종 채소와 육류, 생활용품을 구입할 수 있는 예루살렘 최대의 오픈마켓이다. 특히 금요일 안식일 3시 전에 채소를 구입하면 더 싸다. 이 시장에서 올리브기름에 절인 푸른 올리브를 꼭 맛보기를 권한다. 1킬로그램에 50세켈 정도 주고 사면, 며칠 동안 올리브 하나만으로도 밥을 먹을 수 있을 만큼 맛이 있다. 겨울이 오면 아랍 가게에서 사온 큼직한 피타 빵 안에 흑설탕을 넣고 버터에 구워 먹으면 호떡과 똑같은 맛이 난다.

기드론
골짜기

세 개의 이름과 세 개의 무덤

왕의 골짜기, 판결의 골짜기, 여호사밧 골짜기라고도 불리는 이곳은 감람산과 예루살렘 사이에 있다. 성전산 동쪽 아래로 내려가 감람언덕에 닿은 작은 골짜기다. 겨울에는 물이 흘러가지만, 여름에는 메말라 버린다. 바위를 파서 만든 큰 무덤들이 차례로 놓여 길게 연결된 것을 볼 수 있다.

세 개의 기념비적 무덤인 압살롬 무덤The Tomb of Absalom, 헤실 아들 무덤Hezir's son's Tomb 그리고 스가랴 무덤Zechariah's Tomb이 기드론 골짜기를 품위 있게 한다. 이 예루살렘 부호들의 무덤은 잠들어 있어도 예술이다. 압살롬 무덤은 원뿔형처럼 생겼고 아래쪽은 사각형인 구조. 바위의 안을 모두 파낸 내부에는 매장을 위해 사용된 여러 개의 방이 있다. 상단부는 매끄럽고 둥근 석조탑을 올려놓아 예술의 혼을 느낄 수 있다.

그러나 압살롬 무덤은 그의 무덤이 아니다. 사무엘하 18장 18절을 보면 압살롬이 자녀가 없는 것을 안타까워하며 기드론 골짜기에 석비를 세운다. 후에 압살롬의 기념비라 불리다가 기념비가 사라지면서 그 사건을 기억하며 골짜기 어딘가 있었을 석비를 위해, 아직 이름이 지어지지 않은 탑 같은 무덤에 압살롬의 이름을 붙인 것이다.

헤실 아들 무덤은 기드론 동쪽 기슭에는 평면으로 깎아 기둥 두 개를 세워 만든 매장 동굴이다. 학자들은 이 무덤이 주전 2세기경의 것으로 평가했다. 동굴 외관에 새긴 비문에서 헤실 가문을 찾아냈는데, 이곳이 헤실의 아들들인 엘라자르, 하니아, 우자르, 예후다, 시몬, 요하난의 기념 무덤이라고 기록되어 있다. 역사적으로 헤실은 주전 10세기 다윗 왕 때부터 예루살렘에서 활동한 제사장의 가문이었던 것이 밝혀졌다. 스가랴의 무덤은 매우 특이하다. 주전 1세기경에 세워진 것으로, 주변의 바위를 따내고 건축물로 구성했다. 스가랴의 무덤에 매장실burial room이 없다는 것이 이상하다. 고고학자들은 두 가지 이유 중 하나라고 본다. 이곳이 무덤 구역임을 알리기 위한 기념물이었다는 것과 무덤을 조성하다 어떤 이유에선지 중단한 채, 기념물로만 남게 됐다는 것이다.

13세기 유대인 전승에 의하면 이 무덤은 1차 성전 시대(B.C. 966~B.C. 586)의 제사장 스가랴의 죽음과 연관이 있다고 전해진다. 그 이야

왼쪽은 헤실의 아들 무덤이며, 오른쪽은 스가랴의 무덤으로 기념비처럼 서 있다.

기는 역대하 24장 20-21절에서도 증언한다. "그(스가랴)가 백성 앞에 높이 서서 그들에게 이르되 하나님이 이같이 말씀하시기를… 너희가 여호와를 버렸으므로 여호와께서도 너희를 버리셨느니라 하나 무리가 함께 꾀하고 왕의 명령을 따라 그를 여호와의 전 뜰 안에서 돌로 쳐죽였더라." 신약에 와서 예수께서 말씀하신 이가 바로 이 사람으로 판단된다. "성전과 제단 사이에서 너희가 죽인 바라갸의 아들 사가랴의 피까지 땅 위에서 흘린 의로운 피가 다 너희에게 돌아가리라"(마 23:35).

달빛에 씻긴 성채는 기드론 언덕 위에 빛나고
첨탑은 어둠 속으로 침윤하는데
종소리 사라진 곳엔 바람이 쓸고가누나.
겨울의 거센 빗물에 춤추었던 계곡의 돌덩이는 먼지처럼 말랐고,
향기로운 비는 감람산으로 퍼졌는데
올리브 돌저꿔를 구르던 소리는 그쳤고,
골짜기 가득했던 향유 장사들은 폐업을 했구나.
압살롬의 묘는 비단 같고
헤실의 아들 무덤은 발랄한 유서 같은데
그나마 한 세기 잘 살더니 황금의 잠을 자는구나.
긴 밤 어딘가 기드론 골짜기서 말을 타고 어문으로 올라간 느헤미야가 있었을 텐데
그리스도와 제자들이 저 길로 내려갔는가?
건너편 어둠 속에서 피처럼 기도했으나
겟세마네에서 힘없이 포박되고 말았다.
긴 칼 난폭히 휘두르던 헤롯 왕가는 결국 세월이 흉가로 무너트렸도다.
그리스도가 가신 길이 어딘지 밤새 두리번거린다.

Mt. Olive
감람산

감람산 정상에서

예루살렘 동쪽 맞은편에 있는 산으로 네 개의 봉우리로 구성된다. 봉우리 아래쪽에는 올리브 기름을 짜는 겟세마네 동굴이 있었고, 그곳에서 돌 던질 정도의 거리에서 그리스도는 밤새 기도를 하셨으며 봉우리 정상에서 나귀를 타고 내려와 예루살렘에 입성했고, 이 봉우리서 승천하셨다. 이 지역은 현재 팔레스타인 지역에 속해 있다.

감람산에 올라 건너편 예루살렘 도성을 바라본다. 성난 바람에 몸이 날아갈 듯하다. 그리스도의 곱슬거리는 머리도 바람에 날렸으리라. 구시가지의 초라함이 한눈에 들어오고 오마르 황금 사원이 유난히 반짝인다. 관광버스들은 연일 성벽 주변을 돌고 있고 오랜 성벽은 도성을 감싸 안는다.

유대인 메시아가 황금문으로 온다는 소문을 듣고 그 근처에 사는 팔레스타인들은 그 문을 돌로 막아 버리고, 공동묘지를 설치했다. 메시아가 들어갈 황금문의 두 눈은 그렇게 감기고 말았다. 예루살렘과 감람산 사이 골짜기에 있는 기드론 시내는 죽은 듯 고요하다. 세계문화유산으로 지정된 건너편 올드시티 하늘 위 구름은 청명한 날에도 쓸쓸해 보인다. 작은 몸체와 같은 도시는 분쟁과 갈등과 화해를 반복하며 여러 세대를 흘러 오늘을 이루었다.

유대교와 이슬람교 그리고 기독교가 뒤섞여 있는 예루살렘! 바라볼수록 침통하다. 파괴될 성과 성전을 바라보시고 눈물을 흘리신 예수님은 이 땅에서의 마지막 유월절을 보내시며, 감람산 자락엔 피어난 빨간 아네모네를 보았을 것이다.

정통파 유대인들은 이미 파괴된 성전을 다시 세우려는 제3의 성전 프로젝트로 유대교의 부활을 꿈꾼다. 검은 옷을 펄펄 날리며 그들의 거사는 빈틈없이 준비되었다. 전의는 달아올랐고 엄청난 희생, 테러, 전쟁, 끝이 안 보이는 위기감. 피값을 치르더라도 결국 제3의 성전을 세우겠다는 의지가 도성 안에 창궐하다. 만일 황금 사원의 지붕이 뜯겨 나가고 제3의 성전이 세워진다면 세계는 어떤 형국으로 치닫게 될까? 불행하게도 여기에 동조하는 기독교인이 꽤 있다. 예언서의 해석을 현대적인 관점에서 잘못 본 결과다. 그리스도께서 이미 자신의 몸을 성전에 비유하셨던 것을 밝히시지 않았던가? 이를 받아들여야 한다.

유난히 찬란하게 보이는 황금 오마르 사원. 무슬림은 그 안에 무함마드가 승천하며 남겼다는 발자국을 굳게 믿는다. 판독 불가한 움푹 파인 바위 앞에서 무릎을 꿇고, 경배하는 순례객으로 인산인해를 이룬다. 이미 이슬람의 3대 명소의 뿌리가 드리워졌다.

지키려는 자와 파괴하려는 자의 대립이 어떤 결과를 초래할 것인가? 할 수만 있다면, 그리스도인들이 평화를 위해 기도하고 평화의 신학을 제시해야 한다. 그것이 감람산에서 그리스도께서 세상을 위해 주신 유언이다.

주기도문
교회

감람산 동굴에서 그리스도는 가르쳤다

감람산 정상의 남쪽에 예사롭지 않은 동굴 하나가 있다. 그리스도께서 주기도문을 가르친 곳으로 알려진 동굴이다. 이 동굴 위에 기념교회가 세워져 있다. 바로 주기도문 교회다. 이 동굴은 깊지 않아 바깥을 훤히 내다볼 수 있으며, 따가운 햇볕과 바람을 막아 준다. 동굴로 들어서니 마치 온실 같은 느낌이 든다. 온화한 기운이 감도는 동굴에서 어떤 일이 있었을까? 동굴 위로는 주기도문 교회가 서 있고, 그 벽면에는 아르메니안 꽃잎 타일 위에 세계 각국 언어로 주기도문이 새겨져 있다. 140개 언어 주기도문 중에 반가운 한글도 보인다. 이 작은 동굴 하나가 세계인의 가슴을 설레게 한다. 그런데 성경에 주기도문을 가르친 장소를 밝히지 않았는데 어떻게 여기가 주기도문의 장소가 되었을까?

이 동굴에 관한 최초의 자료가 3세기 외경인 '요한행전'Acts of John에 나온다. 예수께서 감람산의 한 동굴에서 가르쳤다는 내용이 담겨 있다. 누가복음도 베다니에서 가까운 감람산 근교에서 주기도문을 가르쳤다고 기록했다(눅 10:38-11:4). "온 세상의 구세주께서 바로 이 동굴에서 가르침을 시작했다"라는 유세비우스 주교의 글은 더욱 신빙성을 더한다.

이 동굴이 주기도문을 가르친 곳이며, 동시에 승천한 장소로 인정되어 헬레나에 의해 330년에 승천 기념교회가 세워졌다. 그런데 62년이 흐른 392년 감람산에 새로운 승천돔이 세워지면서 승천 장소가 두 군데가 되어 버렸다.

승천 장소가 논란에 휩싸이자, 원래 승천 기념교회(현 주기도문 교회)에서 화요일마다 마태복음 24-25장의 종말의 가르침을 낭송했다. 그리스도의 가르침을 기념하기 위해서였다. 그 후 12세기 십자군이 들어와서 이곳을 주기도문 교회로 결정한다. 주기도문 기념교회는 이렇게 승천 교회로 지어진 곳에서 탄생했다. 온 열방의 교회들이 매주 예배마다 주기도문을 낭송한다. 위대한 주의 기도가 이곳에서 가르쳐지고 잊히지 않게 보존된 것은 귀하다.

예수님은 이 동굴에서 마지막 환란과 종말과 재림을 이야기하셨을 가능성이 크다. "예수께서 감람산 위에 앉으셨을 때에 제자들이 조용히 와서 이르되… 세상 끝에는 무슨 징조가 있사오리까"(마 24:3)라고 물었다. 분명 동굴에

주기도문 교회의
지하 동굴 모습·
이곳에서 예수는
제자들에게
종말의 비밀을
알려 주셨다.

서 대화를 했을 것이다. 한낮의 강렬한 태양
과 바람을 피할 수 있는 곳은 동굴뿐이기 때
문이다. 예수님은 제자들과 함께 이 동굴에 들
어와서 우주의 종말에 대해 자세히 알려 주셨
을 것이다.

지금의 주기도문 교회는 1874년에 이탈리아
출신의 프랑스 왕후가 세운 것이다. 그녀는 이

곳이 주기도문을 가르친 교회로 믿고 당시 39
개의 언어로 주기도문을 부착했다. 그녀는 이
곳에 묻혀 있다. 교회의 영문 이름인 Church
of Pater Noster의 Pater Noster는 라틴어로
'우리 아버지'라는 의미며, 주기도문 첫머리에
서 유래했다.

"주여 요한이
자기 제자들에게
기도를 가르친 것과 같이
우리에게도
가르쳐 주옵소서."

(눅 11:1)

★ 역사 고고학적인 이야기-주기도문 교회가 세워진 역사
330년 콘스탄티누스 대제가 그리스도의 승천을 기념해 승인한 이 교회는 3층 구조로 엘레오나 교회(헬라어로 올리브 교회)라 불렸다.
7세기에 무너진 교회를 12세기에 십자군이 다시 세우면서 주기도문 교회가 되었다. 1874년 프랑스 왕후는 콘스탄티누스가 남긴 기초 위에
파테르 노스텔이라는 이름의 비잔틴 양식의 교회를 세운다. 1차 세계대전 때 오토만 군사들은 이곳 동굴을 부엌으로 사용했는데 과도한
사용으로 동굴 천장이 무너져 내렸다. 1911년 고고학자들의 발굴로 이 동굴을 찾아냈고, 1920년 프랑스 엘레오나회에서 감람산에
승천돔을 세우면서 교회당을 복원하여 동굴 유적지 위에 새로운 교회를 세우는 공사를 시작했으나 기금 부족으로 완성하지 못한 채
기초와 벽만 남아 있다. 그 후 지금까지 이 교회는 프랑스에서 관리하고 있다.

The Chapel of Ascension
감람산의
승천돔

세계 복음화의 유언을 남기고 하늘로 오르다

그리스도께서 최후의 지상명령을 전하고 하늘로 올라간 장소를 기념하여 세운 승천돔이 감람산 정상에 있다.

감람산은 지리적으로 무슬림 구역에 속한다. 차를 몰고 감람산에 오르니 팔레스타인 청년들이 흉한 미소로 쏘아본다. 두려움이 살짝 밀려왔는데 이내 사라졌다. 세찬 바람이 감람산을 휘몰아치고 회색 옷을 입은 승천돔은 햇볕에 그을렸다. 지금의 승천돔은 12세기 십자군이 세운 것이다. 그 옆의 모스크는 초승달 같

★ 역사 고고학적인 이야기 – 승천돔의 역사

392년에 로마 귀족 포메니아Pomenia가 이 터에 처음으로 예배당을 세웠다. 둥그런 교회는 하늘을 향해 열려 있었기에 '임보몬'Imbomon이라 불렸다. 임보몬은 라틴어로 '산 위에'라는 뜻이다. 그 후 5세기 비잔틴 교회당이 팔각형 구조로 증축됐다. 팔각형은 신성함을 상징하는 양식이다. 7세기 페르시아 공격으로 무너진 승천돔은 십자군이 들어오면서 1150년에 현재 모습으로 재건했다. 1187년 무슬림 살라딘이 점령하면서 승천돔은 모스크로 전환되고 만다. 그 곁의 모스크 탑은 1620년에 오스만튀르크가 세운 것이다. 이후 무슬림은 예수가 승천하면서 이곳에 발자국을 남겼다는 신화를 퍼뜨렸고 교회로 흘러들었다. 고고학자들과 교회는 이곳이 승천 장소라고 논쟁하기도 했다. 러시아정교회 수도원과 그리스정교회가 주변에 있는 것도 이 때문이다.

> "예루살렘과
> 온 유대와
> 사마리아와
> 땅 끝까지 이르러
> 내 증인이 되리라
> 하시니라."
>
> (행 1:8)

은 눈으로 승천돔을 노려본다.

매표소는 따로 없고 입구에서 아랍인이 종이 입장권을 찍어 판다. 동여맨 사각 주머니엔 지폐가 두툼하다. 회색빛 건물 한 덩이가 매일매일 황금알을 낳아 준다. 언젠가 이곳을 촬영하겠다고 캠코더를 가져갔더니 촬영비를 내라며 악착같이 달라붙어 결국 닭 쫓듯이 내몰렸다.

예수의 승천돔은 무슬림이 관리한다. 무슬림들도 예수의 승천을 인정한다. 그들에게 예수는 선지자요, 무함마드의 예비생이었으니 저항할 까닭이 없다. 초록색 문을 통해 마당으로 들어서면, 파란 하늘이 펼쳐진 곳에 승천돔이 서 있다. 관광객들은 줄을 지어 돔 안으로 들어선다. 돔 안에는 가물거리는 촛불이 움푹 파인 누런 돌판 바닥에 놓여 있다. 그 옆 쟁반에 1불짜리 지폐가 누워 소원을 말한다. 예수께서 하늘로 오르시며 남기신 발자국이라며 누군가 열심히 설득한다. 2천 년간 순례객들의 손이 닿아 생긴 것인지도 모를 흔적인데 여행객들은 신화에 감화되어 저마다 손바닥으로 누런 돌을 쓱 훑어 석회 입자를 손에 묻힌다. 사실 이곳에 움푹 파인 네모 바위가 생긴 것은 이슬람 맘루크 왕조 이후다. 맘루크는 유일하게 승천돔만은 무너트리지 않았다. 그 후 여러 교

단이 이곳에 제단을 만들고, 지금의 푹 파인 바위를 보존했다. 그 후 이 돌은 예수 승천 시 남긴 발자국으로 변신하고 말았다.

예수는 감람산에서 승천했다. 4개의 봉우리로 된 감람산 어디에서 승천했는지 알 수 없으나, 감람산 정상이 틀림없다. 그는 베다니 입구까지 제자들을 데리고 가서 축복을 하고(눅 24:50), 마지막 부탁을 하셨다.

모든 민족에게 복음을 전해 달라는 부탁이었다. 엘리야는 승천하며 겉옷을 남겼고 예수님은 세계 선교의 완성을 남기셨다. 구약의 스가랴는 메시아의 재림이 이 감람산 위에서 나타날 것이라 예언했다(슥 14:4-11). 그래서인지 지금도 감람산 주변에는 재림 주를 고대하는 기도 처소들이 활발하게 활동 중이다.

1931년 히브리대 수케닉 교수는 승천돔 지구를 탐사하다가 웃시야 왕(B. C. 808~B. C. 757)의 무덤석Uzziah Stone을 발굴했다. 웃시야는 문둥병자였기에 열왕의 묘에 들 수 없었다(대하 27:2). 그의 묘지는 늘 의문이었는데 성에서 멀리 떨어진 이곳 감람산 정상에 장사된 것을 발견한 것이다. 그의 석관에 쓰인 글을 해석하니 '웃시야 왕의 뼈를 이곳에 옮겨 왔으니 열지 말 것'이라는 의미였다.

The Chapel of Dominus Flavit

감람산의
눈물
교회

지붕 모서리는 눈물 항아리와 같고

감람산 중턱에 그리스도의 눈물이 서린 곳이 있다. 예루살렘을 향해 내려가는 길의 오른쪽 벽에 라틴어로 'Dominus Flevit'라는 푯말이 박혀 있다. '주께서 이곳에서 눈물을 흘리셨다'라는 뜻으로, 이곳에 자그마한 기념교회가 세워져 있다. 예수가 감람산에 올라 예루살렘을 바라보며 눈물 흘렸던 곳이다.

예수의 눈물은 비장했다. 그의 흐느낌은 세계인의 심장을 향한 경고였다. 그가 눈물 흘린 곳에서 다시 예루살렘을 바라본다.

둥근 유리창의 창살 사이로 태양빛이 황금 사원에 투과된다. 유대인의 황금빛 트라우마처럼 보인다. 유대인과 팔레스타인은 만날 수 없는 크레바스 계곡을 사이에 두고 갈렸다. 서녘 하늘에 반사된 분홍빛의 아름다운 성벽이 눈물을 터트린다. '바룩 하바 베쉠 아도나이', 곧 '주의 이름으로 오시는 이여, 송축하나이다'. 군중은 호산나를 외치며 종려나무 가지를 흔들었으나 그리스도는 눈물을 흘렸다. 성전이 폐허가 될 것을 말씀하셔야 했다.

무엇이 예루살렘의 비극적 최후를 예견하게 했을까? 그곳엔 음모와 권력 다툼과 검은 거래가 하나님의 이름으로 자행되고 있었다. 성전은 자만을 분출했고, 제물 연기는 하늘을 괴롭히고 있었다. 죄인들의 영수증이 활발히 거래되었다. 잿빛 구름이 고요한 침묵으로 예루살렘에 머문다. 예수가 흘린 통한의 눈물은 유대교의 종말과 언약의 파탄에 대한 부고장이었다. 30년간 회개의 시간이 주어졌으나 끝내 죄의 언덕에서 내려오지 않았다. 결국 로마

군은 예루살렘을 초토화시켰고, 하나님은 막지 않으셨다. 감람산 위 눈물 교회, 2천 년이나 묵은 바람이 휘어져 사라지는 곳이다. 오늘도 감람산은 빛나는 눈물을 흘린다.

눈물 교회 정원은 봄처럼 정겹다. 이곳은 시골 간이역처럼 작다. 그리스도가 흘린 눈물을 연상해서 교회당 지붕 네 모서리에 눈물 항아리 같은 형상을 만들어 마치 큰 눈물방울이 흘러내리는 것처럼 만들었다.

지붕은 청동을 곱게 입혀 씌웠는데, 갑옷처럼 탄탄하다. 정원 초입에 납골함 매장지가 있다. 주전 2세기에서 주후 1세기에 조성된 무덤군이다. 그리스어, 아람어, 히브리어가 쓰인 납골함이 이곳에서 발굴됐다.

감람산에서 가장 인상적인 이곳은 비잔틴 시대의 모자이크가 교회당 바깥부터 새겨진 것을 보아 일찍부터 구별되어진 곳인 듯하다. 외부에는 가나안 7대 소산물인 밀, 보리, 무화과, 올리브, 포도, 야자수 열매, 석류 등을 담은 모자이크가 너무도 아름답다. 자연석을 그대로 이용하여, 수세기가 지난 지금도 변함없는 색상을 유지한다. 돔처럼 생긴 교회당 안은 마음을 정결하게 한다. 단출한 나무 의자들이 놓여 있고, 초콜릿처럼 부드러운 석회암은 매끄럽게 닳았다. 바닥에는 비잔틴 시대의 십자가 석회석이 매우 인상적으로 새겨져 있다. 창가에 비치는 햇살이 아름답다. 작은 공간은 눈물과 외로움과 희망이 교차한다. 문득 예루살렘 야드바셈 홀로코스트 박물관의 글귀가 떠오른다.

★ 역사 고고학적인 이야기-눈물 교회를 어떻게 찾아냈는가?
주후 5세기 비잔틴 시대의 첫 수도원과 채플이 세워졌다. 7세기 아랍인의 공격으로 무너진 곳에는 비잔틴 시대의 모자이크 잔재만이 남겨졌다. 12세기 십자군 때에 다시 작은 채플이 세워졌다. 맘루크 시대와 오토만 시대에 이 장소는 모스크와 이슬람 학교로 개조됐다. 1891년 프란시스코 교단이 이곳을 매입해 예배당을 세웠다. 이탈리아 고고학자 바가티는 이곳을 여러 차례 탐사했고 유명한 건축가 바를루치에 의해 1955년 오늘의 모습으로 세워졌다.

'망각은 추방으로 인도하리라.
그러나 기억하는 동안은 그 구원의 비밀이 된다.'

Forgetfulness leads to exile. While remembrance is the secret of redemption.

"성을 보시고
우시며 이르시되
너도 오늘 평화에 관한 일을
알았더라면 좋을 뻔하였거니와
지금 네 눈에 숨겨졌도다
날이 이를지라
네 원수들이 토둔을 쌓고
너를 둘러 사면으로 가두고
또 너와 및 그 가운데 있는
네 자식들을 땅에 메어치며
돌 하나도 돌 위에
남기지 아니하리니."

(눅 19:41-44)

감람산
만국 교회와
겟세마네
정원

'슬픔의 바위'는 주님의 체온을 기억한다

감람산 만국 교회는 늘 어두움 속에 있다. 그
이미지가 그리스도의 최후의 밤을 떠오르게
한다. 예수가 감람산 바위에서 최후의 기도를
드린 곳이다. 그래선지 교회의 이름이 슬픔의
성당Basilica of the Agony이다. 교회 안에는 주
가 기도했던 '슬픔의 바위'Rock of Agony가 있
다. 이 바위에서 그리스도가 기도했다고 전해

진다. 3월의 밤은 매우 춥다. 그런데 얼마나 절
박하면 흘러내리는 땀이 핏방울처럼 바위를
적실 수 있었을까? 현재 바위는 예술적인 가
시 철근으로 보호되어 있다.
웅장한 붉은 기둥 아래 슬픔의 바위는 그리스
도의 고뇌를 기억하는 듯 말이 없고 순례객들
은 슬픔의 바위를 응시하며 묵상한다. 주님은

16개국에서
지원한 기금으로
증축된 만국 교회
그 위는
러시아정교회
소속 막달라
마리아 성당이다.

유월절 축제로 북적거리던 밤에 이곳에서 죽음을 준비하셨다.

예배당 내부는 잡히시던 밤에 일어난 사건을 그림으로 표현했다. 가장 시선을 멈추게 하는 장면은 바위에 걸터앉아 고개를 숙이고 계신 예수의 처연한 눈동자다. 머리에는 광채가 둘려지고, 그 위로 천사가 나타나 그의 슬픔을 우주에 접속시킨다. 두개의 올리브나무 사이에 숨은 세 제자는 불안해 보인다. "목자를 치면 양이 흩어지려니와"(슥 13:7). 이 예언이 어두움 속에 퍼지면서 어디선가 라흐마니노프의 피아노곡이 흘러나오는 듯하다. 슬픔의 성당은 16개국의 후원으로 완성되었기에 만국 교회라는 이름이 붙여졌다. 교회의 지붕은 열두 개의 돔으로 씌웠는데 이탈리아 건축가 바를루치가 열두 제자를 상징적으로 표현한 것이다. 감람산 자락에는 유난히 기념교회가 많다. 마리아 무덤 교회, 그리스정교회, 러시아정교회 등도 저마다 예수의 최후 기도 처소가 있다고 주장하지만 슬픔의 바위를 유력지로 보고 있다. 그곳은 비잔틴 시대부터 알려졌고, 성경이 정확하게 묘사하고 있지 않지만 주께서 그 지점 어디선가 기도한 것이 분명하기 때문이다. 주님은 겟세마네 동굴에서 제자들을 머물게 하고 베드로, 요한, 야고보를 데리고 가서 '돌 던질 만큼'(막 14:39) 거리를 두고 기도하셨다. 지금 그 자리에 슬픔의 성당이 수종 들고 있다. 현재 예배당 바깥에는 거대한 올리브 고목이 여덟 그루나 있다. 유대인 식물학자는 이 나무의 수명이 모두 2천 년이 넘는다고 진단했다. 벼락 맞아 두 쪽이 갈라진 나무도 있으나 고맙게도 다들 살아남았다. 이 정원을 거닐면 올리브나무에게 말을 걸어 보고 싶어진다.

"아버지여 만일 아버지의 뜻이거든
이 잔을 내게서 옮기시옵소서
그러나 내 원대로 마시옵고
아버지의 원대로 되기를 원하나이다."

(눅 22:42)

★ 왜 이 잔을 내게서 옮겨 달라고 기도했을까?

예수님은 자신의 죽음에 대해 결연했다. 그런데 감람산에서의 기도는 마치 죽음을 피해 가려는 것처럼 보인다. "아버지여 만일 아버지의 뜻이거든 이 잔을 내게서 옮기시옵소서"(눅 22:42). 이것을 헬라어 원문으로 보면 "이 잔을 내가 통과할 수 있게 하옵소서"라고 번역할 수 있다. 주님은 히브리어로 기도했을 것인데, 히브리어 신약성경은 '옮긴다'에 해당하는 단어로 '아발'이라는 단어를 사용한다. 이 단어는 '통과하여 건너가다'라는 뜻이다. 따라서 "아버지시여, 내가 이 잔을 통과할 수 있게 하옵소서"로 번역해야 알맞다. 예수님은 하나님의 계획이 이뤄지도록 기도했고 온몸으로 인류의 죄를 받아내셨다.

★ 역사 고고학적인 이야기-만국 교회가 세워지기까지

비잔틴 시대에 이미 이곳에 예배당이 존재했으나 614년 페르시아군이 파괴했고 8세기에 일어난 대지진으로 완전히 무너졌다. 12세기 십자군 시대에 더 큰 예배당이 세워졌다. 그러나 1187년 아랍 무슬림이 재차 무너뜨렸다. 1666년 프란시스칸 교단이 부지를 매입했고 영국령이 되어서야 비로소 건축 허가를 받았다. 1924년 지금의 교회당이 십자군 시대 기초 위에 세워졌다. 로마 가톨릭, 동방정교회, 아르메니안 사도 교회, 개신교, 루터교, 성공회 등이 공유한다.

Cave of Gethemane
겟세마네
동굴

제자들과 함께 햇볕을 피해 모였던 곳

만국 교회
정원에 있는
2천 년이
넘은
올리브나무.

> "그들이 겟세마네라
> 하는 곳에 이르매…
> 내가 기도할 동안에
> 너희는 여기
> 앉아 있으라."
>
> (막 14:32)

히브리어로 겟세마네는 '올리브 기름을 짜는 틀'을 말한다. 겟세마네에는 기름을 짜는 모든 도구를 갖추고 있다. 고대 이스라엘에서는 주로 동굴에서 기름을 짜곤 했다. 감람산의 하단부의 동굴 안에서도 기름을 짰던 흔적이 발굴됐다. 동굴 안에 겟세마네가 있었던 것이다. 예수와 제자들은 마가의 다락방에서 유월절 만찬을 마치고 겟세마네가 있던 동굴로 왔다 (막 14:32).

예수는 제자들을 이 동굴에 머물게 하고 베드로와 요한과 야고보를 따로 데리고 가서 기도하셨다. 가룟 유다가 들이닥치고 예수가 체포되자 이 동굴에서 잠자던 여덟 명의 제자들이 눈 비비며 몰려 나왔을 것이다. 이 겟세마네 동굴은 또한 니고데모가 찾아온 곳으로 전해진다(요 3:1~21).

예수님은 예루살렘에 올 때마다 제자들과 함께 이 동굴에서 휴식했다. 동굴은 따뜻하고 아늑하며 가을에 올리브기름 짜는 시기를 제외하고는 항상 비어 있다. 이 동굴을 찾아온 사람들과 인사를 나누던 주님을 생각하니 벽에 붙은 바위들이 듬직해 보인다. 동굴 중앙의 프레스코 벽화에는 11명의 제자들의 애통함과 홍포를 걸치신 예수가 보인다. 동굴 안은 순례객을 위해 접이식 의자들이 놓여 있다. 이 겟세마네 동굴은 현재 프란시스칸 교단에서 관리한다. 동굴 안에는 비잔틴 시대의 모자이크가 남아 있다.

★ 올리브기름 짜는 틀, 겟세마네
올리브가 많이 생산되는 이스라엘은 주로 동굴에서 올리브기름을 추출했다. 동굴은 따가운 햇볕을 막아 주어 좋은 작업 환경을 제공하기 때문이다. 올리브기름을 짜기 위해 먼저 연자맷돌을 굴려 올리브 열매를 으깬다. 그리고 마대에 담아 자루째 돌판에 올려 쌓은 다음, 거대한 통나무를 자루 위에 놓고 20~25킬로그램 정도의 돌덩이를 나무에 매단다. 시간이 흐르면 압착된 올리브에서 기름이 흘러나와 고이는데, 이것을 항아리에 담아 사용한다. 이스라엘의 올리브나무 군락지마다 겟세마네를 동굴에 설치했다.

Bethany
베다니
마을

가난해도 풍부한 정이 넘치는 마을

베다니는 히브리어로 '가난한 자들의 집'이란 뜻이다. 왜 이런 빈곤한 지명이 사용됐을까? 지리적으로 예루살렘과 격리된 베다니는 1세기에 나병 환자촌이었을 것이다. 병들고 가난하고 버려진 자들이 격리되어 살던 마을이기에 빈촌이라는 말을 붙여 준 것이다.

차 한 대가 겨우 다닐 수 있는 가파른 언덕길에 '베다니에서 가장 오래된 우물'The Oldest Well Bethany이라는 간판이 달린 철대문 집이 하나 있다. 혹시 이곳이 마르다와 마리아가 살던 집이 아닐까? 저 언덕길은 예수께서 베다니를 방문하기 위해 내려온 길이 아닐까 하는 설렘을 준다. 반가운 마음으로 이 집에 들어서면 팔레스타인 주인은 쉬어 가라며 항상 손을 잡아끈다. 그 집 안에 고대의 지하 우물이 있는데 불을 켜서는 꼭 보여 준다. 주인은 싱글벙글 반기며 철철 넘치는 아랍차를 내오면서 2층 다락방으로 인도한다. 작고 아늑한 다락에는 오스만튀르크의 장식품들로 꾸며져 있고 아랍차를 한잔 마시면 마치 예수님과 제자들이 이 다락에서 쉬었을 것 같은 향취가 느껴진다. 집터에는 포도나무 그늘이 있어 시원하고 열매도 제법 달려 있다. 손님을 기다리다 지쳐 부러진 플라스틱 의자 위로 먼지가 뽀얗

게 앉아 있다. 그는 이곳에서 오랫동안 음료수를 팔며 연명하고 있었다. 외국 순례객들은 그 집 앞에 있는 성 나사로 교회만 관람하고, 물 한 병을 구입하고는 서둘러 떠나곤 했다. 그럴 때마다 그의 얼굴에는 초조한 빛이 새어 나왔다. 그는 "저 분리장벽이 생기고 나서 얼마나 어려워졌는지 모르오"라며 괴로운 미소로 한탄한다. 분리장벽이 생겨난 이후 웨스트뱅크에 속한 베다니는 예루살렘과 완벽히 차단되었다. 예루살렘과 연결되는 도로는 끊어져 버렸고, 베다니로 가려면 유다 광야로 한참 내려가서 다시 역으로 감람산으로 올라와야 했다. 교통은 말할 수 없이 불편해졌고 이로 인해 주민들은 경제적으로도 고통을 겪어야 했다.

가장 오래된 우물을 지키고 있던 팔레스타인 주인의 서글픈 미소를 언제 또 볼 수 있을까? 인생의 파도를 맞아 두텁게 갈라진 손을 잡으며 앞으로 몇 년이나 더 이곳에 살게 될지 모르겠다는 그와 악수하고 헤어졌다. 하늘은 저토록 청명한데 베다니는 흐린 날이 계속된다. 이곳에 나사로와 마리아와 마르다가 살았다 (요 12:2-3). 마을엔 나사로의 부활과 향유를 부었던 것을 기념하는 두 개의 교회와 하나의 모스크가 나란히 있다. 베다니의 마을은 이렇게

> "베다니는
> 예루살렘에서 가깝기가
> 한 오 리쯤 되매."
>
> (요 11:18)

성경의 축복을 받은 곳이다. 복음서에 유난히 베다니가 자주 소개된다. 예수님은 베다니 나병 환자의 집에서 식사를 하시고, 가르침도 주셨다(막 14:3). 1세기 당시 식사를 함께한다는 것은 친구가 된다는 의미다. 주님은 가난한 이들이 겪는 아픔을 아셨다. 주님은 병자와 장애인들이 하나님의 하실 일을 세상에 알리기 위해 존재한다고 선언했다. 세상의 주인공이 될 수 없던 마리아는 옥합을 깨어 향유를 부었다. 극심한 가난에 시달렸던 마리아가 3백 데니리

온 하는 향유를 얻기 위해 얼마나 많은 품삯을 모아야 했을까? 1세기 예루살렘은 향유산업이 크게 발달했던 곳이었다. 향유는 로마로 수출되었다. 아마 그 옥합은 그녀가 예루살렘의 길드상을 출퇴근하며 수년간 번 돈으로 사둔 것이었을 것이다. 그녀는 격리된 마을에 살았지만 전 재산을 주님께 드리고 눈물로 주의 발을 씻었다.

★ 역사 고고학적인 이야기-베다니 마을의 건축물

베다니에는 성 나사로 프란시스칸 교회와 알 오지르 모스크, 그리스정교회가 오랫동안 자리했다. 세 건물은 서로 옹기종기 모여 있다. 그 가운데 나사로의 무덤이 있다. 지금의 성 나사로 프란시스칸 교회는 이탈리아 건축가 바를루치의 작품이다. 그는 부활의 기쁨으로 사망의 슬픔을 대치하는 감흥을 건축물에 남겼다. 교회에 창문이 하나도 없는 것은 무덤의 분위기를 연출하기 위해서다. 대신 천장의 돔에서 빛이 쏟아지도록 했는데 이는 부활을 상징한다. 바를루치는 항상 이런 상징법을 투영하여 기념건물을 세웠다.

★ 왜 예수는 절기 때에 베다니에 머물렀을까?

예수님은 절기 때마다 예루살렘에 왔다. 주로 제자들과 함께 베다니에서 머물곤 했다. 성자 그리스도께서 가난한 마을에서 제자들과 숙식을 했고, 마르다와 마리아는 정성을 다해 이들을 맞이했다. 절기마다 엄청난 방문객이 예루살렘에 모여들면서 도시는 마비되곤 했다. 예루살렘 행정부는 순례객들을 분산 수용했는데 남쪽에서 온 사람들은 성전 남쪽에, 서쪽에서 온 사람들은 성전 서쪽에, 북쪽 갈릴리에서 온 사람들은 성전 동쪽에 머물게 했다. 갈릴리 출신이던 예수님이 동쪽 베다니의 마리아 집에서 머무른 것은 이 때문이었다.

The Tomb of Nazarus

나사로의
무덤

4세기부터 전해진 나사로 동굴 무덤

예수는 나사로의 죽음을 슬퍼하며 눈물을 흘리셨다. 나사로의 시체를 두었던 동굴이 베다니 마을에 남아 있다. 이 동굴 무덤에서 나사로는 수족에 베가 동여진 채로 걸어 나왔다 (요 11:39-44).

나사로는 베다니 언덕에 잠들어 있다. 그의 무덤은 아주 오랫동안 이슬람 모스크 아래 깊숙이 숨겨져 있다가 발견되었다. 입구에 달려 있는 주황색 표지판은 이 무덤이 얼마나 존재감 없는지를 알게 한다.

비록 홀대받는 무덤이지만 베다니를 진동시키는 처소다. 성 나사로 교회 언덕에 있는 이 무덤은 그 앞의 상점 여주인이 열쇠를 갖고 있다. 그녀가 문을 열어 주고 불을 켜야 무덤으로 내려갈 수 있다. 그녀의 눈매에서 출입 제한의 권력을 맡은 자임이 느껴진다. 3세켈씩 받는다. 예전에는 입장료가 없었는데 어디서 만들어 왔는지 아랍어로 인쇄된 입장권을 판다. 그녀의 집은 기념품집으로 꾸며져 있다.

333년 이곳을 방문했던 무명의 순례자는 나사로가 부활한 동굴 무덤이 이곳에 있었다고 밝혔다. 그 후 이곳에 여러 교회가 세워졌고 그 주변을 보존했다. 그러나 14세기에 이르러 폐허가 되고 나사로 무덤은 봉쇄되었다. 그 위로 모스크가 세워졌다. 16세기에 이르자 프란시스칸 교단은 바위를 뚫어 지금의 입구를 연결시켜 나사로의 무덤을 복원했다.

문 입구에서 27개의 계단을 내려가면 나사로의 무덤에 닿는다. 맨 아래의 시신을 누인 곳은 약 2미터 정도 크기다. 예수께서는 이곳에서 나사로를 부르셨다. 부패한 시신은 수족이 베로 묶인 채 무덤에서 걸어 나왔고 그 광경을 본 사람들은 충격에 휩싸였다. 나사로의 부활로 인해 수많은 유대인이 예수를 비로소 믿게 되었다(요 12:11). "나는 부활이요 생명이니 나를 믿는 자는 죽어도 살겠고 무릇 살아서 나를 믿는 자는 영원히 죽지 아니하리니"(요 11:25). 이 위대한 말씀이 바로 이 나사로의 무덤 앞에서 선언된 말씀이다.

예수님 당시 제사장들의 집성촌

예수가 무화과나무를 저주한 마을로, 이곳에서 나귀를 타고 예루살렘에 입성했다.

1세기의 벳바게는 성전에 전시한 진설병을 정성껏 만들어 봉사했던 마을이다. 이곳에 살던 제사장들은 매주 따뜻한 빵을 만들어 성전으로 가져갔다. 벳바게는 히브리어로 '작은 무화과(파게)의 집'이라는 뜻이다. 파게는 무화과의 일종으로 아주 작은 과실인데 가난한 자들이 사 먹던 것이었다. 예수께서 이곳의 무화과나무를 저주했다. 이는 당시 제사장들의 집성촌이던 벳바게에 살던 유대 종교인들의 열매 없는 겉치레에 대한 은유적인 경고였다. 벳바게의 정겹던 제사장들과 가족들이 매해 즐겨 따먹던 무화과나무가 갑자기 메말라 죽은 것을 보고, 어떤 느낌을 받았을까?

예수가 예루살렘 성전에 입성할 때 나귀를 탔던 장소로 알려진 곳에 프란시스칸 교회가 있다. 이 교회는 12세기 십자군 시대부터 지금까지 매해 종려 주일마다 예루살렘으로 들어가는 출발점이 된다. "시온의 딸아 크게 기뻐할지어다 예루살렘의 딸아 즐거이 부를지어다 보라 네 왕이 네게 임하시나니 그는 공의로우시며 구원을 베푸시며 겸손하여서 나귀를 타시나니 나귀의 작은 것 곧 나귀 새끼니라"(슥 9:9). 프란시스칸 예배당에는 예수가 나귀에 오를 때 디뎠다는 바위가 있다. 물론 이는 상징이다. 바위에는 중세 그림이 가득 그려져 있다. 말은 권세를 상징하나, 나귀는 빈곤과 질병을 겪는 나약한 대중을 가리킨다. 그리스도는 인간에게 자신을 맞추셨다. "내가 온 것은 세상을 심판하려 함이 아닌 세상을 구원하려 함이로다"(요 11:47).

> "길가에서
> 한 무화과나무를 보시고
> 잎사귀 밖에 아무것도
> 찾지 못하시고…
> 영원토록 네가 열매를
> 맺지 못하리라."
>
> (마 21:19)

Ein Kerem
엔 케렘

세례 요한을 키워 낸 엘리사벳의 마을

유다 골짜기에 위치한 아름다운 마을 엔 케렘은 성경에 등장하지 않지만 세례 요한의 고향이다. 올드시티에서 서남쪽으로 약 8킬로미터 지점에 작은 마을이 숲 속에 있다. 시냇물이 흐르고 예쁜 가게와 예멘풍 가옥, 유화 몇 점 놓인 카페가 줄지어 나타난다. 핸들을 아무리 돌려도 피곤치 않은 풍경이 감동적이다. 물길을 따라 한 점 한 점 시선을 분할해 볼수록 신비롭고 아름다운 곳이다. "배고플 때는 노래하고, 상처를 입었을 땐 미소를 지어 보라"는 말처럼 엔 케렘은 언제나 오랜 벗처럼 미소와 휴식을 베풀어 준다.

엔 케렘은 이스라엘의 '투어의 왕관'a crown of tour이라 부른다. 포도원의 샘물이라는 의미의 '엔 케렘'은 구약에서 '벧학게렘'Beit Ha-Kerem(포도원의 집)으로 불렸다(렘 6:1). 구약시대부터 그렇게 불렸던 것을 보면 착한 포도원 농부들이 살았던 곳 같다. 사가랴와 엘리사벳 부부도 제사장으로 살면서 이곳의 포도원을 경영했을 것이다. 고요한 아침 안개 속에서 엘리

사벳은 샘물을 길어 왔을 것이고 밀과 보리를 맷돌에 갈아 정성껏 구운 빵을 식탁에 올리며 아마와 양털로 아들 요한과 남편의 옷을 지으며 하루를 보냈으리라. 밤이 오면 외아들 요한은 올리브기름 등잔불 아래 아버지와 함께 성경의 이야기로 꽃을 피우고 비 맞은 당나귀를 씻어 주며 포도의 가지를 잘라 냈으리라. 요한은 히브리어로 '여호와의 은혜'라는 말이다. 포도의 생산지에서 포도 한 송이 먹지 않고 나실인으로 키워진 이 멋진 아들은 후에 유다 지파의 광야에서 엘리야처럼 주의 길을 예비했으며, 르우벤 지파의 광야 마케루스에서 시해당했다. 엔 케렘의 노부부의 눈물은 마르지 않았을 것이다.

나사렛에서 천사의 방문을 받은 마리아는 곧 유다의 도시(눅 1:39)를 향해 달려갔다. '유다 산중으로 빨리 가매' 이 말을 보면 세 가지 연결로 중에 '족장들의 길'을 선택한 것으로 보인다. 이는 나사렛에서 엔 케렘까지 이어지는 142킬로미터의 구불거리는 거친 산악길로 사

흘 거리다. 이 도로를 운전한 적이 있었는데 걸어서 이 길을 다녀간 마리아를 회상했다. 소녀가 이렇게 거친 산길을 걸었다니…. 3개월간 엘리사벳의 집에서 머물고는 배가 부른 채 조심스레 나사렛으로 돌아가야 했다.

엔 케렘에는 아름다운 교회들과 수도원들이 있다. 4~5세기 비잔틴 시대의 기초 위에 후대에 재건된 것이다. 엔 케렘에는 다섯 군데의 유적지가 있는데, 그중에 유명한 교회가 두 개 있다. 마리아 방문 교회와 세례 요한의 교회이다. 엔 케렘에 있는 마리아의 샘길을 따라 산기슭으로 올라가면 머리카락 사이로 미끄러지는 바람을 느끼며 바로크 시대의 류트 소리를 휘파람으로 불어 본다. 조금 걸어가면 왼쪽으로 마리아 방문 교회Church of Visitation-Lower church가 적막함 속에 순례객을 맞이한다. 이 교회는 엘리사벳과 마리아가 만난 것을 기념한다. 프란시스칸 교단이 관리하는데 대문 정면에는 프란시스칸의 5개의 십자가 심볼이 달려 있다. 이는 예수님이 당하신 다섯 군데의

상처인 두 개의 손과 두 개의 발 그리고 옆구리를 의미한다. 이 아름다운 철문은 누구에게나 열린다. 엘리사벳이 미소로 마중 나올 것 같은 정원에는 두 여인의 청동 조각상이 세워져 있고 뜰에는 각국어로 누가복음 1장 68-79절 판넬이 전시되어 있다. 반갑게도 한국어도 있다. 건물 정면에는 수녀복을 정갈히 차려 입은 채 유다 산중으로 이동하는 마리아가 보인다. 마리아의 모습은 아쉽게도 1세기 유대 문화와는 너무도 다른 30대 여성으로 보인다. 1세기의 유대 여자들은 대개 만 14세에, 남자들은 18~20세에 결혼했다. 마리아는 앳된 소녀였을 것이다.

교회 내부에는 우물이 놓여 있는데 세례 요한의 가족들이 이 우물물을 마셨다고 전한다. 또한 엘리사벳이 헤롯의 군사들을 피해(마 2:16) 어린 요한을 동굴에 숨겼는데 그 동굴이 예배당 내부에 지금까지 보존되어 있다. 오늘날의 이 방문 교회 역시 1955년 이탈리아의 건축가 안토니오 바를루치에 의해 재건되었다.

바를루치는 팔복 교회와 눈물 교회 만국 교회 등 성지 건축사에 남을 만한 위대한 건물을 설계했다.

세례 요한의 교회Church of St. John the Baptist는 세례 요한이 태어나 자란 곳이고 제사장 스가랴의 집이었다. 교회당은 석회암을 한 점씩 떼어 제련한 듯 올려 멋지게 세워졌다. 이곳은 엔 케렘 스퀘어에서 아주 가까운 중앙에 위치하며 골목길을 따라 오르면 쉽게 찾을 수 있다.

1941~1942년 고고학자들이 이곳을 탐사했는데 놀랍게도 여러 개의 돌방과 무덤용 동굴이 나타났다. 또한 모자이크 바닥이 깔린 고대 포도즙 틀과 모자이크식 타일을 박은 예배실들과 1세기의 도기들이 대거 출토되어 세례 요한의 탄생지였음을 확인시켜 주는 고고학 자료로 인정되었다. 제단의 왼편의 계단을 타고 내려가면, 라틴어로 '구주보다 먼저 온 이가 여기서 탄생했네'라는 글이 있다. 이 기념 교회를 St. John Ba Harim이라고도 부른다. 교회 정원 안의 한쪽은 프란시스칸 교회가, 다른 쪽은 그리스정교회 교회가 각기 관리한다. 엔 케렘의 샘물은 산중 깊숙이 흘러 벳세메스 쪽으로 흘러간다. 이 샘이 있었기에, 나그네들은 이 길로 지나다 엔 케렘에 정착했을 것이다. 엔 케렘에는 중기 청동기시대부터 사람이 정착했다. 이곳에는 로마 시대의 아프로디테 (또는 비너스)상이 발굴되기도 했다.

당시 유물은 예루살렘의 록펠러 박물관에 전시되어 있다. '마리아의 샘물' 위로는 회교 사원이 자리 잡고 있다. 순례객들은 이곳에 와서 샘물을 마시고 병에 담아 가지고 간다. 기독교의 전승에 따르면, 마리아가 이곳을 방문했을 때, 두 여인이 우물 곁에서 만났고, 마리아는 이곳 생수를 마셨다고 전해진다. 후대 이곳은 마리아의 샘으로 불렸다.

★ 역사 고고학적인 이야기 - 세례 요한의 고향 엔 케렘을 어떻게 찾았는가?

비잔틴 시대가 열리면서, 순례자에 의해 엔 케렘이 요한의 고향으로 주목되기 시작했다. 530년에 로마 데오도시우스 황제가 엔 케렘이 세례 요한의 고향이라고 확증했다. 그 후 세례 요한을 기념하는 교회가 엔 케렘에 처음 세워졌고, 십자군이 들어와 엔 케렘 이곳저곳에 교회를 지었다. 1106년 방문했던 러시아인 다니엘은 엔 케렘에 이미 두 개의 교회가 있음을 기록했다. 1621년에 프란시스칸 교단이 파괴된 옛 자리에 교회를 지었다. 중세의 순례자는 예루살렘, 엔 케렘, 베들레헴 순서로 여행하며, 세례 요한 교회와 마리아 방문 교회에 들렀다는 기록을 남겼다. 1871년 러시아정교회 수녀들이, 1894년 그리스정교회 수사들이 들어왔으며, 1911년에는 로사리 자매회까지 엔 케렘에 들어왔다. 오늘날 엔 케렘에 여러 유적지가 있는 것은 이 때문이다. 세례 요한 교회에는 요한을 기리는 원형 계단에 1674년경 스페인 화가들이 그린 벽화들이 그대로 남아 있다.

Emmaus, Nicopolis

엠마오-
니코폴리스

마카비서에 나오는 도시

누가복음 마지막 부분에 엠마오로 돌아가는 두 제자가 나온다. 부활한 예수가 그들과 동행하며 메시아가 고난을 받고 부활할 것을 설명하지만 그들은 그가 예수인지 알지 못한다. 하지만 이야기를 들으면서 마음이 뜨거워져 예수를 강권해 집에 모셔 들이자 예수는 돌연 사라진다(눅 24:31).

엠마오의 이름은 어디서 유래했을까? 히브리어로 '온천'을 뜻하는 '함마트'Hammat에서 왔다. 이후 헬라화된 이름으로 바뀌면서 Am-maus, Emmaus, Maus 등으로 불렸다. 십자군 시대에 엠마오는 세 개가 더 늘어났다. 진짜 '엠마오'가 어딘지 알 수 없어 지금도 사람들은 아부고쉬, 모짜, 더러는 기럇 여아림으로 추정했다. 그러나 고대 문서들을 면밀히 검토한 결과 엠마오를 찾게 됐다. 누가복음에 단 한번 기록된 엠마오는 어디인가? 12세기의 십자군 시대에 엠마오 후보지가 3개 더 늘어나면서 엠마오는 세 군데로 기념되어졌다. 예루살렘에서 6킬로미터 지점의 모짜, 12킬로미터 떨어진 퀴베이브, 그리고 북서쪽으로 12킬로미터 떨어진 아부고쉬다. 그러나 수많은 학자에 의해 엠마오-니코폴리스가 성경의 엠마오로 확증됐다. 엠마오-니코폴리스는 신약에 나오는 엠마오의 로마식 이름이다.

가톨릭 성서 마카비상 3-4장에 이 지명이 나타난다. 엠마오는 신구약 중간기 때에 아얄론 지역의 대표적 행정도시로서 중요한 마을이었다. 요세푸스도 엠마오에 대해 여러 차례 언급했다. 132년 발코크바 항쟁 때 엠마오는 로

271

마인과 사마리아인의 집단 거주지였다고 기록되었다. 엠마오의 이름은 고맙게도 미드라쉬와 탈무드에도 등장한다. 그뿐 아니라 로마의 지도책에 나오는데, 엠마오는 예루살렘에서 서쪽으로 31킬로미터 떨어져 있다는 기록이 결정적인 단서가 되었다. 대부분의 누가복음 사본은 예루살렘에서 엠마오까지는 60스타디온(약 12킬로미터) 떨어져 있다고 했는데 시내산 사본Codex Sinaiticus의 누가복음만이 160스타디온으로 밝혀 준다. 즉 약 30킬로미터로 하루

만에 갈 수 있는 거리로 계산된다.

성지에 관한 가장 유력한 정보를 가졌던 유세비우스와 제롬은 엠마오가 4세기의 비잔틴 시대에 큰 도시로 승격되어 '니코폴리스'라는 명칭을 하사받았다고 기록했다. 이로서 엠마오의 정체가 풀리게 되었고, 곧 니코폴리스로 엠마오는 알려졌다. 비잔틴 시대의 엠마오에는 큰 기념 교회당이 세워졌고, 지금도 그 흔적이 남아 있다. 엠마오-니코폴리스는 예루살렘에서 서쪽으로 31킬로미터 떨어져 있다. 7세기의

엠마오-
니코폴리스의
현재
모습.

무슬림들은 이 도시의 이름을 암와스Amwas/
Imwas로 고쳤다. 오늘날 팔레스타인에 예속
된 마을은 임와스Imwas로 불린다. 12세기 십
자군은 비잔틴 시대의 엠마오-니코폴리스의
교회당을 복원하였다.

19세기부터 유수한 고고학자들의 발굴이 수
차례 이뤄졌다. 신구약 중간기의 성벽과 3세
기의 로마 목욕탕, 1세기 매장 동굴, 비잔틴의
기름압착기와 무덤, 등잔, 동전, 그릇, 보석 등
을 출토했다. 그리고 엠마오 주변에서 히브리
어, 사마리아 문자, 헬라어, 라틴어 비문 등이
발견되었다.

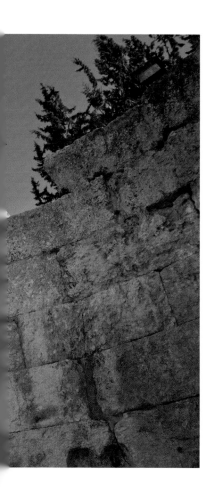

Chapter 5
지중해

해변을 산책하다

지중해는 색다른 낭만이 가득하다. 밀가루처럼 고운 모래톱에 발을 살짝 디디면, 요나와 고넬료의 따뜻한 마음이 느껴진다. 이스라엘 인구의 30퍼센트가 모여 사는 지중해는 기후가 온화하고 토질이 우수하여 각종 농산물, 특히 오렌지 생산의 최적지다. 행복하고 상쾌한 바닷바람이 불어온다. 신약에서 가장 중요한 도시로 언급되는 가이사랴와 욥바가 지중해 도시이다. 엘리야의 갈멜 산 자락과 성서시대의 국제도로인 해변길Via Maris과 블레셋의 5대 성서 도시가 지금도 바다 주변에 있다. 블레셋은 이곳에서 철기 문화를 세계화했다. 다비다가 살아난 곳, 헤롯 아그립바 1세가 벌레에 물려 즉사한 곳, 고넬료를 만나고 에디오피아 내시 간다게를 만난 곳, 빌립 집사와 네 명의 딸이 살던 곳 등 성서의 이야기가 구름처럼 피어오른 곳이다.

"고넬료야 하나님이 네 기도를 들으시고
네 구제를 기억하셨으니 사람을 욥바에 보내어
베드로라 하는 시몬을 청하라
그가 바닷가 무두장이 시몬의 집에 유숙하느니라." (행 10: 31-32)

"Cornelius, God has heard your prayer
and remembered your gifts to the poor.
Send to Joppa for Simon who is called Peter.
He is a guest in the home of Simon the tanner,
who lives by the sea." (Acts 10:31-32)

욥바

세계 선교가 시작된 도시

이곳은 현대 도시 텔 아비브와 함께 성장해왔다. 히브리어로 욥바는 '아름다움'을 뜻하며 텔 아비브는 '봄의 언덕'이란 뜻이다. 둘을 합치면 '아름다운 봄의 언덕'인 셈이다. 그 사이로 정통파 유대인들이 돌아다니며 꿈틀거리는 영토 정복욕을 과시한다. 그러나 욥바는 이스라엘 사람 누구나 살고 싶어 하는 만인의 해변도시다.

욥바에 대한 최초의 기록은 이집트에서 발견된다. 이집트의 파라오(바로) 투트모세 3세(B.C. 1479~B.C. 1425)가 이스라엘의 여러 도시와 함께 욥바를 정복했다는 내용을 이집트의 카르낙 신전에 새겨 놓았다. 주전 14세기 이집트 텔 아마르나 외교문서는 욥바에 이집트의 요새가 있었다고 밝힌다. 출애굽 전부터 이집트가 지중해 도시들을 괴롭혔음을 알 수 있다.

욥바에는 국제도로 해변길Via Maris이 통과했기에 이집트군이 주둔해 있었다. 이집트식 토관이 대거 발굴되어 이집트 문화가 강성했음을 알 수 있다. 당시 이집트는 터키의 히타이트와 메소포타미아 등의 침공을 막기 위해 지중해변에 방어기지를 설치했다. 히타이트에는 이집트를 전복시키려고 간첩까지 파견해 정보를 수집한 흔적이 있다. 욥바는 이 제국들 사이에 유린당할 수밖에 없는 운명이었다. 아름다운 바닷가에는 전운과 함께 낭만의 갈매기들이 이리저리 날고 있었다.

이집트의 국력이 약화되자 출애굽이 일어났고, 정착 후 단 지파는 욥바를 중심으로 지중해변을 분할받았다(수 19:46). 동시대의 지중해변에 정착한 블레셋의 용맹에도 불구하고 단은 북쪽 납달리 지파 쪽으로 땅을 넓혀 나갔다(수 19:47~48). 솔로몬 때 욥바는 최고의 항구도시로 옷을 갈아입는다. 솔로몬에게 우정을 느낀 히람 왕은 향이 진동하는 백향목을 욥바로 수운水運해 주었다(대하 2:11, 16). 넘실거리는 지중해 파도를 뚫고 목재가 욥바에 도착했다. 이 백향목은 유다의 산들을 넘어 예루살렘으로 운송되었다. 당나귀들이 꽤 고생했을 것이다. 예루살렘의 욥바문은 지중해에서 올라오는 물건들이 들어왔기에 욥바문이라고 했다.

이 항구로 도망 온 요나는 다시스로 가는 배를 절묘하게 잡아탔으나 고래에 먹혀 3일간 물고문을 당하고 극적으로 살아나 선교사로 니느웨로 갔다(욘 3:1). 욥바에서 니느웨까지는 3개월 정도 걸리는 거친 광야길인데 누가 선교비를 지원했을까? 사람에게 구하지 않고 하나님께 구하는 '믿음 선교'Faith mission가 요나에서 시작된 것 같다. 적어도 요나는 히브리어 외에도 당시 세계 공용어였던 아람어와 아시리아어에 능통했을 것이다.

신약시대에 욥바의 비즈니스 우먼 다비다(도르가)가 사망하는 일이 발생했다. 베드로의 간절한 기도로 하나님이 그녀를 일으키셨다. 이 사건으로 욥바에 엄청난 인구가 주님께 돌아왔다(행 9:42-43). 그 후 베드로는 욥바의 가죽업자 시몬의 집에 머물며 홀로 지붕에 올라 기도하다 하늘의 환상을 보았다(행 10:6-9). 고넬료의 사신들을 영접하면서 시몬의 집은 외국인들을 선교하는 센터가 된다(행 10:6).

성경의 이야기들이 스쳐 간 올드 욥바의 골목들은 너무도 아름답다. 골목마다 12개 별자리를 본떠 이름을 붙여 놓았다. 너는 궁수자리 Sagittarius, 나는 사자자리Leo…. 푸른 바다를 앞에 두고 골목마다 정교한 공예품 가게들이 세인의 마음을 사로잡는다. 올드 욥바에는 갤러리, 뮤지엄, 카페, 레스토랑 등이 가득 들어서 있다. 이 재미있는 골목길을 다닐 때면 마음이 말갛게 치유되는 느낌이다. 브레히트는 "1퍼센트 부자들은 돈 쓰는 재미로 시 읽기를 거부하고, 99퍼센트의 가난한 이들은 먹고사는 데 얽매여 시 읽기를 외면한다"고 했지만 시성이 가득한 욥바의 골목을 거닐다 보면 저마다 시인이 된다.

욥바는 성서의 옛 토지 위에 생동한다. 골목길을 걸어 나와 나폴레옹의 동상을 지나 올드 욥바 광장을 향해 계단을 오른다. 광장에는 성 베드로 교회가 욥바의 주인처럼 자리했고, 그 앞에 철대포들 주변에 사는 괴팍한 이스라엘 고양이들이 싸우다 후다닥 달아난다. 광장의 지하 전시실에는 욥바의 옛 풍경을 담은 영상과 여러 유물이 전시되어 있다. 올드 욥바엔 '소원

의 다리'The Wishing Bridge가 있다. 이 다리를 건
너면 소원이 이뤄진다고 해서, 저마다 난간을 쓰
다듬으며 건너간다. 언덕에 오르면 작은 공원이
있고 야곱의 꿈을 형상화한 석상이 우람히 서
있다. 현대 이스라엘의 조각가는 창세기에서 인
간 야곱을 선택했다. 그 앞으로는 지중해가 열
려 있고 돛단배는 우아하게 춤을 추며 다시스
로 간다.

시몬의 옛 집에는 성 베드로 수도원 교회St.
Peter Monastery가 세워졌다. 선교사 베드로에
게 큰 은혜를 베풀어 준 시몬을 주께서 기억
하신 것이다. 그의 집터에 교회가 들어섰고 그
행위와 이름을 만세에 알리셨다. 현재 이 교
회는 프란시스칸 교단에서 관리하며 영어, 이
탈리아어, 독일어, 폴란드어, 스페인어로 예배
를 드린다. 교회 아래쪽에 시몬의 생가Simon,
Tanner's House가 있는데 수년간 문을 닫고 뭔
가를 준비하더니 관광지가 되었다. 관광객들
은 기념교회 방문 후에 시몬의 집에 꼭 들른다.
욥바에서 가장 독특한 것은 공중에 떠 있는
나무다. 집과 집 사이에 매달려 있는데 누가
생각했는지 유대인다운 발상이다. 계단을 따
라 항구로 내려가면 저 멀리 텔 아비브가 어서
오라 손짓한다.

욥바의 올드시티에 있던 시몬의 옛 집에 세워진 성 베드로

★ 역사 고고학적인 이야기-욥바

고고학자들이 1955년부터 1974년까지 욥바를 탐사했는데 이때
중기 청동기시대 탑과 성문 그리고 후기 청동기시대의 블록으로 쌓
은 성벽과 블레셋이 쌓은 신전, 철기시대의 가옥이 출토되었다. 페
르시아와 헬라의 유물도 나왔다. 13세기 프레드릭 1세에 의해 욥
바에 교회가 세워지면서 1654년 오토만제국 때 지금의 성 베드로
교회가 그 위로 재건되었다. 17세기에 프란시스칸 수도사들이 욥
바에 도착하면서 여관도 만들었다. 18세기 후반에 교회는 두 번 무
너졌는데, 프란시스칸 교단에서 다시 세웠다. 1799년에는 나폴레
옹 군대가 머물기도 했다.

텔 아비브

중동의 암스테르담

이스라엘의 행정수도이며 최대 항구도시로 상업과 무역의 중심지다. 욥바에서 확장된 도시로 현대적 인상의 도시다. 텔 아비브라는 이름은 바벨론 포로기 때 그발 강에 살던 유대인 마을 델아빕에서 유래했다.

텔 아비브는 '결코 잠들지 않는 도시'The City That Never Sleeps다. 전 세계 9개 미항 중 하나로 꼽히는 텔 아비브는 인구 120만에 금융산업이 핵심인 중동에서 두 번째로 큰 경제도시다. 그런가 하면 중동-아프리카의 '아름다운 도시' 3위로 선정되어 세계인이 1년 내내 드나드는 곳이다.

텔 아비브로 이름이 지어지기까지 여러 사연이 있었다. 원래 이곳의 이름을 이스라엘 독립에 큰 기여를 했던 데오도르 헤르첼의 이름을 따서 헤르질리야로 지으려 했다. 그러나 에스겔 3장 15절의 그발 강가의 포로수용소인 델아빕에서 유래한 텔 아비브가 유력해졌다. 전 세계에 흩어진 알리야(이주민)들이 1909년에 이곳에 유대 공동체를 세워 정착하면서 자신들의 처지가 그발 강가의 유대 포로들과 비슷하다고 여겼다. 그리하여 텔 아비브라고 이름하였고, 1950년 욥바와 병합하여 텔 아비브 야파Tel Aviv-Yafo로 불리게 됐다.

텔 아비브는 두 개의 얼굴을 가진 도시다. 유럽의 도시처럼 멋지나 해마다 게이와 레즈비언 들이 모여 퍼레이드를 하며 커밍아웃으로 복수한다. 프랑스 니스 해변처럼 아름다운 지중해변에 갑자기 야릇한 복장을 입고 쏟아져 나온 동성애자들로 인해 이 땅이 성지인가 하고 놀란다. "사람들이 자기 행위가 악하므로 빛보다 어둠을 더 사랑한 것이니라"(요 3:19).

텔 아비브에 집창촌이 많다는 사실을 이스라엘 언론이 보도했다. 유대 종교인 하레딤들도

이들의 단골 고객이다. 매주 금요일 아침과 오후가 되면 예루살렘에서 관광버스를 대절하여 검은 옷을 고이 다려 입고는 텔 아비브로 몰려든다. 이곳 창녀들에게 동전까지 긁어 주고 죄의 세계로 편입한다. 창세기 38장 8-10절을 지킨다는 자족감에 몰입한다. 거사를 치르고는 금요 안식일을 지키려 서둘러 예루살렘행 버스를 잡아타는 모습을 언론이 포착하여 고발했다. 그들의 눈매에서 야수적 습성이 풍겨 난다. 하레딤들은 특히 외국 창녀들을 선호한다. 그들은 "외국인 창녀들이 있어 성폭력 사태를 막을 수 있으니 이 얼마나 다행입니까?"라며 자족한다. 러시아 마피아에 의해 인신매매로 팔려 온 외국 여성 가운데 3분의 2는 마약에 중독되어 있다. 이 불행한 여성들의 고객 명단에는 유대 종교인이 가득하다. "이스라엘은 더 이상 약속의 땅이 아닙니다"라는 17세 소녀가 추방당하며 남긴 글을 읽은 적이 있다. 이런 간음의 악습은 심판받아야 마땅한 행위다.

오늘날 텔 아비브는 금융과 상업의 중심지다. 전 세계 보석상의 80퍼센트를 유대인이 장악했는데, 텔 아비브가 그 허브다. 텔아비브 공항은 해변에서 약 20분 정도 떨어져 있는데 옛날 블레셋이 이 지역에 거주하며 철기 문화를 퍼트렸다. 다곤 신당이 있던 아스돗과 해변도시 아스글론과 늘 전쟁을 치루는 가자 그리고 에그론, 골리앗의 고향 가드 등이 텔 아비브의 이웃 도시다. 이들 도시는 법궤를 이리저리 옮겨 가며 재앙을 경험하고는 결국 이스라엘에게 넘겨주었다. 사무엘상 5-6장에 나타난 블레셋 도시는 모두 천혜의 곡창지대였다. 40년 늦게 가나안에 도착한 이스라엘은 미리 온 블레셋을 막을 수 없었다. 지중해 최고의 농지는 블레셋에게 돌아갔고, 이스라엘은 산간지대에 거하는 운명에 처하고 말았다.

> "내가 델아빕에 이르러
> 그 사로잡힌 백성
> 곧 그발 강가에 거주하는
> 자들에게 나아가."
>
> (겔 3:15)

★ 유대 종교인의 잘못된 성서 해석

종교 유대인들은 성을 매수하는 성서적(?) 이유가 있다. 유대인은 'Kosher Sex'라는 잘못된 성 풍속을 남용한다. 성은 오직 결혼 안에서만 허락되며 부부가 만족에 이르면 계명mitzvah을 완성했다고 믿는다. 그런데 한 가지 예외 조항을 만들었다. 남편이 아내의 월경 기간 중 한 방울의 정액이라도 땅에 설정하면 율법을 파기하는 행위라는 것이다. 이는 아내의 임신 기간에도 적용된다. 3800년 전 일어난 '오난의 사망'(창 38:8-10)에서 단서를 찾아냈다. 오난이 설정했다가 죽임 당했다며 이 내용을 오늘날 공동체로 끌고 왔다. 남편이 잘못하여 설정할 경우 오난처럼 죽임 당하게 할 수 없다며 유대 종교 여성들을 설득했다. "남편이 율법을 어겨 죽으면 과부가 되니 남편을 보호해야 하지 않겠습니까?" 이 같은 괴이한 논리로 창녀를 매수할 수 있는 문화를 허가했다. 반드시 여성의 몸에 사정해야 하니 콘돔도 사용할 수 없다는 논리를 펼친다. 창녀와의 간음을 정당화하기 위해 탈무드까지 증거 문헌으로 삼으려 한다. "남자의 손이 배꼽 아래로 내려가거든 반드시 잘라 버려라"(탈무드 닛다Niddah 13a). 그러나 하나님은 바울을 통해 말씀하셨다. "불의한 자가 하나님의 나라를 유업으로 받지 못할 줄을 알지 못하느냐"(고전 6:9). "창녀와 합하는 자는 그와 한 몸인 줄 알지 못하느냐… 음행하는 자는 자기 몸에 죄를 범하느니라"(고전 6:16-18).

최고의 오렌지가 생산되는 지중해의 텔 아비브.

가이사랴

1세기 예루살렘과 쌍벽을 이룬 로마 도시

구약에는 언급이 없지만 신약에서는 매우 중요한 도시다. 헤롯 대제에 의해 항구도시로 신설되어 로마 군단이 거주한 곳이다. 로마 관료 고넬료가 베드로를 통해 구원받은 곳이고, 바울은 이곳에서 2년간 수감되었다.

겨울에는 소나기가 자주 내린다. 파도마저 거세지고 하늘은 포도주 색으로 우울하다. 그러나 봄부터 가을까지는 지중해의 공주처럼 사랑받는 곳이 된다. 텔 아비브에서 북쪽으로 45킬로미터 떨어져 있으니 드라이브를 하기에도 최적의 거리다. 가이사랴에 들어서면 이집트와 이탈리아에서 수입한 1,399개의 대리석 기둥을 가이사랴 고고학 파크Archaeological Park에 부서진 그대로 풀어 놓은 것을 볼 수 있는데 광대했던 1세기 도시의 위용이 느껴진다. 가장 화려하고 번성했던 황제의 도시 가이사랴에서 신약성서를 되짚어 본다.

가이사랴는 주전 4~3세기에 형성된 어촌이었다. 어선 몇 척의 소박한 바닷가에 스트라토 탑Strato's Tower을 세워 작은 항구의 면모를 갖추고 있었다. 스트라토는 북가나안의 시돈Sidon 왕의 이름에서 유래했다. 한때 이곳을 점령했던 안토니우스는 이 항구를 클레오파트라에게 선물했다. 그녀를 얻기 위해 지중해의 땅을 안겨 주었다. 노을과 부드러운 바람, 각종 생선 요리로 차린 저녁상은 그녀의 독차지였다. 그녀는 진주를 식초에 녹여 마셔가며 안토니우스를 유혹하기도 했다니 그 로맨스는 민초들에겐 고통이었으리라.

안토니우스가 악티움 전쟁에서 패하자 정권은 가이사 옥타비아누스에게 돌아갔고 항구는 헤롯에게 하사되었다. 헤롯은 가이사에게 충성심을 보이기 위해 이 항구를 가이사랴고 이름 짓고 신도시 프로젝트를 출범했다. 주

전 22년에서 주전 10년까지 가이사랴에는 망치 소리가 끊이지 않았다. 작은 어촌이 헬라-로마식 최대 항구로 다시 태어난 것이다. 주전 10년에 가이사랴가 완공되자 헤롯은 지인들을 불러 해변에서 잔치를 벌였다. 아우구스투스의 신전까지 세워 헌정하고 헤롯 궁과 로마 총독의 관저도 지었다. 이 신도시에서 빌라도, 베스도, 벨릭스, 헤롯 등이 집무했다. 예루살렘은 유대인 축제 때나 시찰했고 대부분 가이사랴의 달콤한 바닷가에서 보냈다.

바닷속까지 성곽의 기초를 쌓은 가이사랴는 불멸의 도시로 로마 군단이 거주하며 1세기 가장 큰 도시가 되었다. 1962년에 라틴어로 된 본디오 빌라도 석비가 발굴되면서 빌라도의 실체가 확인되었다. 예수의 사형 언도 기록이 사실이었음을 돌 조각이 증언했다.

예루살렘과 가이사랴는 신약을 대표하는 두 도시다. 가이사랴에서는 이방인 개종이 최초로 일어났다. 이탈리아에서 온 군대 지휘관 고넬료(코넬리우스)와 그의 가족이 베드로에게 세례를 받았다(행 10:1). 또 헤롯 아그립바 1세가 즉사하는 일도 이곳에서 발생했다(행 12:23). 그는 야고보를 살해하고 베드로의 행방을 알 수

1세기의 본디오 빌라도의 이름이 새겨진 비문이 가이사랴에서 발굴되었다.

없게 되자 보초들을 살해할 것을 지시한 후 가이사랴로 돌아온다(행 12:19).

헤롯은 비단 왕복을 차려입고 가이사랴 원형 극장에 올라 이글거리는 눈으로 즉흥 연설을 퍼부었다. 연설을 들던 군중은 "이것은 신의 소리요 사람의 소리가 아니라"(행 12:22) 하니 헤롯은 무아지경에 빠졌다. 순간 명령을 받은 독충이 헤롯을 물어 돌연사하고 말았다. 부드러운 해초 바람이 불어와 소풍 가기 알맞은 날 회개 없이 저 세상으로 가버렸다. 왕이 시시한 곤충에 물려 죽었으니 온 가문의 수치였을 것이다.

가이사랴에는 빌립 집사의 집이 있었다. 사도들은 그의 집에서 여장을 풀곤 했다(행 21:8). 바울이 예루살렘에 올라가려고 할 때 아가보 선지자가 "지금 예루살렘에 가면 결박당하니 가지 말기를 바라오"라고 하였으나 바울은 "나는 예루살렘에서 죽을 것도 각오했소"라며 결행했다. 아가보의 말대로 바울은 예루살렘에서 체포되었고, 가이사랴에서 2년간 옥고를 치렀다. 옥중에서도 그는 벨릭스와 베스도, 헤롯 아그립바 2세에게 복음을 전했다(행 23:23; 24:10). 로마의 네로 황제에게 상소를 한 곳도 가이사랴였다(행 25:10).

가이사랴는 세워진 이래 6백 년간이나 지중해의 중심지였다. 69년 티투스는 500명의 유대인을 잡아다가 원형경기장에서 검투사식 대결로 동족끼리 처참하게 죽이게 했다. 이는 그의 형제 도미시안 황제의 생일 파티에서 저지른 악행이다. 135년 제2차 항쟁 때 잡혀 온 유대인들도 여기서 처형당했다. 당시 유명한 랍비 아키바가 삼지창에 긁혀 죽었는데 쇠창에 긁힐 때에 조금도 요동하지 않았다는 기록이 전한다. 교회사가 유세비우스는 315년에서 330년까지 가이사랴 주교로 재직하며 파도 소리 가득한 해변에서 《기독교회사》를 집필했다.

요세푸스는 가이사랴 항구가 아테네의 피라우스 항구에 비할 만큼 아름다웠다고 했다. 그러나 가이사랴에는 샘이 없어 갈멜 산에서 물을 끌어와야 했다. 인구 10만 명이 마실 물을 공급하기 위해 수로 공사를 착공해야 했다. 헤롯 대제는 갈멜 산에서 가이사랴까지 연결되는 16킬로미터의 도수교를 건설했다. 이후 하드리아누스는 이 수로를 더 확장했다. 그의 업적을 기리는 비문이 도수교 벽에 지금도 부착되어 있다. 현재 지중해 해변에 있는 이 도수교에 올라서서 갈멜 산을 바라보면 헤롯 대제가 얼마나 야심가였는지 놀랍기만 하다. 그런 시대에 그리스도께서 이 땅에 오셨다. 건축광 헤롯은 곳곳에 건물을 세웠으나 그의 가문이 저지른 만행이 건물마다 메아리친다.

★ 역사 고고학적인 이야기 - 가이사랴

스트라토의 탑이 세워진 이곳은 헤롯 당시 페니키아 항구였다. 헤롯은 궁전과 신전, 극장과 시장, 경기장과 수로와 목욕탕을 만들었다. 10만 명이 거주하면서 예루살렘보다 더 큰 도시가 되었다. 70년 예루살렘의 함락으로 유대인이 대거 이동해 오면서 3세기에 랍비운동이 꽃을 피웠다. 여러 개의 회당이 세워졌고 오리겐은 이곳에 큰 도서관을 건립했다. 그 후 비잔틴 시대를 맞아 도시 성벽과 교회, 행정관저, 상점, 극장, 경기장 등이 새로 건설됐다. 640년 이슬람이 통치하면서 도시가 쇠퇴하다가 12세기 십자군 시대에 새로운 건축물들이 세워졌다. 그러나 1187년 살라딘이 이곳을 침공하며 다시 퇴색되었다. 18~19세기 지중해 도시 악코와 욥바가 융성해지면서 이곳 건물들의 석재를 가져다가 건축자재로 재사용했다.

"나는 주 예수의
이름을 위하여
결박당할 뿐 아니라
예루살렘에서
죽을 것도
각오하였노라."

(행 21:13)

예루살렘이 함락된 후 유대인들이 이주하면서
3세기의 가이사랴는 랍비운동이 크게 융성했다.

헤롯 대제에 의해 건설된 가이사랴의 거대한 수로-신도시 가이사랴에 공급할 수도시설이었다.

하이파

갈멜 산맥 끝에 위치한 항구도시

성경에는 없지만 지중해 북쪽에 위치한 항구
도시다. 1945년 부켄발트의 수용소에서 살아
남은 유대인 포로들이 하이파 항을 통해 이스
라엘로 들어왔다. 바하이교 신전이 있고 이스
라엘 MIT로 알려진 테크니온 공대가 있다.

하이파는 여러 민족이 철새처럼 찾아들던 곳
이다. 페니키아, 페르시안, 하스모니안 유대
인, 로마인, 비잔틴인, 아랍인, 십자군, 오토만
인, 영국인 등. 텔 아비브에서 북쪽으로 90킬
로미터 떨어져 있고 사시사철 푸르른 날씨에
유일하게 산과 바다가 만나는 해변도시다. 이
스라엘의 3대 도시로 북부 최대 도시다. 인구
90퍼센트가 유대인이며, 그 가운데 4분의 1은
러시아계 이민자다. 기독교인도 꽤 살고 있다.
하이파 해변에는 평평한 바위가 많다. 해변 바
위틈에는 엄지손가락만 한 소라들이 까만 알
처럼 깔려 있다. 유대인들은 코셔를 지키므로

부정한 소라를 입에 대지 않는다. 엄청나게 번
식한 소라들이 소라 암군 해변으로 바꿔 놓았
다. 하이파 항은 정유시설이 크게 발전했으며
갈멜 산에 세워진 바하이교 교주의 묘실정원
은 하이파의 관광 수입원이자 세계 바하이교
의 심장부로 유네스코 세계유산에 등재됐다.
12세기 이 도시에 온 십자군은 이곳의 이름을
케바라고 부르기 시작했다. 베드로의 아람어
이름에서 따온 지명이다. 이곳에서 가까운 갈
멜 산에서 엘리야 사건이 일어났다.

2차 세계대전 후 홀로코스트에서 생존한 유
대인들이 1945년에 하이파 항에 도착했고, 그
후예들이 정착했다. '휴일 중의 휴일'이라 부르
는 축제가 매년 12월 25일 하누카 기간에 하이
파에서 열리는데, 온 도시는 다시 하나로 새
마음이 된다.

무흐라카
엘리야의
갈멜 산

절대음감을 가진 까마귀가 쓰임을 받다

이스라엘의 전역에서 활약하는 까마귀는 불결한 새로 인식되나 특별한 새다.

하늘에서 엘리야의 번제물에 불이 내려온 것을 기념하는 장소다.

조류학자들은 까마귀가 만 명 중에 한 사람이 가진다는 절대음감을 가진 것을 밝혀냈다. 외로운 인간에게 빵을 보내기 위해 감춰져 있던 새의 재능이 동원됐다. 하나님은 흉조의 머리를 쓰다듬어 그릿 시냇가에 숨은 엘리야에게 빵과 고기를 전달할 것을 명하셨다. 까마귀는 곱게 순종하여 날아올랐다. 까마귀는 식용이 아니기에 유대인들은 이 새와 가깝게 생활한 적이 없다(레 11:15, 46). 유대인들은 부정한 까마귀를 쳐다보지도 않았을 것이다. 엘리야가 은 닉한 곳으로 빵과 고기를 물고 가는 새에 관심이 없었을 것이다. 덕분에 엘리야는 숨어 지낼 수 있었다. 하나님이 독수리, 갈매기, 참새, 올빼미, 비둘기가 아닌 까마귀를 선택한 이유를 짐작할 수 있다.

이 까만 새는 본능적인 배고픔을 극복하고 오전 오후로 시간 맞춰 정확히 식량을 투하했다. 길들여질 수 없는 새가 움직이는 것을 본 엘리야는 불까지도 내려 주실 하나님을 믿을 수 있었을 것이다(왕상 18:38). 하나님은 메추리에

293

게도, 뱀에게도, 메뚜기에게도 말씀하시는 분
이다. 하나님은 실로 지구촌의 모든 생명 속
에 감추인 DNA의 설계자가 아닌가? 엘리야
를 돕던 자는 지각이 뛰어난 인간이 아니라 오
직 부리 하나 달린 날짐승이었다.

갈멜 산 정상에 '무흐라카'라는 수도원이 있
다. 무흐라카는 아랍어로 '불타는 장소'라는
뜻이다. 이곳 하늘은 비만 내리는 게 아니라
불도 내리는 하늘이었다. 유리구두처럼 맑은
저 파란 하늘이 엘리야 때에 불덩이를 쏟아붓
던 노여운 하늘이었다. '불로서 응답하신 하

나님'의 실재를(왕상 18:23) 아합 왕은 두 눈으로 보았을 것이다. 3년 6개월간 잠잠하던 하늘에서 쏟아지는 폭풍 같은 비를 맞으며 재빨리 병거에 둔부를 올리고는 황급히 도망쳤다. 하지만 그는 살아 계신 하나님을 인정하지 않고 다시 나봇의 포도원을 강탈한다(왕상 21:16). 탐욕에 길들여진 그의 마음은 하늘의 심판을 보고도 돌아서지 않았다. 결국 아람과의 전쟁에서 날아온 화살을 맞아 비참한 최후를 맞는다(왕상 22:37).

수도원 예배당에 들어서니 12개의 돌을 포개 만든 제단이 보인다. 엘리야가 열두 지파를 위해 쌓은 돌을 연상시킨다(왕상 18:31). 검소한 나무 의자들이 놓인 걸 보니 엘리야의 고독과 청빈함도 느껴진다. 정원에는 엘리야의 기념 석상이 서 있다. 단검을 뽑아 바알 선지자를 밟고 내려치는 모습이다. 엘리야가 850명의 바알조를 격퇴하지 않았다면 이스라엘의 민족은 속히 붕괴됐을 것이다. 바알리즘의 여왕 이세벨은 인간을 물질로 보는 문명의 도살자요, 물질주의의 마녀였다(왕상 21:5-16). 그녀의 식탁을 맴돌던 850명의 가짜를 제거함으로 이스라엘 왕조는 생존할 수 있었다.

이곳에서 4세켈을 내면 수도원 지붕에 올라갈 수 있다. 지붕이 깨질 염려는 없으니 가까이서 싱그러운 갈멜 산을 바라보는 것도 좋다. 갈멜 산은 가족 등반의 장소로 인기가 높고 가장 높은 곳은 546미터다. 약 670여 종의 식물군이 있으며 터진 화산으로 마그마가 흘러 굳은 바위들이 도처에 있다. 바닷물에 잠겼던 퇴적암에는 조개와 산호들이 보인다. 구멍이 송송 난 이채로운 바위들은 엘리야가 머리를 대고 일곱 번이나 기도할 때 함께 있던 것들이다. 모두 울긋불긋한 모습으로 갈멜의 이야기를 전한다.

수도원 아래 작은 동굴이 있는데 전승에 의하면 그곳에 엘리야가 살았다고 한다. 엘리야는 이 동굴에서 바알주의 퇴치를 위해 기도했을 것이다. 수도원 반대쪽에 동굴이 하나 더 있는데 그곳도 엘리야 동굴로 불린다. 그 아래 어딘가 기손 강이 굽이굽이 흘러가며 추억의 편린을 흘려 준다. 이 수도원은 850명과 격돌했던 현장을 기념하여 1883년에 세워졌다. 기도 중에 엘리야가 본 '손바닥만 한 작은 구름'(왕상 18:44)은 갈멜 산 근처의 지중해에서 솟아오른 구름이었다. 갈멜 산은 이스라엘에서 가장 먼저 비가 내리는 지역이다.

> "이에 여호와의 불이 내려서 번제물과 나무와 돌과 흙을 태우고 또 도랑의 물을 핥은지라."
>
> (왕상 18:38)

므깃도

인류 최후의 전쟁터 아마겟돈

뜨거운 바람에 달아오른 므깃도 국립공원에 낡은 표지판이 우뚝 서 있다. 그 사연을 읽어 보면 여기서 마지막 아마겟돈 전쟁이 일어날 것이라는 내용이다. 아마겟돈은 므깃도 언덕을 가리키는 '할 므깃도'의 헬라어 음역이다. 평화로운 언덕 위 므깃도에서 과연 인류 마지막 전쟁이 일어날 것인가? 성경을 문자적으로

봐야 하는 것인지…. 미래를 예측할 수 없으나 아직까지 므깃도에 전쟁의 징후는 포착되지 않는다.

이스라엘 최고의 곡창지대 이스르엘 평원을 독차지한 기름진 도시답게 므깃도는 예부터 크고 강력한 도시였다. 포도원을 비롯한 과수원과 보리와 밀, 옥수수와 알파파 등 풍성한

므깃도 한복판을 통과하는 순례객들.

농작물 덕분에 초록 금을 캐내는 곳으로 불렸다. 또한 므깃도는 전쟁도 많이 치렀다. 고대 이집트, 가나안, 블레셋, 아시리아, 페르시아, 헬라, 로마의 전쟁터였다. 덕분에 고고학적 유산이 즐비하다. 이스르엘 평원의 중심지인 므깃도를 가운데 두고 서쪽으로는 지중해의 하이파, 북쪽으로는 나사렛, 동쪽으로는 벳산이 삼각편대를 형성한다. 므깃도는 2005년 유네스코 세계문화유산으로 지정되었다.

큰 도시에는 언제나 급수 시스템이 있다. 므깃도의 가장 놀라운 것은 내부에 숨은 거대한 지하 수로다. 성경에 기록은 없으나 주전 9세기의 아합의 엔지니어들이 깊은 구멍을 내고 수직 통로를 뚫어 수원지와 수평을 맞춰 수로를 건설했다. 성 바깥의 수원지로부터 성 안으로 물을 끌어온 것이다. 외부 공격에 대비해 물을 타인이 취하지 못하도록 막기 위해서다. 계단을 내려가면 수평으로 뚫린 수로를 볼 수 있는데 그들이 얼마나 물이 절박했는지를 새삼 느낄 수 있다. 그리고 검은 바위를 뚫어 물을 공급한 아합은 꽤 성공한 왕처럼 보인다. 어쩌면 이런 능력이 하나님을 인정하지 않았던 이유였을까? 아합은 북쪽의 하솔에도 이와 비슷한 급수 시스템을 만들었다. 3년 6개월간 비가 내리지 않아 아합이 고통을 겪었다는 것이 사실로 믿어진다.

주전 13~12세기경 므깃도 상아가 발굴되었다. 모두 아프리카에서 수입된 것들로 세계적인 유물로 평가된다. 성 안에는 큰 문이 있는데 이는 솔로몬이 세운 것이다. 발굴된 나체 여인상을 비롯해 '여로보암의 종 쉐마에 속함'이라고 쓴 인장이 여로보암 2세(B.C. 786~B.C. 746) 때 것으로 판명되었다. 또한 갈가메쉬 서사시 40행이 기록된 아카드어 점토판도 발견되었다. 이는 고대 성서시대에도 수입품과 우상 등 국제 교류가 활발했음을 알게 한다.

므깃도는 전략적인 군사도시였기에 솔로몬은 이 도시 전체를 성채로 둘렀다. 9세기경에 아합이 세운 마구간(또는 곡식 저장고)도 있다. 당시 므깃도에서는 492마리의 병거용 말이 사육되었고 돌로 제작된 말구유가 전시되어 있다. 아시리아 비문에 보면 므깃도의 병거들이 있었다는 내용과 일치한다.

므깃도에는 5천 년 된 초기 청동기의 신전이 있다. 진흙 벽돌로 쌓은 성벽이 그대로 남아 있으니 세월도 당시의 흔적을 훼손하지 않았다. 주전 2000년경의 가나안 신전이 세 개나 있는데 각 신전에는 큰 방과 제단이 있다. 이 중에서 가장 유명한 것은 남동쪽 신전에 있는 돌로 쌓은 원형제단round stone altar이다. 이곳은 므깃도의 성소였다. 입구에는 작은 뮤지엄과 기프트숍이 있다. 그곳에는 므깃도 전체의 조감도를 펼쳐서 전시했는데 도시를 성채로 어떻게 둘렀는지를 볼 수 있는 멋진 자료이다.

★ 역사 고고학적인 이야기 - 텔 므깃도

초기 신석기시대와 청동기시대 사람들이 므깃도에 정착했다. 므깃도에 대한 최초의 기록은 이집트 문서에서 발견된다. 주전 18~16세기의 북방 힉소스 민족의 흔적도 므깃도에 남아 있다. 주전 1468년 므깃도는 바로 왕 투트모세 3세의 공격을 받았다. 므깃도는 14세기 이집트 텔 아마르나 외교문서에도 등장한다. 또한 성경에도 자주 언급된다(수 12:21, 삿 5:19). 10세기 솔로몬 왕은 므깃도에 성채를 둘러 군사도시로 만들었다. 주전 732년, 아시리아의 티글랏 빌레셋 3세가 침공하여 무너트렸다. 주전 609년에는 종교개혁으로 유명한 요시야 왕이 이곳에서 전사했다(왕하 23:30). 주전 4세기 이후 므깃도는 버려졌고 1799년 나폴레옹, 1918년 알렌비 장군이 므깃도에서 오스만튀르크와의 전쟁에서 승리했다. 고고학 탐사는 이갈 아딘이 세 차례(1903~1905, 1925~1939, 1960~1970)에 걸쳐 진행하면서 수많은 유적을 발굴했다.

"보라 내가 도둑같이 오리니
누구든지 깨어 자기 옷을 지켜
벌거벗고 다니지… 아니하는
자는 복이 있도다
세 영이 히브리어로
아마겟돈이라 하는 곳으로
왕들을 모으더라."

(계 16:15~16)

므깃도의 수로를 향하여 내려가는 사람들.

아합 왕이 판 므깃도의 수로. 그 길이와 크기가 놀랍다.

므깃도에서 발굴된 주전 9~8세기경 사용된 돌 말구유.

말 사육 또는 곡식 저장 사일로로 판명된 므깃도의 유적.

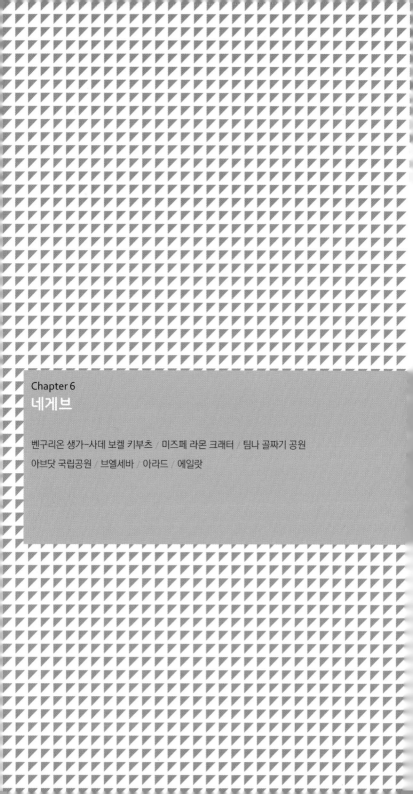

Chapter 6
네게브

Negev Desert Area
네게브

성지를 마감하다

네게브는 히브리어로 '남방'South이란 뜻이며, 이스라엘 남부의 사막지대를 말한다. 이스라엘 영토의 절반인 네게브에는 봄, 여름, 가을이 따로 없다. 다만 겨울이면 폭우로 온 사막이 순식간에 물바다로 변한다. 다리가 끊어지고 도로가 파괴되며 급류에 차량이 휩쓸리고 때때로 사람을 구출하기 위해 헬기가 동원된다.

"여호와여 우리의 포로를 남방Negev 시내들 같이 돌려보내소서"(시 126:4)라는 말은 네게브의 겨울 홍수처럼 포로들을 돌려보내 달라는 은유적 표현이다. 네게브 사막엔 부드러운 살을 콱 무는 뱀들과 닥치는 대로 꼬리로 찌르는 전갈과 악어의 흉갑을 갖춘 도마뱀, 섬세한 코의 올빼미, 사뿐거리는 여우와 철근같이 생긴 뿔을 매단 야생 염소들이 친구처럼 지낸다. 풀 한 포기 찾기 힘든 네게브의 짐승들은 불우하나 정답다.

에셀나무와 쉬타나무와 로뎀나무가 꾸준히 자란다. 에셀나무는 양의 먹이로, 쉬타나무는

네게브 사막에서
철새들의
이동을
관찰하는
사람들.

엘리야가 호렙 산으로 도망가며 쓰러졌던 네게브의 로뎀나무 그늘.

옛 성막의 기둥으로 쓰였다. 네게브에는 불타 오르는 갈증과 배고픔, 직사광선의 고통이 가 득하다.

이스라엘 전국토의 70퍼센트에 달하는 네게 브 사막은 인간을 밀어내는 곳이나 성경에서 는 오히려 인간을 품는다. 하갈은 브엘세바 광 야에서, 모세는 불붙는 시내 산 광야에서, 엘 리야는 시내 산 암굴에서, 다윗은 엔게디 황무 지를 겪었다. 모든 공급이 단절된 곳에서 하나 님의 돌보심을 체험한 것이다. 사막 네게브는 하늘의 은혜가 공급되는 신비한 곳이다.

"여호와께서 우리를 위하여 큰일을 행하셨으니
우리는 기쁘도다 여호와여 우리 포로를
남방(네게브) 시내들같이 돌려보내소서." (시 126:3-4)

"The Lord has done great things for us,
and we are filled with joy. Restore our fortunes,
O Lord like streams in the Negev." (Ps. 126:3-4)

벤구리온 생가– 사데 보켈 키부츠

건국의 아버지의 초라한 침대

이스라엘 초대 수상 벤구리온은 은퇴 후 네게브의 키부츠로 갔다. 슬레이트 농가에서 살며 사막을 개간했다. 그가 네게브 사막을 얼마나 사랑했는지 그가 살던 집을 보면 알 수 있다. 이스라엘 사람들은 물론 방문객들도 그가 생의 마지막까지 살았던 현장을 둘러보며 큰 도전을 받는다.

오래전 우연히 카페에 들러 책 하나를 구입했다. 엘제아르 부피에가 쓴 프랑스의 프로방스를 배경으로 한 책이다. 주인공은 1차 세계대전의 비극을 겪고 난 후 고향으로 돌아가 가족과 재회한다. 외아들과 아내가 죽자 홀로 숲속에 남아 프로방스의 황무지에 나무를 심기시작했다. 누가 시킨 것도 아닌데 매일 도토리 한 자루를 물에 불린 후 산에 올라 쇠막대기로 푹 찔러 구멍을 내고 도토리를 밀어 넣었다. 백 개를 심으면 열 개가 싹을 틔웠다. 매일 정성을 다해 수년간 민둥산에 도토리를 심었다. 그리고 그곳을 떠났다. 오랜 세월이 흐른 어느 날, 그는 우연히 그곳을 다시 찾았고

그 민둥산이 울창한 숲으로 덮인 것을 발견했다. 시냇물이 흐르고 새들이 깃들며 자연이 회복된 것이다. 《나무를 심는 사람》이라는 책의 줄거리다.

이스라엘의 초대 수상 벤구리온도 그에 비견할 만한 삶을 살았다. 벤구리온은 불확실한 미래로 표류하는 조국을 맨손으로 들어 옮긴 자다. 수상을 지냈지만 시민으로 돌아가 유대 민족에 엄청난 영향을 끼쳤는데, 그가 그렇게 한동기가 잘 알려져 있다. 수상 재직 시 네게브를 시찰한 적이 있었다. 마침 그 지역을 탐사하는 대학생들을 만나 무엇을 하고 있느냐고 물었더니 학생들이 "고대 문헌에 이곳에 사람들이 살았다고 하여 개간할 수 있을지 조사중입니다"라고 했다. 그리고 벤구리온은 은퇴후에 아내와 함께 네게브 사막으로 들어갔다. 죽기까지 네게브 사데 보켈 키부츠에 살며 사막을 개척한 것이다. 매일 괭이를 메고 사막으로 나가 사막을 연구하며 사막에서 생존하는 법을 배웠다. 고대 수메르인들이 좋아했던 양

상추를 심어 수확하기도 했다. 버림받은 땅을 행복한 낙원으로 만든 것이다. 살아생전 그는 유명한 말을 남겼다. "이스라엘이 중동 한복판에서 생존하려면 남방으로 가야 한다."

그가 살던 사데 보켈 키부츠 생가는 방문객으로 매일 인산인해를 이룬다. 키부츠 한구석에 그의 집이 보존되어 있다. 방 두 칸짜리 창고 같은 가옥에 남아 있는 것이라곤 아내와 썼던 솥단지와 이 빠진 접시들, 수저와 포크, 비닐을 깐 식탁 그리고 두 개의 간이침대가 전부다. 이곳이 이스라엘 수상의 집이었다니 믿을 수가 없다. 그는 매일 아침 키부츠에서 얻은 달걀과 염소젖을 먹고는 광야로 나섰을 것이다. 서재에 들어서니 그의 손때가 묻은 책들이 정돈되어 있다. 밤새 고시생처럼 공부하던 그의 안경이 놓여 있다. 얼마나 정직하고 검소하게 살았는지를 그의 집을 둘러싼 공기가 말해 준다.

이스라엘 사람들은 건국의 아버지가 어떤 의지와 실천으로 국토를 일구었는지를 지금도 배운다. 오늘날 그의 무덤은 네게브의 작은 언덕에 있다. 그는 죽어서 후대에 가장 위대한 재산을 남긴 사람이었다. 스위스 은행에 수천억 대의 돈을 감춰 두고 텔레비전에 나와 가난한 척하던 팔레스타인의 수장 아라파트와는 대조적이다. 벤구리온의 반짝이는 머리가 아라파트가 머리에 걸친 핫다보다 대단해 보인다. 이스라엘이 주변 16억 이슬람 사이에서 살아남은 이유를 알게 된다.

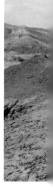
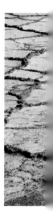

이스라엘이 생존하기 위해선 남방 사막으로 가야 한다고
늘 강조하던 벤구리온의 말을 키부츠에 새겨 두었다.

네게브 사막 산악지대의 모습.

네게브 사막의 갈라진 땅의 모습.

Ramon Crater

미즈페
라몬
크래터

전 세계에서 가장 큰 분화구가 있는 곳

네게브 사막을 여행할 때 반드시 보아야 할 곳
이다. 거대한 분화구가 넓게 패여 있어 벌판을
형성한다. 마치 시간이 멈춰 선 듯 신비로움이
굽이굽이 펼쳐진다. 오래전 이곳이 바다였다
는 사실이 조개 화석을 통해 증명됐다.

언젠가 네게브 솔로몬 광산 근처에서 열풍을
만난 적이 있다. 달궈진 4월의 봄바람이 후끈
했다. 강력한 화력을 지닌 기체가 온몸을 강타
하며 습기를 빼앗자 얼굴에 뻣뻣한 가죽이 들
러붙은 것 같았다. 사막 바람이 얼마나 강한
지 서둘러 빠져나와야 했다. 이스라엘이 40년
이나 머물던 광야는 인간을 절대 가만두지 않
는 곳이다. 어딘가 있었을 가데스 바네아도 찾
을 수가 없다. 그곳까지 차를 몰고 가보았지만
바람에 무너져 버린 돌무더기 몇 채만 볼 수
있었을 뿐이다. 네게브는 하늘의 도움 없이 하
루도 견디기 힘든 땅이다.

라몬 크래터 분화구는 브엘세바에서 85킬로
미터 남쪽에 위치하고 길이는 40킬로미터, 너
비는 2~10킬로미터, 깊이는 500미터다. 네게

브 한복판에 있고, 이스라엘에서 가장 큰 국립공원으로 지정되었다. 거대한 행성이 날아와 부딪쳐 만든 분화구 같지만 수백만 년 전부터 침식작용에 의해 형성되어 이색적이고 환상적인 색조와 형태를 지녔다. 거대하게 파인 둥근 원형은 마치 빗질로 쓸어내려 간 듯 보인다.

기묘한 바위들과 사막의 고요함이 서로 만나 어우러지는 곳이 되었다. 라몬은 아랍어로 '로마'라는 뜻이다. 옛날 이곳에 로마인이 만든 길이 있어 붙여진 이름이다.

한때 활화산지대였던 이곳은 흘러나온 까만 마그마가 곳곳에 묻어 있고 붉거나 노란 암석도 눈에 띈다. 이곳에 겨울비가 거세게 내리면 이곳에 와디(임시 하천)가 형성되어 흘러간다. 북동쪽 벌판에 달팽이 모양의 조개 화석이 많았는데, 관광객마다 채취해 가는 바람에 지금은 거의 남아 있지 않다.

미즈페 라몬 방문센터는 네게브의 크래터 형성 과정을 그대로 보여 준다. 이곳은 성경의 기록과 무관하지만 고대 성서시대 사람들은 네게브 사막을 오가며 이곳을 보았을 것이다.

팀나
골짜기
공원

세계 최초로 구리 제련이 시작되다

요르단 협곡은 아프리카까지 연결된 세계에
서 가장 긴 계곡이다. 남쪽으로 이어지는 협
곡은 아라바 광야에게 바통을 넘겨 준다. 신
비한 계곡과 사막의 산이 이어지고, 저녁노을
이 오렌지색 대평원에서 사라진다. 홍해에 가
까워질 무렵 오른쪽으로 팀나 국립공원이 붉
은 계곡에서 기다린다. 팀나 공원은 최남단 도
시 에일랏에서 북쪽으로 25킬로미터 지점에

위치한다.

팀나라는 이름은 창세기 36장 22절과 40절,
역대상 1장 51절에서 유래했다. 기괴한 암석
으로 둘러싸여 있으며 그 모습이 말발굽과 비
슷하다. 공원에 들어서면 아치형 바위가 보이
고 바람이 만들어 낸 거대한 버섯바위가 붉은
암반에서 솟아나 있다. 팀나 언덕에는 푸른색
구리 원석이 가득하다. 주전 13세기에서 주전

노천 암석에는 푸른 구리 원석이 그대로 노출되어 있다.

12세기경 고대 이집트인은 팀나에서 구리산업을 일으켰다. 여호수아의 가나안 정복과 드보라의 노래가 불릴 때(삿 5:1-31) 이집트인들은 팀나로 진출하여 광산에서 구리를 채굴하고 제련하여 막대한 부를 쌓았다.

"그 땅의 돌은 철이요 산에서는 동을 캘 것이라"(신 8:9)는 말씀은 출애굽 당시 수많은 금속 공예가와 무기 제조인이 있었음을 짐작케 한다. 가나안엔 철과 마그네슘이 많았다. 오늘날 '산업의 쌀'로 불리는 철은 금속 원료 가운데 90퍼센트를 차지한다. 고대 히타이트인들은 아시리아산 철을 구입할 때 40배 무게의 은을 주고 바꾸었다. 철은 당시 가장 비싼 금속이었다. 철과 구리가 있는 가나안을 차지하라고 했을 때, 얼마나 기뻤을까?

팀나의 구리 제련은 인류 최초이며 6천 년 전으로 거슬러 올라간다. 주전 14세기에서 주전 12세기 이집트 파라오 세티 1세와 람세스 5세는 이 구리광산을 이집트령으로 예속시켰다. 팀나 공원 중앙에 있는 솔로몬의 바위기둥Solomon's pillars도 구리 제련소로 이용되던 곳이다. 이 지역에서 수천 개의 구멍틀mining shafts이 발견됐는데 돌기구를 이용하여 바닥에 수직 구멍을 파고 수평 터널을 이용해 구리를 채굴했다. 이 방식은 세계 최초의 방식이었다. 부드러운 사암지대였기에 터널과 구멍을 쉽게 만들 수 있었다.

현재 팀나 공원의 구리 채굴 및 제련 작업장은 철울타리를 둘러 보존했다. 그 안에 용광로와 작업장, 구리 원석과 보관창고가 있었다. 이 작업장에서 원석을 부숴 열 시간을 제련하면 약 5킬로그램의 구리가 생산되었다.

바람의 풍화작용으로 만들어진 팀나 공원 내 버섯바위.

광부들은 일하는 동안에 작은 제단석을 세우고 제사도 지냈다. 불탄 동물의 뼈와 돌용기들이 발견됐다. 버섯바위 동쪽에는 이집트 광부들의 가옥터와 이집트 여신 하토르 신전터가 남아 있다. 이들이 남긴 벽화에는 타조, 사슴, 야생 염소, 뱀, 개와 더불어 사냥꾼과 화살 가진 병사들이 소개되어 있다. 무기를 가진 자는 이집트 군병이며, 사냥꾼은 구리 제련 노무자들이다. 이들이 주변의 짐승들을 사냥하며 피크닉을 즐긴 것을 알 수 있다. 이들 벽화는 모두 주전 13세기에서 주전 12세기경의 것으로 밝혀졌다.

팀나를 찾는 방문객을 위해 구리 제련의 전 과정을 보여 주는 교실이 있다. 특히 이곳에는 유대인들이 가족 단위로 많이 찾아와 현장에서 얻은 구리 용액으로 스탬프를 만들기도 한다. 구리만큼은 세계 최고라는 이스라엘을 향한 사랑을 심어 주는 학습장이다.

팀나 공원의 또 다른 명소는 복원된 성막의 원형이 있는 곳이다. 성경에서 제시한 것과 똑같은 크기와 모습의 성막이 세워져 있어 학습 효과가 높다. 제단의 크기는 2.3미터, 높이는 1.37미터로, 기둥은 모두 사막에서 자생하는 아카시아나무(조각목)로 세웠다. 법궤와 진설병, 성소와 제사장의 모형도 그 안에 있다.

고대 이집트인들이 구리를 채굴하기 위해 사용한 구멍틀.

팀나 공원 내 야외 전시장에 고대 이스라엘의 성막을 실물 크기와 실제 재질로 전시하고 있다.

"네게 아무
부족함이 없는 땅이며
그 땅의 돌은 철이요
산에서는 동을
캘 것이라."

(신 8:9)

아브닷
국립공원

네게브의 모든 재화가 몰려들던 곳

아브닷은 사막의 카라반들이 지나가면서 무역의 거점지로 삼은 곳이다. 옛 모습을 재현하기 위해 낙타 행렬에 대한 구조물을 세워 놓았다. 지금은 아무도 살지 않지만 남겨진 거대한 수로와 포도즙 틀을 통해 융성한 사막 도시였음을 알 수 있다.

아브닷이라는 지명은 성경에는 나타나지 않는다. 네게브 사막을 여행하다 보면 높은 언덕 위로 폐허처럼 보이는 도시가 나타난다. 해발 655미터의 이 성채 마을은 오랜 역사를 가지고 있다. 주전 1세기에서 주후 4세기까지 크게 번영한 도시였다. 마치 네게브의 코펜하겐처럼 문화적 역량이 있었고, 수많은 카라반의 휴식처를 제공했다. 이상한 것은 이곳에서 발굴된 거대한 포도주 제조터다. 사막 어디에서 포도를 대량으로 구입해 포도주를 제조했을까? 알고 보니 이들은 관개수로를 건설하여 사막에 물을 저장해 그 기술로 포도를 재배했던 것이다. 풀 한 포기 자라기 힘든 사막 한복판을 카라반의 파라다이스로 만든 것이다.

또한 아브닷은 사막길을 통해 교역을 크게 발전시킨 도시다. 당시 네게브에 여러 도시가 있었는데, 아브닷은 브엘세바와 연결하여 여러 물건을 지중해변까지 유통시켰다. 당시 네게브의 도시들은 로마의 침공 전까지 나바테안 왕국에 속해 있었다. 나바테안인들은 무역으로 큰 돈을 벌던 자들로, 값비싼 물품을 수입해 고가로 넘겨 사막에서의 삶을 윤택케 했다. 이들은 남아라비아부터 지중해 가자 항구까지 이어진 무역로였던 향신료 길Spice Road까지 통제하기도 했다. 당시 나바테안의 수도는 요르단의 페트라였다.

★ 역사 고고학적인 이야기─아브닷의 발굴
1952년 고고학 탐사를 통해 비잔틴 시대의 목욕탕과 교회 두 곳을 발굴했다. 이 도시는 106년에 로마에 복속되었는데 아크로폴리스와 나바테안 신전에 들어가는 4세기 문의 원형이 지금도 남아 있다. 로마 아우구스투스 때에 헬라 문화가 들어왔고 외국인의 방문도 꽤 있었다. 메카처럼 카라반(대상)의 행렬이 이곳에서 묵곤 했다. 기독교 유적지가 많고 십자가 형태의 비잔틴 시대 세례 처소 원형 그대로 남아 있다. 주인 잃은 4세기 비잔틴 교회터와 무너진 건물로 폐허가 됐지만 이곳은 한때 네게브의 모든 재화가 몰려들던 곳이다.

5세기 비잔틴 시대에 교회당이 세워졌고, 십자 형태의 세례 처소가 만들어졌다.
유대교의 미크베에서 변형된 것이다.

브엘세바

아브라함 우물이 보존된 곳

도시의 남쪽으로 내려가면 성서시대에 아브라함이 판 것으로 추정되는 우물이 있다. 오늘날 볼 수 있는 것은 12세기에 개조한 우물로, 오토만 시대까지 실제로 사용했다.

브엘세바는 아브라함이 양 일곱 마리로 아비멜렉과 언약을 체결한 곳이다(창 21:31). 이스라엘 남쪽 경계선상에 위치한 도시다. 브엘세바를 넘어가면 네게브 사막이다. 고대 브엘세바는 현대 브엘세바에서 떨어진 외곽에 위치하며, 현재는 국립공원으로 지정되어 있다.

성서시대 사람들은 이곳에 텐트를 치고 밤하늘의 별을 세며 살았을 것이다. 이곳은 목축에 적합했으나 농지가 부족했기 때문에 사람들이 대규모로 거주하진 않았다. 특별히 창세기는 족장들이 브엘세바를 중심으로 살았음을 밝혀 준다. 아마 가나안을 개척해야 했기에 사람이 없던 이곳에 정착한 듯하다. 아브라함의 가족은 외국인이었기에 가나안의 언어와 문화에 적응하는 데 어려움이 있었을 것이다. 이스라엘 남부 브엘세바는 가나안에서 비교적 안정적인 평원지대로, 아브라함의 고향 갈대아 우르와 하란과 비슷한 지형이다. 가나안의 다른 곳에 비해 유목에 적합했고, 고향 땅과 비슷하여 그리 낯설지 않았을 것이다. 아브라함은 이곳에 에셀나무를 심어 풀이 부족한 여름에 양들의 먹이로 이용했다(창 21:33). 이삭은 이곳을 세바(브엘세바)라고 칭했다(창 26:33). 야곱 때에 이르러 기근을 피해 이집트로 이주했다. 야곱도 주로 이스라엘 남부에 거했는데, 헤브론과 브엘세바에서 말년을 보내다 가나안을 떠났다. 떠나기 직전 브엘세바에서 그의 아버지 이삭의 하나님께 예배를 드렸다(창 45:1). 브엘세바는 야곱에게 마지막 도시였다. 이후 이스라엘의 역사는 이집트로 이동한다. 고대 브엘세바에는 3열을 이루는 직사각형 구조물이 있다. 창고로 쓰인 곳으로 수백 점의 항아리와 씨앗, 밀가루와 포도주, 기름이 각각 담긴 토기가 발굴되었다. 또한 음식을 담던 그릇과 솥, 맷돌 등도 출토되었는데, 이는 당시 그곳에 살던 행정관들과 군병들의 식사를 준비하던 주방용품이다.

아브라함이 아비멜렉과 조약을 맺은 우물이 브엘세바에 있다.

브엘세바에는 네 개의 제단뿔이 달린 제단이 전시되어 있다. 뿔은 연기가 하늘로 올라갈 수 있게 고안한 것이다.

319

아라드

고대 네게브의 최대 농업도시

성서시대에 잘 알려진 곳은 아니지만 이방의 성소가 있고 모세의 장인 이드로의 후손이 살았던 남방 도시다. 사막 계곡 사이 황금 추수밭을 자랑하던 옛 마을 텔 아라드Tel Arad는 네게브 지역에서 가장 활발한 농업도시였지만 신도시 아라드에서 8킬로미터 떨어진 곳에 적막한 폐허로 남아 있을 뿐이다. 민수기 21장 1절에는 네게브의 아라드 왕이 이스라엘이 공격해 온다는 소식을 듣고 이스라엘을 쳐서 몇 사람을 사로잡았다는 기록이 있다.

아라드는 초기 청동기시대인 주전 2950년에서 주전 2650년 사이 성벽을 둘러 쌓은 가나안의 도시였다. 철기시대에도 신전을 쌓을 만큼 크게 번창했다. 밀, 보리, 콩 등을 활발하게 재배했는데 골짜기의 물을 관개수로로 이용하는 데 성공했다. 한때 2500명이 거주했을 만큼 규모 있는 도시였다. 가장 유명한 것은 두 개의 신전이다. 예루살렘 성전과 비슷한 규모다. 제단은 성막의 번제단 크기와 똑같다. 또한 아라드에 세워진 두 개의 돌은 지성소의 두

개 향단과 똑같은 구조다. 고고학자 아하로니는 1962~1967년 이곳을 탐사한 후 이들 신전이 겐 족속의 산당이었다고 밝혔다. 만일 사실이라면 겐 족속 제사장이던 모세의 장인과 관계가 있을 가능성이 보인다.

그런데 담무스Tammuz 신을 섬긴 흔적이 나타난다. 이는 가나안과 메소포타미아 신의 혼합 경배가 이뤄진 증거가 된다. 이스라엘의 담무스는 고대 수메르의 두무지Dumuzi 신과 같다. 생산의 여신 이난나와의 성적인 결합을 통해 풍작을 이룰 수 있다는 것이다. 메소포타미아에서 발전된 신들의 결합이 풍년을 가져온다는 신화가 가나안으로 들어왔다. 자연스레 성적 타락이 온 마을에 유행했고 미신적 의식이 성행했다. 이는 가나안의 바알주의와 똑같은 것이었다. 뜨겁고 건조한 사막에서 타락의 행위는 불타올랐고 결국 아라드는 사라지게 된다. 풍요의 땅에서 멸망한 것이다. 우상을 섬기지 말라는 말씀이 인간을 보호하기 위한 하나님의 사랑이라는 것을 보여 주는 예다.

"모세의 장인은 겐 사람이라
그의 자손이 유다 자손과 함께
종려나무 성읍(여리고)에서 올라가
아랏 남방의 유다 황무지에 이르러
그 백성 중에 거주하니라."

(삿 1:16)

신전 중앙에는 돌로 된 제단이 놓여 있다. 주전 1250년 이후 히브리인, 페르시아인, 헬라인, 로마인이 차례로 와서 군사용 기지를 세웠다. 7세기 이후 무슬림이 거하면서 성채를 재건하고 카라반이 머물도록 했다. 아라드에서 발굴된 가옥에는 큰 홀이 있었다. 돌기둥이 그 안에 있었는데, 이는 지붕을 받드는 기초였다. 철기시대에는 마을에 성곽을 둘러쳤으나 후에 에돔 족이 무너뜨렸다. 옛 아라드에서 떨어진 신도시에 23,000여 명의 주민이 산다. 이곳 정통 유대인들은 기독교 선교사라고 하면 분노하며 제지한다. 메시아닉 쥬Messianic Jew (예수를 믿는 유대인으로서 유대 전통을 고수하는 자) 예배 모임에 수백 명이 몰려와 핍박을 가하여 세상을 놀라게 한다.

담무스 신과 이난나 여신의
성적 결합을 보여 주는 수메르 출토물-
잘못된 종교 문화의 유입으로 인한 타락은
이스라엘 멸망의 원인이 됐다.

철기시대 아라드 신전의 제단·이스라엘 성막의 제단과 똑같은 크기다.

에일랏

거울처럼 투명한 홍해에 열대어가 가득하다

에일랏은 홍해의 대표적인 도시로, 전 세계 사람들이 이 아름다운 해변을 찾는다.

이스라엘 최남단 도시로 홍해변에 위치하며 요르단과 이집트 국경에 근접해 있다. 솔로몬이 이 항구에서 오빌의 금과 원숭이를 수입하여 예루살렘으로 가져왔다. 전 세계 젊은이가 모이는 도시로, 연중 사막기후로 공기가 뜨겁다.

에일랏은 겨울에도 푸근해 장작 땔 필요가 없는 도시다. 여름에도 열대기후로 무덥지만 더위를 식혀 주는 차가운 홍해가 있다. 에일랏의 홍해는 투명하고 신비로운 열대어로 가득하다. 유럽인들은 겨울이면 추위를 피해 이곳에 와 휴가를 즐긴다. 조개도 잡고 수영도 하며 물안경을 쓰고 홍해를 즐긴다. 가끔 파도에 휩쓸리면 긴 성게 촉수에 찔려 고생을 하기도 한다. 특이하게도 뒷산이 온통 민둥산으로 광야 체험이 가능하다. 길을 따라 한적한 곳으로 들어가 만난 레스토랑에서 구워 주는 빵은 일품이다.

에일랏에는 여름과 겨울 두 차례, 수백만 마리의 철새가 날아온다. 유럽과 아프리카에서 날아오는 새들을 연구하는 국제철새연구소가 에일랏에 있다. 에일랏 바닷가에는 해양박물관도 있다. 하늘을 나는 듯한 낙하산도 탈 수 있다. 언더워터 옵서버토리 해양공원Underwater Observatory Marine Park도 있다. 산호 해변 자연 보호 지역Coral Beach Nature Reserve에는 산호들이 만든 바닷길이 무려 1,200미터나 된다. 3~4미터 깊이라 가까이서 볼 수 있다. 35미터나 되는 산호 사이를 자유롭게 누비며 왕 노릇을 하는 푸른 열대어의 반짝거리는 눈매가 사랑스럽다.

1950년부터 에일랏은 관광도시로 발전하였는데, 오늘날에는 최대 인파가 몰려오는 곳 가운데 한 곳이다. 다이빙, 바다박물관, 아이맥스 영화관, 낙타 여행, 지프 여행을 즐길 수 있으며, 왕들의 도시Kings City는 성경 이야기에 대한 호기심을 불러일으킨다. 그런가 하면 게이-레즈비언 축제도 텔 아비브처럼 열린 적이 있다. 게이 퍼레이드가 거듭되면서 환락의 도시가 되어 가는 것이 안타깝다. 죄는 삯은 반드시 사망이 아닌가!

에일랏은 출애굽기에 처음 나오는 도시다. 다윗은 이 에일랏을 에돔으로부터 빼앗아 왔다. 솔로몬 때 이곳은 에시온 게벨로 알려졌다(왕상 9:26). 열왕기하 14장 22절에 보면 유다 왕 "아사랴가 엘랏을 건축하여 유다에 복귀시켰더라"라는 내용이 나온다. 열왕기상 16장 6절에는 아람인이 다시 엘랏을 쟁취하여 거주했다고 기록했다. 이후 역사에서 나바테아, 로마, 아랍, 십자군에게도 매우 중요한 운송 항구였다.

에일랏에서 유명한 곳을 소개하면, 암람의 기둥들Amram's Pillars, 시암 다이빙 센터Siam Divers Center, 에일랏 새 관람 공원Eilat Bird-Watching Park 등이 있다.

홍해에 사는 열대어 황복어.

에필로그

이스라엘로 떠날 때는 스승으로 갔지만, 돌아올 때는 학습자가 되었다. 이스라엘은 너무나 많은 것을 알려 준 보배합의 저수지였다. 하나님의 크신 은총이었다. 선교사로 부름을 받고 방글라데 시로 가려고 했던 내게, 이스라엘로 가라는 응답을 주셨다. 그곳에서 두 가지를 알게 하셨다. 세계 선교의 흐름과 성경의 본토에서 얻는 지식이었다. 이슬람 선교의 중요성도 성지에서 깨달았다. 한 번 더 기회를 주신다면 이슬람 선교에 헌신하리라 다짐했는데, 그렇게 되었다. 또한 성경을 깊이 깨우치는 은혜도 입었다. 부족하나마 히브리어로 성경을 이해하고 현장의 정교한 지식을 배우게 됐다. 선교와 성경을 좋아하는 내게 그런 환경을 주신 살아 계신 하나님께 감사한다.

이 책은 이스라엘 현장에서 배운 것을 기록으로 남긴 것이다. 최선을 다했지만 글로 남긴 것에 오류가 있을 수 있다. 혹시라도 오기가 있다면, 용서를 바란다. 더 좋은 책들이 나와 성지를 더 배우고 성경을 깊이 깨우칠 수 있기를 진심으로 바란다.

예루살렘에서 부러운 것이 있었다. 아버지들이 자녀들과 친구처럼 지내는 모습이다. 권위를 버려 권위를 얻는 자세였다. 안식일이면 식탁에서 나누는 가족의 대화가 정겨웠다. 책에 대해, 인생에 대해, 사회에 대해 나눈다. 아버지는 스승이 되고 멘토가 된다. 유대인이 지금까지 생존할 수 있었던 것은 안식일과 성경 때문이다.

한민족은 유대인만큼 하나님이 사랑하시는 민족이다. 슬픔을 겪었고 가난을 알고 헌신을 다한다. 한국 교회를 하나님이 귀히 보신다고 믿는다. 이제 세상을 돕는 교회로 세워 주셨다. 이 책은 교회를 위해서 썼다. 교회가 성경을 좀 더 깊이 이해하도록 돕기 위해서. 성경을 읽는 교회는 쓰러지지 않는다. 시험을 이기는 것이 말씀이기 때문이다. 성경대로 세계 선교를 완성하는 것도 교회의 책임이다.

한국 교회를 위해 이 책을 지어 바친다. 수고해 주신 홍성사 직원들에게 고마움을 전한다.

이스라엘 디스커버리

Discovery Notes on Israel

2015. 4. 17. 초판 1쇄 인쇄
2015. 4. 24. 초판 1쇄 발행

지은이 이요엘
펴낸이 정애주
국효숙 김기민 김의연 김준표 박세정 박혜민
송승호 염보미 오민택 오형탁 윤진숙 임승철
정한나 조주영 차길환 한미영

펴낸곳 주식회사 홍성사
등록번호 제1-449호 1977.8.1.
주소 (121-885) 서울시 마포구 양화진4길 3
전화 02)333-5161
팩스 02)333-5165
홈페이지 www.hsbooks.com
이메일 hsbooks@hsbooks.com
트위터 twitter.com/hongsungsa
페이스북 facebook.com/hongsungsa
양화진책방 02)333-5163

ISBN 978-89-365-1089-3 (03230)